海上游轮之旅

【韩】李炯俊 著　李俊 译

天津出版传媒集团

天津人民美术出版社

图书在版编目（CIP）数据

海上游轮之旅 /（韩）李炯俊著；李俊译 . —天津：天津人民美术出版社，2013.6

（麦田书生活）

ISBN 978-7-5305-5374-9

Ⅰ.①海… Ⅱ.①李… ②李… Ⅲ.①旅游指南—世界 Ⅳ.①K919

中国版本图书馆CIP数据核字（2013）第074939号

著作权合同登记号　图字：02-2011-67

海上游轮之旅

作　　者	〔韩〕李炯俊	策　　划	麦田文化（www.maitianstory.com）
译　　者	李俊	印　　刷	北京盛通印刷股份有限公司
出 版 人	李毅峰	开　　本	889 毫米 ×1194 毫米 1/24
责任编辑	袁金荣	印　　张	17
技术编辑	李宝生	印　　数	1-6000
出版发行	天津人民美术出版社	版　　次	2013 年 6 月第 1 版　2013 年 6 月第 1 次印刷
地　　址	中国天津市和平区马场道 150 号 邮编 300050	定　　价	78.00 元
经　　销	全国新华书店	书　　号	ISBN 978-7-5305-5374-9

版权所有　侵权必究

目录 Contents

作者的话

　　身穿华丽的晚礼服和燕尾服，享受可口的晚餐；在壮丽的夕阳下品味香醇红酒，遥望无尽的海洋；在雪白的沙滩上享受美妙的日光浴，欣赏每晚上演的精彩演出；在停靠港体验异域风情；陶醉于浓郁的咖啡香中，享受悠闲和顶级的服务……一想到巡游世界，就会联想到这些场景。很多人认为，海上游轮旅行只是那些经济上充裕的少数人才能享受的豪华旅行。不过，从此时此刻开始，就抛弃掉这些想法吧。游轮公司所提供的多种旅行线路中，虽然有一部分奢华得超乎想象，但也有一部分仅以低于宾馆住宿费用的优惠价格，就能享受从吃住到游玩的全部服务。

　　自从 2003 年第一次参加阿拉斯加游轮旅行以来，我前后参加过七次远洋巡游、两次内河巡游和三次探险巡游，20 年时间里走过了一百二十多个国家的两千五百多个城市和地区。这些游历给我带来的宝贵经验，是在其他旅行方式中无法体验到的。在短短的一段时间里，既可以感受到不同国家多姿多彩的文化和风情，也可以丢掉身心的疲劳、完完全全地放松休息。对我来说，这些经历比任何其他形式的旅行都来得特别。

　　住在旅行始发地或目的地的居民往往能以更合适的时间和更低廉的价格享受这种浪漫的游轮旅行。相比之下，一般的旅行者在时间和开支上则要花费更多。从所在地前往游轮旅行的胜地，如北欧、美国和地中海等地的旅费，加上登船之前在当地的住宿和活动所消耗的时间和费用，对一般的旅行者来说肯定是一笔不小的负担。很多参加游轮旅行的外乡人虽然比当地人多花费两三天的时间和数倍的费用，但踏上旅途后，却经常会因为陌生的文化氛围和信息交流不便而无法真正享受其中的乐趣。

我编写本书的最大动机，同时也是最重要的理由，就是希望大家尽可能地减少这些遗憾。

　　最近，每当有好友问道："在进行游轮旅行的时候，什么最重要？"我都会习惯性地用下面的问题尝试回答。首先，一同踏上旅途的人是谁？其次，为何要去旅行？最后，有没有制定完善的旅行计划？能够真正明白这三个问题的人，就算是立刻就踏上旅途，相信也不会再有任何问题。

　　一旦参加游轮旅行，就必然要在有限的空间内，和同去的旅伴度过很长的时间。所以在旅行过程中，你需要一个合得来的旅伴，这一点比什么都重要。再者，在出发前明确自己的目标也很重要。旅行过程中，除了某些特殊的短时间停靠港以外，在一个地方停留一整天是经常有的事情。所以你要弄清楚自己是想在游船上享受悠闲的时光，还是下船逛一逛特定的地点。另外，想要特别强调的一点就是：要事先完善自己的旅行计划。虽然海上游轮旅行和其他旅行形式在本质上没有区别，但在选择路线和计划的过程中，需要解决的事项仍有很多，因此，旅行者们还是需要彻底并且仔细地准备。当然，如果通过专门的旅行社进行预约或选择现成旅游产品服务的话，这些烦恼就会减轻很多。

　　想要尽情享受旅行的乐趣，无疑会花费很多的时间和金钱。所以在出发前如果能够做到彻底地调查和周密地计划，相信你会拥有比其他任何旅行形式更充实和特别的经历。

　　最后，衷心感谢为本书建言的朋友们，感谢远洋国际公司的柳引泰、权恩智，皇家加勒比号的李在明、金宝英，虔诚的旅者李京德、郑振光等人。

游船重要设施介绍　Ship Highlights

① 13层 / 冲浪
FlowRider (模拟冲浪)

② 13层 / 酒吧
Wipe out Bar (Wipe out 酒吧)

③ 13层 / 海洋探险
Adventure Ocean Youth Programme (青少年海洋探险)

④ 12层 / 乔尼火箭
Johnny Rockets (50 年代美国风格的快餐厅)

⑤ 13层 / 室内高尔夫
Golf Simulator (室内高尔夫设施)

⑥ 13层 / 高尔夫球场
Mini Golf (9 洞迷你高尔夫球场)

⑦ 13层 / 运动场
Full Size Sports Court (多功能室外运动场)

⑧ 13层 / 攀岩
Rock-climbing Wall (60 米模拟攀岩)

⑨ 11层 / 帆船咖啡厅
Windjammer Cafe (提供各种饮食的自助餐厅)

⑩ 14层 / 维京皇冠酒廊
Viking Crown Lounge (360° 顶级全景酒廊)

⑪ 11层 / H₂O 地带
H₂O Zone (为小孩子准备的水上主题公园)

⑫ 5层 / 皇家海滨大道
Royal Promenade (举办各种活动的中央大道)

⑬ 11层 / 室外泳池
Sports Pool (竞速标准泳池)

⑭ 11层 / 主泳池
Main Pool (室外泳池, 晚间会在此举办派对)

⑮ 5层 / 本杰瑞的冰激凌
Ben&Jerry's (可以品尝经典的 16 种口味美国冰激凌)

⑯ 11层 / 空中漩涡
Cantilevered Whirlpools (悬臂式海景冲浪浴池)

⑰ 11层 / 日光浴池
Solarium (露天泳池及日光浴场)

⑱ 12层 / 自由水疗中心
Day Spa (提供水疗、按摩、Spa 等美容健康服务)

⑲ 11层 / 自由健身中心
Shipshape Fitness Centre (拥有顶级设施的健身中心)

⑳ 11层 / 拳击场
Boxing Ring (定期举办拳击赛)

㉑ 12层 / 慢跑步道
Jogging Track (室外慢跑及步行路)

㉒ 3、4层 / 阿卡迪亚剧场
Arcadia Theatre (举办各种演出的大型剧场)

㉓ 4层 / 竖帆船酒吧
Schooner Bar (海洋主题酒吧)

㉔ 3层 / 滑冰场
Ice-skating Rink (享受滑冰的乐趣, 定期有冰上演出)

㉕ 3层 / 综合娱乐设施
Studio B&Entertainment Complex

㉖ 4层 / 皇家赌场
Casino Royale (设施齐全的"皇家赌场")

㉗ 4层 / 波莱罗会所
Boleros Lounge (拉丁风格的夜总会)

㉘ 5层 / 香槟吧
Champagne Bar (优雅的香槟酒吧)

㉙ 11层 / 波托菲诺餐厅
Portofino Restaurant (正宗意大利特色餐厅)

㉚ 3、4、5层 / 宴会厅
Dining Room (提供各式正餐的主餐厅)

FLOWRIDER 13层/冲浪

　　全世界最先进的游轮冲浪设施 Flow Rider 长 12 米, 宽 9.7 米, 1 分钟内能够制造 113556 升水量的浪花。就算不打算亲自尝试, 也可以尽情地看别人体验其中乐趣。在这里, 一天会显得特别不够用。

ROCK-CLIMBING WALL 13层/攀岩

　　在游轮的最高处, 海拔 60 米岩壁。如果不亲身经历的话, 你无法体会到其中的刺激。虽然这种运动没有想象中那么简单, 但那份一步一步向上攀登, 遥望茫茫大海的壮阔, 完成攀登后敲响钟声的成就感, 则是无与伦比的。

H₂O ZONE 11层/H₂O地带

　　水上主题公园 H₂O Zone 是专门为儿童设计的。这里有形形色色的可爱玩具, 各种有趣的喷泉和瀑布, 让孩子们充分享受戏水的乐趣。到了晚间, 室外泳池会变成华丽的室外派对。在星光闪耀的幻想中, 尽情享受大家的热情吧。

12
ROYAL PROMENADE
5层/皇家海滨大道

　　皇家海滨大道是大家聚在一起分享彼此人生经历的场所，可说是游轮上的中央广场。这里有免税购物点、葡萄酒廊、西雅图咖啡店、Ben&Jerry's 冰激凌店、比萨店等商铺。另外，晚上还会有如嘉年华一般华丽的游行演出。

24
ICE-SKATING RINK
3层/滑冰场

　　在滑冰场享受清爽的乐趣，你的游轮之旅会变得更加惬意。白天，滑冰场是提供滑冰服务的场所；夜晚则会上演华丽、具有梦幻色彩的冰上演出。

30
DINING ROOM
3、4、5层/宴会厅

　　位于3、4、5层的宴会厅装修十分华美，在这里你可以享受到各种珍馐美味。大厅里的服务员都有极高的职业素养。能在完美的服务中享受全套的正餐，是游轮旅行中最大的乐趣之一。

游轮指南

inward eye which is the
bliss of Solitude.

对很多人而言，游轮旅行还是一种陌生的旅游方式。就算是那些每个月都会额外挪出一部分金钱当作休假基金的西方人，大多也缺乏与游轮旅行相关的正确知识。一般来说，我们会觉得那些壮观的大型游轮价格高昂，不过下此结论还为时过早。因为和那些内部有多个冰激凌店、冲浪设施、大型剧场的超大型游轮相比，有时候体积更小的顶级游轮往往会更奢华。

游轮的等级，是权威机构通过对各种要素进行综合评价之后所授予的。其中最重要的因素就是登船的旅客与乘务人员的人数比例以及旅行是否包含了多元化的服务。无论多大、设施多么豪华的游轮，只要乘务人员的比例过低，就不能称之为高级游轮。比如说，10万吨级的游轮上有2000名旅客和1000名乘务员的话，那么乘服人员的比例就是1/3；5万吨的游船上如果有1000名旅客和1000名乘务员的话，其比例就是1/2。那么相比之下，后者就是更高级的游轮了。

就船上客房来说，虽然它们会随船只的不同有些差异，但情况大体如下：对于一般游轮来说，从设施齐全的豪华套间、到看不到海景的廉价客房，各种类型的房间一应俱全。而豪华游轮中，客房的环境还会维持一定的标准。他们很看重顾客的隐私，所有的客房都会配有私人阳台。影响游轮等级的因素还包括其他方面，比如：旅客和乘务人员能够使用的空间大小，旅费中是否包括餐饮费用和服务费用等等，都是影响游轮等级的重要因素。换句话说，游轮的等级和船体的大小无关，而是由各种服务与空间的配置所决定的。

通常人们会觉得游轮旅行比一般旅行更加轻松和安逸。确实如此，从登船开始直到结束，相比之下，乘坐游轮旅行，会有更多的闲情逸致来体验多元化的文化和风情。然而，想要充分体验这种安逸和悠闲，你需要事前做好详细而周密的准备工作。以下这些游轮旅行出发前必须注意的事项，都是本人在七次远洋巡游和两次内河巡游中所总结出的经验。

▶▶ 寻找希望的旅途

为了逃离日常生活的枯燥而踏上一个人的旅途，或是和家人、朋友，甚至是陌生人共度美好时光，旅行的理由总是多种多样。因此，就目的性而言，游轮旅行与其他旅行方式也并无太大差异。如果非要说有一点不同的话，就是游轮旅行无法临时改变目的地。因此，你需要事先和同行的旅伴交流意见，再选择路线，这是最重要的。如果与同行的旅伴沟通完了，就先从路线开始着手准备吧。拿地中海的航线举例，就算是同样的航线，也会随着游轮公司的日程以及花销的差异而不同，而且船舶的大小往往也会影响停靠港的取决。因此，你需要仔细地考虑，决定是要前往东部地中海，或是西部地中海，抑或是选择途经北欧的游轮公司。

▶▶ 选择符合日程安排的航线

确定目的地之后，接下来就是拟定详细的日程安排。一般来说，地中海巡游会持续7~13天左右。不过，旅行者可以根据个人的需要选择较短的4天3夜游，或选择长达二十多天的旅程。在安排日程的过程中需要考虑的是，从你的所在地到游轮起航地需要花费的时间和行进路线。比如，8天7夜的地中海巡游，对于居住在欧洲当地的旅客就方便很多，但从亚洲出发，还要额外考虑到去往起航地的飞行时间和在当地滞留的时间，因此，则需要9~10天的时间。万一事先没有考虑得很周全，中途就会发生预料之外的变动，所以在出发前一定要充分考虑日程的安排。

▶▶ 检查船舶的大小和附带设施、服务

　　对于游轮旅行来说，最重要的就是船舶。一般来说，搭乘的游轮大小范围为2~16万吨级，比普通楼房高大得多。有一定规模的游轮上会有足够的配备及设施，避免因乘载数百名乃至数千名旅客而出现种种问题。但总的来说，无论选择什么样的游轮，在旅途安全上都不会有问题。

▶▶ 选择合适价位的游船

　　乘坐飞机时，与普通的经济舱相比，商务舱的价格要贵上2~3倍，头等舱则要贵上5~6倍。游轮和飞机的情况也相同，旅客可以使用的空间大小，会导致价格上的差异；就算是同样的空间，价格也会随着游轮等级的不同而有所差异。换句话说，就算日程、路线、客房的位置和大小相同，也会根据船舶的不同而产生2~4倍的差额。

小贴士

皇家加勒比
www.rcclchina.com.cn 电话 400-8850-0277

美国精致游轮公司
www.celebritycruise.com

歌诗达游轮公司
http://www.costachina.com/B2C/RC/Default.htm 电话 400-820-7888

嘉年华游轮公司
http://www.carnival-china.cn/ 电话 400-600-3933

银海游轮
http://www.silverseachina.com/index/index.php
电话 86 21 54892208

瑞金特游轮
http://www.rssc.com/experience/suites/

水晶游轮
www.crystalcruise.com

美国夏威夷游轮
www.cruisehawaii.com

丽星游轮
www.starcruises.com

专业的游轮旅行社

环世邮轮网
http://www.66cruises.com/ 电话 400-820-5532

游轮的航线多种多样，不可能一一列举。从搭乘华丽的船舶、喝着高级香槟的超豪华游轮旅行，到乘着小木舟逆流而上的内陆河漂流，各种行程皆有。如果说旅行就是从路线选择开始，那么，该选择什么样的路线呢？

是要在豪华游船上悠闲地游泳和享受美味的午餐，然后在客房的阳台上，在温暖的阳光下安逸地读书，到了晚上穿上华丽的晚礼服品尝山珍海味？还是要寻找那些神话和传说的发源地，想象着自己成为主人公，在甲板上与大河融为一体，仔细地感受自己的内心？抑或是阅读各种有趣的新闻，满心期待地观赏演出，寻找一份难得的闲情逸致？

无论是什么样的旅行，目的地的选择固然重要，但在游轮上，旅行的过程才是真正的重点。一旦登船，就无法再改变目的地，所以，你会看到完全没有预料过的新奇世界。游轮旅行要比一般旅行需要更进一步地深思熟虑，最终再下决定。永远不要忘记，像其他旅行一样，让自己尽可能享受旅行乐趣的方法，就是事前进行详细、彻底的准备。（文中所提到的游轮价格，没有算入单人预订双人间的房差价，并且随着客房和游轮的不同会略有差异，机票的选择标准统一为经济舱。）

▶▶ 浪漫与文明交织的地中海巡游

地中海和加勒比海一样，是最受欢迎的路线之一。至少从整个东方的角度来看，地中海位处神话与历史交织的舞台，当然享有极高的人气。如果你有幸登上了前往地中海的游船，就必须先考虑清楚，希望参观哪些景点，因为游船经过的每一个地方都将充满富有魅力的神话、传说、文明与风物。

由威尼斯、杜布罗夫尼克、圣托里尼岛（米克诺斯岛）、雅典、那不勒斯（庞贝）、罗马、比萨（佛罗伦萨）、尼斯、巴塞罗那连成一线的地中海航线，会让人们明白什么是真正的旅行。从象征物为贡多拉的水上城市威尼斯开始，到亚得里亚海的宝石杜布罗夫尼克、幻想之岛圣托里尼、西方文明的根基雅典、能够遥望罗马奢华生活的庞贝和世界最美港口那不勒斯、文艺复兴的发源地佛罗伦萨和比萨、悠闲和安逸的尼斯与摩纳哥、高迪的城市巴塞罗那，地中海巡游会带来数千年来人类历史的痕迹与古老的传说，可谓是充满幻想的旅行路线。全部日程为 16 天 15 夜，游轮上日程安排为 13 天 12 夜，价格为阳台客房使用标准，人均 600~800 万韩元（大约 34200~45600 元人民币）。

▶▶ 见证真实的北欧——斯堪的纳维亚与俄罗斯巡游

从阿姆斯特丹出发最终抵达圣彼得堡的北欧航线，对那些渴望体验北欧城市文化与风情的旅客来说，非常值得推荐。由阿姆斯特丹、奥斯陆、斯德哥尔摩、赫尔辛基、圣彼得堡、塔林、哥本哈根组成的路线中，别具风情的文化与城市正等待着你去探索。棕色的咖啡厅和船库、自由城市阿姆斯特丹、北欧海盗的遗迹与和平圣地奥斯陆、古代贸易都市斯德哥尔摩、充满西贝柳斯旋律的赫尔辛基、俄罗斯的窗口城市圣彼得堡、中世纪风貌保存完好的塔林，最终到达斯堪的纳维亚，这条俄罗斯路线适合那些乐于欣赏独特北欧文化的旅客。全部日程为 16 天 15 夜，游轮上日程安排为 13 天 12 夜，价格为阳台客房使用标准，人均 600~900 万韩元（大约 34200~51300 元人民币）。

▶▶ 沉醉在自然的怀抱，邂逅于绝美的世外渔村——峡湾巡游

峡湾巡游适合寻找原生态之美的旅客们，这里有美丽的自然景观和海边的小渔村、北欧海盗的传说、好客的渔民，以及不知从何方来的好奇旅客。

峡湾巡游分为北半球和南半球路线，想要一睹真正的峡湾风光，最好选择北半球的路线。北半球的峡湾巡航从哥本哈根出发，途经挪威弗洛姆的海尔西特峡湾、卑尔根、斯塔万格、奥斯陆，最终重新返回哥本哈根，正好在峡湾风貌最密集的挪威地区游览一圈。集中于挪威地区的峡湾巡游，不仅能看到从海中一涌而出，高高指向天际的巨大岩石，还可以欣赏童话般精致的渔村，整个旅途过程能让人不断地赞叹。全部日程为 16 天 15 夜，游轮上日程安排为 13 天 12 夜，价格为阳台客房使用标准，人均 600~800 万韩元（大约 34200~45600 元人民币）。

▶▶ 从身体到心灵都会得到净化的加勒比巡游吧

加勒比巡游最适合那些极度缺乏休息的人们。在船上，一天之内会安排多次休闲活动，在炎热的阳光下享受的日光浴、游泳、温泉、潜水、攀岩与冲浪，这些都是最基本的项目。除此

之外，还能欣赏一个个充满魅力的港口，并与热情好客的居民交流。加勒比巡游分为东部和西部巡游，很多人偏好西部的路线。西部的路线是从迈阿密出发，途经图画市场拉巴地、能够徒步登顶并且能看到大瀑布的欧裘里欧斯、乔治城、感受玛雅文明气息的科苏梅尔，最后返回迈阿密。这一路线航行的游轮大都配备多个泳池、赌场、轮滑场、慢跑场、迷你高尔夫球场、剧场、溜冰场和攀岩设施等等，人们能享受各种各样的运动。全部日程安排为 11 天 10 夜，游轮上日程安排为 8 天 7 夜，价格为阳台客房使用标准，人均 400~600 万韩元（大约 22800~34200 元人民币）。

▶▶ 如果渴望亲近大自然，你需要的是阿拉斯加巡游

站在甲板上举起望远镜，欣赏阿拉斯加神秘而美丽的大自然，没什么事比这更惬意了。往返于温哥华和安克雷奇之间的阿拉斯加之旅，用一句话概括，就是"走进大自然的巡游"。从陆地上最独特的冰河与海洋相接的哈勃冰川地区，到海岸线的每一个站点，无一平凡。淘金热犹存的斯凯威与印第安灵魂安息地——科奇坎、比起美国本土离俄罗斯更近的锡特卡等，这些都是久久留在人们脑海中的回忆。全部日程为 9 天 8 夜，游轮上日程安排为 8 天 7 夜，价格为阳台客房使用标准，人均 400~600 万韩元（大约 22800~34200 元人民币）。

▶▶ 能够全心全意享受的东南亚与东北亚巡游

东南亚巡游的魅力就在于，一年四季任何时候都可以去旅行，还有就是在任何地方都能遇到用微笑迎接旅客的人们。东南亚巡游的出发点是新加坡，那里极少有台风之类的自然灾害，一年之中通往邻国的游船从不中断。从新加坡出发途经马来西亚、泰国、越南、柬埔寨、中国内地和中国香港特别行政区，从日程和距离上来讲，并不会比美洲地区或中东地区少。另一方面，东北亚巡游则可以在短时间内完成。除此之外，还能够让你在同一个文化圈中体会到不同的文化风貌和生活习惯，可谓是魅力不凡。

东北亚巡游可以从釜山出发，途经济州岛、上海、福冈，最终返回釜山。另外一个路线是从釜山出发途经济州岛与上海、神户、福冈，还可以从上海出发，途经台北、长崎、济州岛、釜山，最终返回上海。

全部日程为 6 天 5 夜，游轮上日程安排为 4 天 3 夜，价格为阳台客房使用标准，人均 180~200 万韩元（大约 10260~11400 元人民币）。

▶▶ 热闹与浪漫共存的美国西部巡游

沿着太平洋沿岸，到墨西哥湾的美国西部巡游，最适合渴望体会大城市的热闹与海边的浪漫的旅客。这条航线虽然不像地中海巡游那样，有栩栩如生的神话和传说，但却有现代的

大都市风情和壮观的海岸风光,在美洲地区享有极高的人气。美国西部巡游从洛杉矶和圣地亚哥出发,途经墨西哥卡波圣卢卡斯与马萨特兰、巴亚尔塔港、曼萨尼约。和其他路线相比,美国西部巡游的优点就是能够在短时间内游览多个景点。全部日程为8天7夜,游轮上日程安排为5天4夜,价格为阳台客房使用标准,人均250~300万韩元(大约14250~17100元人民币)。如果选择超豪华游轮的话,价格会稍有提高。

▶▶ 画卷一般的文明城市——美国东部巡游

从纽约出发,途经位于美国和加拿大东部的历史悠久的城市,最后返回到纽约的美国东部巡游适合需要放松心情的人们。与华丽的纽约城截然相反,安逸朴素的巴尔港与科莫湾、加拿大的"小型法国"魁北克、能够一睹泰坦尼克号遗址的哈利法克斯、绕过波特兰与波士顿返回纽约,没有什么能够比这条路线更能让人放松。全部日程为10天9夜,游轮上日程安排为8天7夜,价格为阳台客房使用标准,人均400~550万韩元(大约22800~31350元人民币)。

▶▶ 走进世外桃源——夏威夷巡游

从瓦胡岛出发,在夏威夷主要岛屿之间巡航,适合那些渴望在自然风光中享受假期和海洋运动的人们。虽然根据船舶的不同,具体线路略有差异,但通常来说,都是从瓦胡岛的火奴鲁鲁出发,途经毛伊岛、夏威夷大岛、考艾岛,最终返回火奴鲁鲁,有时也会途经莫洛凯岛、拉奈岛。一年四季都适合前往旅行的夏威夷,具有所有海岛共有的优点。火山岛的独特自然风光与美丽的海边景色,精致的建筑、有趣的咖啡农场等等,以浪漫而闻名的场所很多,非常适合新婚蜜月旅行。全部日程为10天9夜,游轮上日程安排为8天7夜,价格为阳台客房使用标准,人均350~450万韩元(大约19950~25650元人民币)。

▶▶ 寻找热情与文明的中南美巡游

如果你渴望游览热情的城市或古代文明,最适合选择这一路线。往返南美东部和西部的巡游同样有多个路线。一般来说,东部地区的主流是从巴西出发,途经乌拉圭、阿根廷;而往返智利与阿根廷的西部巡游中,每到一个地方都会感受到热情的桑巴与探戈的氛围。全部日程为30天29夜,游轮上日程安排为15天14夜,价格为阳台客房使用标准,人均1200~1300万韩元(大约67200~72800元人民币)。此外,如果选择超豪华游船的话,价格会有所提升。

▶▶ 摆脱平淡日常生活的波利尼西亚巡游

能够让人完全摆脱日常生活的波利尼西亚巡游由多条路线组成,其中最具魅力的当属塔希提诸岛巡游了。短至5天4夜,长至两个星期,比起看惯城市建筑与文明的旅游方式,这条

路线更能让人体会到悠闲和惬意。全部日程为 10 天 9 夜,游轮上日程安排为 8 天 7 夜,价格为阳台客房使用标准,人均 800~900 万韩元(大约 45600~51300 元人民币)。

▶▶ 寻找图画中的风景——大洋洲巡游

以澳大利亚与新西兰为中心,周游周边各个岛国,可以让人们欣赏浪漫而精致的城市,很适合那些渴望好好休息一番的旅客们。大洋洲巡游虽然也有很多路线,但一般来说最受欢迎的是以悉尼为中心,途经墨尔本、霍巴特、新西兰米尔福德海峡与达尼丁、克莱斯特切奇、惠灵顿等,最终到达奥克兰的路线。全部日程为 17 天 16 夜,游轮上日程安排为 15 天 14 夜,价格为阳台客房使用标准,人均 600~700 万韩元(大约 34200~39900 元人民币)。如果是豪华游轮的话,价格会有所提高。

▶▶ 悠久的自然——非洲巡游

非洲巡游分为东部与西部地区,不管选择哪条路线,都能让人们感受到原始的自然生态环境,并获得绝佳的体验。非洲巡游适合那些喜欢野生动物的旅行者们,分为在幻想岛屿休息的东部巡游和展现浪漫都市与沙漠风情的西部巡游。全部日程为 11 天 10 夜,游轮上日程安排为 8 天 7 夜,价格为阳台客房使用标准,人均 700~800 万韩元(大约 39900~45600 元人民币)。

▶▶ 寻找藏匿于沙漠中的宝石——中东巡游

中东地区路线是近年来刚刚受到全世界的关注的一条航线。以迪拜为中心,游览沙特阿拉伯、阿曼、巴林等美景的中东巡游是渴望体验阿拉伯文化的旅客们的第一选择。在广阔的沙漠中,奢华的世界名城迪拜、以神秘的沙漠风景著称的富查伊拉、仍可看到古代中东商人痕迹的巴林、良好地保存了北非传统的也门等,都能让人一饱眼福。全部日程为 10 天 9 夜,游轮上日程安排为 8 天 7 夜,价格为阳台客房使用标准,人均 500~600 万韩元(大约 28500~34200 元人民币)。有豪华游轮可供选择,价格要更加昂贵。

崭新的世界内河巡游

虽然不像在四大洋上可以见到的远洋巡游那么多样化,但沿着蜿蜒江河而行的游轮旅行也有很多种。内河巡游的日程从当天往返到长达两个星期的应有尽有,价格与服务上也是仅次于远洋巡游。和海洋上巡航的大型游轮相比,江上游轮体积偏小,所以不具备大规模的游泳池、攀岩、溜冰、剧场等设施,但其精致的服务与悠闲的旅途和远洋巡游相比也毫不逊色。内河巡游除了沿着历史古都与欧洲名城之间缓缓行进的莱茵河之旅之外,还有从缅甸仰光出发沿着伊洛瓦底江终到古都蒲甘的超豪华游船曼德勒游轮之旅,从德国帕绍出发,沿着多瑙河行进,途经奥地利维也纳,终到匈牙利布达佩斯的莫扎特之旅,沿着中国长江,从重庆行至上海的维京游轮之旅等等。全部日程为 8 天 7 夜,游轮上日程安排为 5 天 4 夜,价格为阳台客房使用标准,人均 500~600 万韩元(大约 28500~34200 元人民币)。

小贴士

▶▶ 渴望异域体验和全新冒险，
那就选择**特殊地区巡游吧！**

南极与北极

　　被称为航运发达国家的美国，从很久以前关注的一条观光路线就是特殊地区航行，其中最为独特的地区当属南极与北极巡游。著名的挪威籍海达路德游轮公司就提供往返南极与北极、格陵兰岛的路线。不同于一般巡游中的大型游船，海达路德游轮公司采用中型的游轮，将旅客们带进充满冒险色彩的旅途。一般来说，历时 2～3 个星期的北极行程需要选在相应北半球夏天的 6-8 月份航行至北极和格陵兰岛，而南极巡游则要选择相应南半球夏天的 12 月至次年 2 月份进行航行。全部日程为 16 天 15 夜，游轮上日程安排为 12 天 11 夜，价格为阳台客房使用标准，人均花费 1000～1200 万韩元（大约 57000～68400 元人民币）。

加拉帕戈斯

　　这条路线只推荐给那些对自然生态系统与进化论有兴趣的旅者。加拉帕戈斯巡游一般不使用大型游船，而是使用 2000～3000 吨的小型游船。如果是当地居民自家的游船，规模只会在 100～200 吨之间。知名的游轮公司有美国精致游轮公司（隶属皇家加勒比游轮公司旗下），一次性搭载的旅客不会超过 92 名，日程上也有很多限制。全部日程为 12 天 11 夜，游轮上日程安排为 8 天 7 夜，价格为阳台客房使用标准，人均 1000～1200 万韩元（大约 57000～68400 元人民币）。如果选择超豪华游船，价格会有所上涨。

破冰船巡游

　　破冰船巡游只推荐给那些热衷于冬季运动的冒险家。从芬兰的凯米港出发，到返回当地，历时 2 天 1 夜。冲破厚度超过 1 米的冰层航行的破冰船巡游，可以在航行的过程中发现海上天然泳池，享受游泳的快乐，也可以驾着驯鹿雪橇在一望无际的冰雪王国尽情飞驰。一般为期 2 天 1 夜的巡游，船舶费用为 40～50 万韩元（大约 2280～2850 元人民币）。如果包括航空费用，也就是 5 天 4 夜，则需要花费 200～350 万韩元（大约 11400～19950 元人民币）。

NO.3 选择什么样的**游船**

之所以会几次强调游船和路线的选择问题，是因为选择路线是非常重要的事情。尤其是对于那些初次踏上游轮旅行之路的人们来说，第一次的游轮旅行印象好坏会直接影响今后会不会进行第二次尝试。在游轮旅行中，最重要的就是找出适合自己的路线和游船。

如果是第一次尝试游轮旅行，最好咨询有过巡游经验的朋友，或者通过专业的旅行社与游轮公司的事务所获取建议。不同的人会偏好不同的旅行风格，有人会通过上网搜索游船的信息来预约和搭乘，不过通过访问或电话咨询专业的游轮旅行社（随团旅行）更为保险。了解要前往的地区和路线，以及游轮公司的整体情报后再做决定，才是体验优质行程的最佳方法。

▶▶ 初次踏上旅途的人，适合大中型游船

对于第一次踏上游轮旅行的人来说，配备有各种设施的大中型游船最为合适。虽然每一家游轮公司都会略有差异，但一般来说，大中型游船就是指具有两座大型公寓拼在一起的长度和 10~13 层楼房高度，规模约 5~10 万吨级别的游船。大中型游船的优点是具备了旅行所必需的所有基础设施，并配备篮球场、迷你高尔夫球场、游泳池等多种拓展和娱乐设施。另外，因船舶的规模大，晃动幅度比较小，对第一次尝试长时间游轮旅行的人或容易晕船的人来说最为合适。

▶▶ 渴望享受悠闲安逸的旅行，可以选择中小型游船

经历过游轮旅行的人，就会知道什么样的游船更适合自己；但如果未曾有过相关经历，就很难作出合理的判断。虽然体育设施或娱乐设施相对匮乏，但想要在优雅的氛围中享受极致的服务，比起大中型游船，选择中小型游船或许更为适合。中型游船一般在 2~7 万吨规模

范围内，因为能从小港口起航，所以有更加良好的适应性，能够更方便地参观目的地。最重要的一点是搭乘的人数较少，所以能够体验到超大型游轮中无法享受到的细致服务，也能和同行的人们进行更多的交流。实际上旅客们能够搭乘的商用游轮中，超豪华级游轮全都是中小型游船。

▶▶ 和孩子一起旅行的话，可以选择超大型游船

一般会认为，游轮旅行是那些上了年纪的成功人士的选择，但其实不然。在游轮旅行活跃的美洲与欧洲，经常会看到一家人一起踏上巡游之旅。如果带着孩子，不仅要考虑各种基础设施，还要考虑孩子们感兴趣的娱乐设施，所以最适合的就是超大型游船。在游船的规模达到11~16万吨的超大型游船中，配备了一般大中型游船上没有的轮滑场、溜冰场、攀岩、冲浪、游戏室等为孩子们量身打造的娱乐设施。另外，大部分运营超大型游船的游轮公司都对儿童或青少年有免费或折扣优惠，从经济上来说也会减轻很大负担，能够让人们毫无顾虑地计划家庭旅行。

▶▶ 计划纪念旅行的人适合选择中小型游船

一辈子只有一次的新婚旅行或其他有纪念意义的特别旅行，最适合选择提供极致服务的中小型游船了。另外，比起一般客房，最好选择高级客房。游轮旅行航海时间越长，舒适的休息环境就显得越发重要。比如蜜月旅行，因为两个人共度的时间占据绝大部分，所以客房越好，旅行就越舒适。而且在高级的游轮上，不同的客房会享受到不同待遇的餐厅和附带设施，所以说，如果经济上允许的话，最好选择更高级的客房。

▶▶ 如果是有特定方向和目地的旅行，最好选择小型游船

如果你有了特定的目的地，那么比起大中型游船，最好选择规模更小的游船。如果是去往南极、北极或加拉帕戈斯等地区的游轮旅行的话，根本就不会有搭乘很多人的大中型船舶，而且一次性多人登陆也会存在一定困难，所以推荐你选择运载少数旅客的小型游船。

● ●

船舶的大小区分

小型 小于2万吨， 中型 2~7万吨， 大中型 7~12万吨， 超大型 13~16万吨

● ●

游轮旅行中，就算是同样的日程与路线，价格也不尽相同。甚至就算搭乘了同一艘游船，也会随着客房等级的不同或季节交替而产生价格差异。不仅如此，即使日程、路线、客房、季节都相同，预约时间的差异也会带来价格的波动。所以，进行游轮旅行，必须准备细致而完善的计划。游轮旅行和其他旅行不同，有时候必须提前一年预约。如果选择了高级游船，必须提前一年半甚至两年进行预约。当然，如果是大中型或超大型游船的话，可以在1~2个月前进行预约。另外，在游船出发的始发地，提前一个星期也有机会成功预约和登船。

假如临时预约，尽管能够踏上旅途，但得承受较高的价格。因此，就算有些困难，也要养成提前制定计划的习惯。事先作了预约，才能在享受美妙的游轮旅行的同时尽量减少经济负担。正如上文所提到的，游轮旅行的开始和一般旅行相比有很多变数，所以不可能把所有的细节都一一列举出来。其中，主要变数因素整理如下：

▶▶ 路线不同带来的差异

游轮旅行会因为所选路线的不同，价格上会有很大的差异。如果是为期13天12夜的地中海巡游，同一个游轮公司运营的路线，价格也会随着停靠港的变化产生差异。另外，就算是同一种路线和日程，也会根据季节与目的地的变化而不同。举个例子，为期15天14夜，去往南极、北极、加拉帕戈斯等地的旅行路线虽然日程上相同，但根据航行的难易程度或体验活动的多少会产生价格上的巨大差异。

▶▶ 日程长短不同带来的差异

游船停留的时间越长,费用就越多。就算路线、游轮公司、游船、客房、季节、预约时间都相同,日程增加的话,需要支付的费用也会随之增加。

▶▶ 游船等级不同带来的差异

游船等级的不同带来的费用差异最大。就像不同星级的宾馆有着千差万别的价格一样,游船也不例外。一般来说,比起人们经常选择的皇家加勒比、歌诗达,以及嘉年华游轮和同等级别的美国精致公司旗下的游轮,瑞金特、水晶、银海等豪华等级的游船需要游客支付的费用要少一些。

▶▶ 客房等级不同带来的差异

就算以上提到的这些条件都相同,随着客房等级的不同价格也会有所差异。这样的差异,与宾馆中常见的情况非常类似。宾馆里,从一般客房到总统套房分为多种等级。游船的客房也有很多种类。一般来说分为:

1. 无法看到海景的客房。
2. 只能通过窗户看到大海的海景客房。
3. 客房与阳台相连的阳台客房,其中包括阳台等设施俱全的迷你套房和高级套房。
4. 能够享受极致安宁和视野的总统套房等。

需要注意的一点就是,豪华游船中基本上没有普通客房或海景客房,所有客房都会有阳台,通常都是小型套房或者高级套房。

▶▶ 季节不同带来的差异

游轮旅行也分为淡季、平季和旺季,每一家游轮公司会按照不同的时期制定不同的费用标准。淡季会比平季减少 15%~20% 的费用,相反,如果是旺季则要多支付 15%~20% 的附加费用。另外,和普通旺季相比,超旺季还会进一步增加 10% 左右的费用。但如果是初次试航的航线或尚在准备中的航线的话,提前预定则可以拿到比淡季更优惠的价格。

▶▶ 人数不同带来的差异

很多人一谈到游轮旅行,就会认为它很昂贵,但如果能够善于利用某些条件的话,就能以较少的费用和家人或朋友一起,踏上充满魅力的旅途。除了部分游轮公司以外,几乎所有的游轮公司中旅客的费用都是按照双人间的标准制定的。不过如果是幼儿,一般可以免费搭乘,

或最多收取成人价格的 30%~40% 的加床费。不仅如此,如果一个家庭 3~4 个人共同使用套房,第 3 位和第 4 位旅客可以享受折扣优惠。

▶▶ 其他

　　对于大多数情况来说,上文中所提到的内容是决定价格的主要因素,但除此之外其他一些因素也会影响费用。和一般游船不同,豪华游船的票价里往往会包括旅行中的各种用餐、酒水饮料、特殊食品、小费,还会包含往返机票、停靠港的住宿费、景点门票等等的费用。另外某些游船还能够为单身的旅客提供拼房服务。

NO.5 适合旅行的季节

> 游轮旅行与一般旅行之间有很多不同之处，其中一点就是享受旅行的时期。一般旅游胜地一年四季都可以接待客人，而游轮旅行则要考虑台风、浪高、港湾设施等许多因素，所以选择合适的季节比什么都重要。当然，每一家游轮公司都会综合考虑这些问题，从而能在合适的季节提供合适的航线，然而不同的公司之间略有差异，所以要选择最佳的旅行方案。

▶▶ 地中海巡游

地中海巡游一般在 4-12 月之间航行。大部分游轮公司之所以在这段时期集中投入游船，是因为日照的时间长，游船上的生活质量和停靠港中的观光质量都能有足够的保障，从而容易让游客体验到旅行的美妙。根据我的经验，最好避开喧嚣的休假旺季（7-8 月），选择凉爽的 5-6 月或 9-10 月为佳，同时通往南部地中海和北非的航线适合 4 月或 11 月去旅行。

▶▶ 北欧巡游

北欧和地中海巡游相比，旅程周期短，大部分游轮公司主要集中在 5-9 月份开放航线。主要原因是高纬度地区的平均气温更低，寒冷天气出现得更早。北欧的航线日照时间长，适合 6-7 月出发，但如果 9 月份去，也可以享受到浪漫的氛围。

▶▶ 加勒比海巡游

四季气温平稳、气候宜人的加勒比海巡游几乎什么时间都可以参加。但如果考虑到飓风等自然灾害和温差的话，最好避开炎热的夏天，选择 9 月份到次年的 4 月份之间参加巡游。

▶▶ 阿拉斯加巡游

在高纬度地域航行的阿拉斯加巡游, 旅行的黄金季节和北欧相似。因为纬度较高, 5-9 月是最适合巡游的时期, 游客无论选择哪个时间段都能享受到其独特的魅力。不过根据我的经验, 比起春季刚过的 5 月份和接近秋天的 9 月份, 最好选择日照时间长、降水较少的 6-7 月。

▶▶ 东南亚巡游

东南亚地区和加勒比海一样, 任何季节都可以前往。不过因南太平洋沿岸易发的台风和地震等, 部分地区的夏季与秋季会实施禁航。另外, 参加东南亚巡游, 最好避开持续高温的5-8 月。

▶▶ 美国西部巡游

由于没有频发的自然灾害, 并且气候宜人, 旅客一年四季都可以参加美国西部巡游。每家游轮公司每周大概有 1~2 艘游船出航, 其中西部巡游是各条航线之中唯一能够提前 2-3 个月进行预约的航线。而且价格比较低廉, 交通也很便利, 不过最好避开炎热的 7-8 月。

▶▶ 美国东部巡游

美国东部和西部相比，更适合短期航行。一般会在 5-11 月起航，但如果想要欣赏东部的浪漫风景，最好选择日照充足的 6-7 月，或是能够欣赏枫叶的 9 月末到 10 月中旬之间。

▶▶ 夏威夷巡游

夏威夷同样是一年四季都适合进行游轮旅行的地区。对于夏威夷巡游来说，也最好避开炎热的夏季，选择能够让你安逸度过悠闲假期的 10 月份到转年的 5 月份。另外，如果想要去各个停靠港游玩或者想要去特定的目的地的话，最好选择凉爽的季节。

▶▶ 波利尼西亚巡游（塔希提巡游）

在波利尼西亚周边地区游览，享受被称为"地上乐园"的原生态海滨，独自或者和同伴一起度讨惬意的时光，让人们的身心得到最大限度的放松和休息。除了部分强风肆虐的地区外，波利尼西亚大部分地区一年四季都可供游客前往巡游。尤其每年 10 月份到转年 5 月份，可以说是这条航线的黄金时期。

▶▶ 中南美巡游

加勒比地区的中南美巡游与北半球的巡游不同，主要集中在 1-4 月起航。因为在这个期间出发旅行能够尽情享受闻名遐迩的桑巴盛宴与浪漫的自然风光。值得一提的是，如果想一览桑巴风情和巴塔哥尼亚以及智利的峡湾，最好的旅行时间应为当地夏季的 1-2 月。

▶▶ 大洋洲巡游

以澳大利亚、新西兰为中心，途经塔希提和夏威夷，终点为洛杉矶的大洋洲巡游，主要的起航时间集中在北半球的 11 月至次年 3 月，也就是南半球的春夏季。如果是想领略大洋洲风光的话，最好选择气候最适宜的 1-3 月。

▶▶ 中东巡游

炎热的中东地区和其他地方相比，航运期间非常短。虽然不同游轮公司之间略有差异，但大体上都集中在 11 月至次年 4 月。不过此时的气温过高，不适合在停靠港停靠后出行游览，所以最好能选择气温合适的 12 月至次年 3 月出发。

▶▶ 非洲巡游

非洲东部和西部的旅行时间略有不同。如果想前往靠近赤道的东北部地区,适合的时期是5-7月;如果想去东南部地区,则要选择对应当地夏季的1-3月。另外西南部地区10月至次年5月是最佳的选择。

▶▶ 南极与北极

因南极特殊的地理位置,要选择对应于南半球盛夏的12月至次年2月前往,最佳旅行时段为1-2月。北极则主要是在对应于北半球夏季的6-8月航行,北极航线和南极相比日程较长,所以比起北半球的秋天8月份开始旅行,不如6-7月便前往北极。

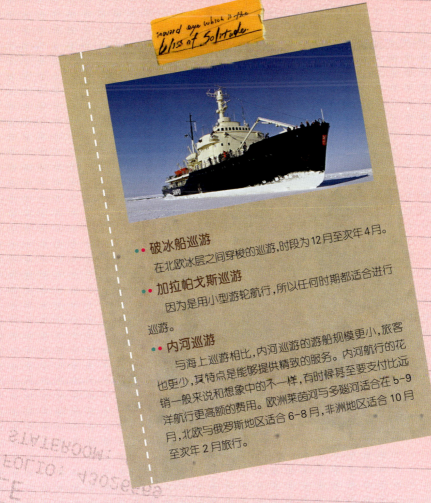

- **破冰船巡游**
  在北欧冰层之间穿梭的巡游,时段为12月至次年4月。
- **加拉帕戈斯巡游**
  因为是用小型游轮航行,所以任何时期都适合进行巡游。
- **内河巡游**
  与海上巡游相比,内河巡游的游船规模更小,旅客也更少,其特点是能够提供精致的服务。内河航行的花销一般来说和想象中的不一样,有时候具至要支付比远洋航行更高额的费用。欧洲莱茵河与多瑙河适合在6-9月,北欧与俄罗斯地区适合6-8月,非洲地区适合10月至次年2月旅行。

一**旦**有了去往某个地方的念头，旅行就已经开始了。有人说，事先定下要去的地方，经过一番细致的准备然后出发的旅行，并不能算是真正意义上的旅行。此话并不为过。然而，从我的经验来讲，这种随心所欲的旅行固然很不错，但有些旅行却是要进行非常周密的准备，游轮旅行显然是属于后者。

如果定下了想要去的目的地，就要着手挑选游船并预约。至少在游轮旅行上要遵守这一原则。原因已在前文中提到，事先做好预约，就算是同样的路线、日程、季节、客房也可以享受更低廉的价格。另外，在游船和客房的选择上也会更自由的。每一家游轮公司的游船都不尽相同，预约步骤也有差异，所以这里无法一一说明。接下来着重介绍一下，常见的预约方法和信息。

可预约时期

游轮一般要提前 6~18 个月预约。虽然有时提前 1~2 个月预约也能登上游船，但更早进行预约肯定会更加有利。预约时必须要注意的一点，就是要仔细阅读关于退订的注意事项，以减少因突发事件而取消预约所造成的损失。

预约时所需的材料和信息

欲搭乘游船的固有船舶名称

例如精致公司的千禧号，或歌诗达游轮公司的大西洋号等。

日程与出发日期，客房等级

例如精致公司的千禧号是为期 13 天 12 夜的常规地中海巡游，2008 年 6 月 6 日，阳台客房，或歌诗达游轮公司的大西洋号，为期 15 天 14 夜的北极巡游，2008 年 7 月 6 日，小型套间等。

旅行者的护照英文名称与出生年月日

　　如果根据以上条件进行了预约,则每一家游轮公司就会要求搭乘者提供其护照名称与发证日期、有效期、证件号等信息,此时可以提供护照复印件或游轮公司所需信息。

预约金

　　每一家公司根据日程、路线、船舶大小等因素不同,会收取不同比例的旅费作为预约金。路程越短,游船等级越低,预约金就越少;路程约长,游船越豪华,预约金就越多。一般来说,预约金在100~500美金之间,部分超豪华游船与特殊地区航行游轮可能会收取更高额的预约金。

余额缴付

　　在预约成功之后,每一家公司会根据合同内容,在规定时间内向旅客收取除预约金以外的费用。在缴款完成后,会通过电子邮件或邮寄等方式发送预约确认书和登船所需的各种资料。余额缴付的日期也会因为不同的公司而有所差异,一般来说都是在登船日期的前30~90天左右。

取消预约的退款协议

　　如果在准备巡游的过程中出现了意外的情况,则可以取消预约。在这种情况下,如果已经缴付了预约金或全部的费用,要及时通知游轮公司,便可以根据合同内容收取退款。预约取消时退还的金额是根据合同书上的注意事项所决定,每一家游轮公司的具体规定都不同,因此在进行预约时必须要先仔细阅读这些条款。如果选择了在国内有事务所的国际游轮公司,也可以寻求他们的帮助。

游轮费用与游客年龄

　　游轮旅行和一般旅行相比有几个不同点,其中之一就是对同行者的各种优惠政策。如果未满14岁的孩子和父母同行,游轮公司可以提供免费搭乘或打折扣的优惠政策,所以一定要事先了解详细情况。

NO.7 旅行必备的打包技巧

和一般旅行相比，游轮旅行相对来说非常轻松自在。不需要每到一处就要解开行囊，之后又重新打包。到处奔波寻找住处时，也不必拎着重重的行李移动。不过想要享受这种便利的话，还是必须事先制定详细的计划，准备所有需要的物品。虽然在船上或停靠港可以买到需要的物品，但最好还是事先准备周全，特别是长途旅行，短至 3~4 天，长至 10~20 天需要在船上度过，因此不管准备得多仔细也不为过。

▶▶ 护照

要仔细确认护照的有效期，从登船日算起，是不是在 6 个月以上。如果有效期不足 6 个月的话，则需要去补办新护照，另外，护照最好和其他物品分开保管。

▶▶ 签证

不仅是起航国和目的国，到达停靠港中有要求出示签证的国家时，都必须事先准备签证。

▶▶ 保险

保险是旅行必备项。游轮旅行和其他旅行一样，最好无条件购买保险。如果是参加旅行社的话，除了游船上的保险之外，还会有旅行社统一购买的旅游保险，如果是个人预约，千万不要忘记购买旅游保险。尤其是游船上的医疗服务比一般医院更昂贵，提前购买一份旅游保险相当必要。

▶▶ 服装

　　游轮旅行和其他旅行相比，需要在服装的选择上花费更多的心思。虽然不同的游轮公司与游船等级会产生差异，但多注意以下几点事项的话，基本上就不会有问题。

　　正装 formal　　游轮旅行和可以自由活动的陆地旅行不同，会有一定规格的欢迎会与晚宴、送别会等各种活动。这种情况下，所有旅客原则上都需要穿着正装。所以要考虑旅行时间，准备合适数量的正装（民族的传统服饰也可以归为正装）。如果是男性则需要准备同样颜色的西服、领带和皮鞋，女性则要准备礼服、连衣裙和适合裙装的鞋子。

　　准正装 informal　　除了正式的活动之外，旅行期间，在餐厅就餐和观看演出时都需要穿戴合适、得体的服装。男士可以准备衬衫和夹克，女性可以准备裙子、长裤或女士衬衫、夹克。

　　休闲装 casual　　平时穿戴的服装就可以。男性适合裤子与T恤，女性适合短裙或裤子、T恤。无论启程时的天气有多好，为了以防万一，必须准备保温性能良好，有防水效果的风衣和外套。

▶▶ 不同长度的旅行日程所必要的服装

4~7 天日程	男性要准备1~2套正装，2套准正装，3套休闲装。 女性要准备1~2套连衣裙或长裙，2套准正装，3套休闲装。
10~14 天日程	男性要准备3套正装，3~4套准正装，5套休闲装。 女性要准备3~4套连衣裙或长裙，3~5套准正装，5~7套休闲装。
15~21 天日程	男性要准备3套正装，5套准正装，5套休闲装。 女性要准备3~5套连衣裙或长裙，5套准正装，5~7套休闲装。
共同事项	防水和保温性佳的风衣或外套，皮鞋与舒适的运动鞋或休闲鞋。

▶▶ 其他需准备的物品

　　生活用品　　为了以防万一，请准备好常用药（晕船药、镇痛消炎药、消化药、创可贴等）、牙刷、牙膏、化妆品、剃须刀等物品（吹风机游轮都已配备）。

　　书籍　　2~3本平时常看的书，1本介绍相关旅行地点的书。

> **大部分人**都因为经济原因和时间上的问题觉得游轮旅行是个不小的负担。游轮旅行的确是需要足够的时间和很高的闲情雅致才能享受的旅行。不过再仔细考虑的话，无论是经济上还是时间上，游轮旅行和一般旅行相比不会相差太多（以下内容是根据以往在游轮上对旅客进行的问卷调查和个人访问的经验所整理出来的结论）。

▶▶ 游轮旅行的优点

可以在短时间内游览各个国家和城市

　　游轮旅行虽然是在游船上度过大多数时间，但另一方面也可以在较短的时间内周游各个国家，这一点对旅行者来说极具魅力（从这个角度来看，没有什么比游轮旅行更能灵活使用时间了）。如果是地中海文化遗产路线的话，能够在短短的 13 天 12 夜里游遍克罗地亚、希腊、意大利、法国、西班牙等；加勒比西部巡游能够在仅仅 8 天 7 夜的时间里游遍美国、海地、牙买加、墨西哥等地。

能够提供各种服务和舒适的空间

　　偏好游轮旅行的旅客中，有很多人认为其首屈一指的优点就是特级水准的服务质量和能够自由活动的空间。从客房打扫到客房服务，旅客能及时得到所需服务，另外能够让人悠闲享受的自由空间也是游轮旅行的独特魅力。

能够品尝各种美味料理

　　味觉早已格式化的欧洲人最喜欢每天能够品尝到不同美食的游轮旅行。也有很多亚洲游客是为了享受各种山珍海味而登上游船。

能够享受真正高品位的旅行

虽然高品位旅行的标准因人而异，但没有哪种旅行方式能比游轮旅行更能让旅客满足自己的渴望。如果经济上允许的话，可以在6星级超豪华游轮上享受世界顶级水准的服务，然后搭乘直升飞机到达世界上的任何角落，或者乘着独木舟体验异国风情的文化之旅，享受冒险的乐趣。

能够享受风情各异的旅行

旅行家的箴言之一就是"寻找自己渴望到达的地方"。从这一角度来看，游轮旅行无疑是不同寻常的旅行方式。每一家游轮公司的日程与路线都不相同，就算是同一家游轮公司开设的路线也会根据停靠港和航行方向的不同而产生差异。比如说，阿拉斯加8天7夜游的路线分为两段，一段从加拿大温哥华出发，前往阿拉斯加地区，另一段是从阿拉斯加出发前往温哥华。虽然从路线上看起来一样，但其所带来的感受却截然不同。

能够享受全身心的放松

游轮旅行中最独特的魅力之一，就是享受全身心的放松。在停靠港观光的时段，可以选择留在游船上享受一个人的时光，或去游泳，或去桑拿和按摩，度过惬意的旅程。

在每一个目的地轻松地安排日程

因为游轮旅行是按照事先计划好的航线和日程进行，所以不用烦恼应该去看哪些景点。只要自行选择是否按照游轮安排的日程观光或者去自己想去的地方就可以了，目的地的抉择并不会有太大的困难。

简单明了的旅行

一般旅行可以在途中改变目的地，转而前往别处，但是事先就已规划好路线行进的游轮旅行，只要在目的地周边寻找观光景点即可。

办理手续的程序简单

游轮旅行和一般旅行不同，可以避免在每一处停靠港都需前往出入境管理局接受检查。

能够享受各式各样的娱乐与活动

只有游轮旅行才能在途中随时体验船上举办的各类活动还有每天不间断的高水准演出。虽然游船的规模大小会有所不同，但一般来说，都可以享受到游戏、音乐、舞蹈、话剧、音乐剧、画展、各种体育项目等多彩的活动，游客在整个旅行期间可以尽情地享受这其中的乐趣。

可以事先制定旅行计划

游轮旅行一般要提前6~18个月进行预约，甚至有些时候可以提前两年进行预约，而提前预约的优点就是能够事先制定计划。为了能享受到满意的旅行，最好的方法就是，提前制定详细的旅行计划。

比任何旅行都安全

　　相较于一般旅行中会搭乘的各类交通工具,船舶和火车更加安全和方便。虽然游船的大小和种类有所不同,但总体上而言,负责乘载旅客的游船都具一定规模,并配有最高端的安全设施和卫星,不断提供各种信息和资讯,比其他旅行方式更安全。

▶▶ 游轮旅行的缺点

不能尽情地游览中途的景点

　　游轮旅行的最大缺点就是没办法长期停留在单一地点,当然游船始发地和终点是例外。但很难在中途的停靠港长期逗留,尽兴游览感兴趣的每一个角落。

旅行途中不能改变日程

　　游轮旅行根据事先制定好的路线航行,因此无法在中途改变日程或目的地,去往其他地方,这也是一个不小的缺点。如果时间和经济上没有问题的话,旅客可以选择在游轮旅行结束之后独自前往喜欢的游览地点,除此之外并无他法。

费用相对较高

　　如果是前往加勒比海和阿拉斯加旅行的美国旅客,只要支付船票即可,所以对他们来说游轮旅行和一般旅行并没什么两样。然而对于亚洲的旅客而言,不仅要花费高额的机票,还必须在当地支付额外的住宿费和其他费用,因此从经济角度来看多少会产生一定的负担。

旅行时间相对较长

　　和相对高昂的旅行开支一样,旅途需要很长的时间,也是游轮旅行的一个缺点。比如地中海与斯堪的纳维亚,以及俄罗斯航线中所需要的额外往返时间。不过从整体上来看,因为整个旅程时间较长,所以这些短期投资是很有价值的。然而,如果是3天2夜游或4天3夜游航线的话,花费在往返路程上的时间比例过大,从效率上看,似乎就不能将其称为合适的旅行。

从家到港口

想要开始游轮旅行，必须要先到达游船起航的港口城市。如果从地中海或北欧、加勒比、阿拉斯加、新加坡等国外港口出发的游船，就需要花费更多时间和金钱才能到达当地。就算是选择了合适的航班，也难免会有日程上的差异，一般的解决方法如下：

如果是通过旅行社组团出发 会有专门的旅游巴士，而如果是 4~6 人一起出行的话，比起大众交通工具，合伙租车似乎更加经济适用。

如果先在当地游览之后再搭乘 出发之前选择好港口附近方便的地方住宿，最后只要准时前往港口登船就可以。

如果从机场直接前往港口 假如机场和港口之间的距离为 10~30 公里的话，搭乘出租车较方便，但如果像阿拉斯加地区，机场与港口间的距离比较长，则最好搭乘各家游轮公司所提供的专线大巴。

如果因航班时间问题需要在当地过夜 事先在机场附近或是城市中心地段预定好住处。如果想要及时前往港口，就要选择离港口较近的酒店住宿。

NO.9 登船手续

登船手续根据港口和船舶的差异而不同。同一个航线的游船，会因出发港口的不同有所差异；同一个港口出发的游船，不同的游轮公司所使用的港湾、码头也都不一样。关于游船搭乘地点的详细信息可以从各家游轮公司的官方主页查询，或是通过游轮公司发送给旅客的"e-乘船券（凭单）"进行查询。详细查询就能减少许多不必要的麻烦。如果想提前把手续弄清楚，也可以向各家游轮公司的本国事务所了解详细的信息。

▶▶ **登船手续所必要的文件和准备**

预约确认书（凭单）、护照、与护照上姓名相同的信用卡。

▶▶ **登船手续**

登船的步骤一般很简单。除非有游船在起航港口滞留，一般在出发 4~5 个小时前办理登船手续就可以。

出示护照与预约确认书

到达需要搭乘的港口之后，先要出示事先准备好的预约确认书、有效期为 6 个月以上的护照和护照持有人的信用卡，然后根据工作人员的指示登船即可。

记录备用联系方式

在各个起航港确认完登陆所需的护照和签证之后，需要记录备用的联系地址和电话号码（可以登记居住在国内的亲戚或朋友的联系方式）。

选择结算方式

在确认护照、签证和备用联系方式之后会得到与信用卡相连的 ID 卡（Sea Pass，海上通行证），用以结算游船上个人使用的自助项目花费或购物花费，这样搭乘手续就基本完成了。拿到的 ID 卡既可以在旅行期间作为身份认证的凭证，也可以当作信用卡来用。在游轮上，普遍

SETSAIL 40 — VOYAGER OF THE SEAS

SETSAIL 39 — VOYAGER OF THE SEAS

Royal Caribbean INTERNATIONAL

TO SHIP

final electronic cruise document

Port Directions

PORT: Barcelona, Spain

PIER TERMINAL: Moll D'Adossat Terminal

SHIP BOA...

4 NIGHT FRE...

GROUP NUMBER:
RESERVATION ID...
SHIP NAME:
SAILING DATE:
SAILING FROM...
BOARDING AT...
SAILING TI...
DINING SEA...
DINING TI...
STATEROOM...
DECK...
CATEGORY...

final electronic cruise document (eDoc)

Royal Caribbean Internation...

Contact Information

Travel Doc...
Travelling to Eu...

New Regulatio...
all cruise lin...
New Regula...

Royal Caribbean International

This Document Has Been Prepared For

Crown & Anchor Membership

— — — — — — — —

HYUNG JUN LEE

GROUP NUMBER: 922329
RESERVATION ID: 7176324
PACKAGE TYPE: Cruise Only
SHIP NAME: VOYAGER OF THE SEAS
SAILING DATE: 13 MAY 2007
SAILING FROM: BARCELONA, SPAIN

For general information regarding your cruise holiday, or to correct the spelling of your name above, please call your travel professional.

CROWN & ANCHOR SOCIETY

If you are choosing to cruise with Royal Caribbean International again then you will be familiar with reasons why you have returned. Perhaps you would like to join the Royal Caribbean International loyalty programme, Crown and Anchor Society, before you set sail. As a past guest you can enjoy special privileges.

IMPORTANT NOTICE TO GUESTS

Travel Documents

Dear HYUNG JUN,

Included in this electronic document (eDoc), you...
important documents and information you will ne...
which you will need to take with you. So take a...
for safekeeping and start getting ready for way...

If you are cruising for the first time with Royal...
then you can look forward to the International...
stylish bars and clubs and experience total rel...
ShipShape®Spa. The entire crew is dedicated...
cruise experience is memorable from beginni...

Please ensure you fill out your **guest infor**...
document, you can do this on-line at:
www.royalcaribbean.com/onlinecheckin...

Thank you for choosing to cruise with us a...
International, and we hope you'll agree it'...

WAY MORE THAN A CRUISE

都是使用信用卡支付各种开销,但也可以使用现金支付。

搭乘游轮的旅客需要用ID卡来代替护照和信用卡。ID卡中记录了旅客的姓名和客房号,在客房出入、停靠港观光,还有上下船时必须随身携带。如果丢失了ID卡,则需要及时向游轮服务中心进行通报,尽快补办新的ID卡。

检查护照是否保管好

在不同的旅行地,护照可以由游轮方面统一保管,或者选择由自己保管。如果是个人保管,可以使用船上的保险柜或者随身携带;如果是游船统一保管,则会存放在统一的柜台,在旅行结束时返还给旅客。

▶▶ 行李处理

只要把预约确认书和行李单贴在行李上,乘务人员就会直接把行李送到客房。如果没有行李单,可以向负责行李管理的乘务人员出示预约确认书,对方就会开好行李单,并贴到行李上。行李会送到旅客的客房门口,所需的搬运时间略有差异,贵重物品最好放在小包里随身携带。不同的游轮公司有不同的行李标准,一般来说,每人可以随身携带60~100千克的行李,但就算行李超重,也很少有公司会额外收费。万一行李遗失,则可以根据合同的规定索要补偿金。

▶▶ 从办理登船手续到登上游船

在办完了登船手续之后,可以在侍者的引领下正式登上游船。游船入口和中间地带会有专门的摄影留念服务,想要拍纪念照片的旅客可以付费后拍摄。另外在进入游船之前,所有旅客都需要照一张出入所需的照片留底,到此所有登船手续才算完成。

NO.10 船上的生活

游轮旅行的独特魅力，就是要在游船上度过绝大部分时间。虽然会因路线和游轮公司的不同而有若干差异，但总的来说，在游船上度过的时间都会很长。能否在船上度过美好的时光，直接影响着旅行的满意度。以下列举出需要在游船上遵守的注意事项和一些有用的信息：

▶▶ 逛一逛游船

在登上游船之后，首先要做的就是清楚了解游船上的几个重要场所，其中包括：紧急出口、咨询台、餐厅等等，这些对旅客来说非常重要。想完全了解清楚，至少需花上三四个小时。因此首先要知道的应该是紧急出口和经常要去的场所，之后如果有空闲的时间再慢慢熟悉其他地方的位置。

▶▶ 参加安全指导

在出航之前，旅客们会有专门的时间拍纪念照或享用简单的饮料和食品，还能在游船上到处转一转。随后进行的第一项正式活动就是安全指导，一般来说会在出发之前统一进行安全指导。部分公司则会在出发时就进行该项活动（为了旅途的安全，无论是男女老少，还是残障人士都要参加指导）。当所有旅客穿戴好客房中准备的救生衣走出房间时，乘务人员就会将旅客们引导至预定的演习位置。

安全指导大致会持续 10~15 分钟，主要目的是告诉旅客，若有紧急情况发生时，集合的场所在哪里，同时教授旅客救生衣和求救哨的使用方法等。

▶▶ 客房的使用

　　想要享受舒适的旅行,客房的选择比什么都重要。对于那些渴望在优雅的环境中营造属于自己浪漫回忆的旅客来说,则更是如此。床、桌子、沙发、电视、冰箱、浴室、生活必需品的配备方面,游轮客房和一般宾馆没什么两样。只不过要注意以下几点不同:

记得在房间门口挂上标志牌

　　在宾馆住宿,服务人员会每天进行一次打扫工作,但游轮上则会随时打扫客房。每当旅客早上起床出门享用早餐时,乘服人员会准时进入客房进行打扫;在停靠港观光或者晚餐、出门聚会时,也会有人整理床铺和浴室,以便让旅客们享受最舒适的休息环境。因此,旅客如果想在客房中休息不被打扰,或者是需要服务人员打扫的时候,都可以在门口挂上标志牌。当然,无论什么时候服务人员都会先确认旅客是否在房间内,然后再提供打扫服务,但如果能做好标记的话,就能享受到更快捷、优质的服务。

充分利用房间里的配备物品

　　所有游船上的房间都会配备电话、电视机、衣柜、浴室(每间客房都会有浴缸和冲澡设施)、浴巾、足够数量的毛巾、个人保险柜、吹风机、小冰箱、110V/220V 插口、洗浴套装(其中包括香皂、洗发露、润肤露等)、简易的购物袋等。有些游船会在客房中设置上网端口。因此,除了一些特殊个人护理用品之外,最好使用客房提供的物品。特别是像电吹风这类物品可以不用自备,以免加重行李负担。

使用电话与冰箱需要收费

　　除了一些会免费提供电话与冰箱服务的豪华游船之外,其他游船上的电话费用和冰箱使用费用要额外支付。虽然要比平时的通讯费用和饮料价格贵一点儿,但不会相差太多。

▶▶ 必要的信息收集与利用

因为要在游船上度过大部分的时间，所以准确和多样的信息对旅客来说非常重要。游船相关信息会刊登在每天晚上提供到客房的《巡游指南》或《今日要闻》上，包括次日将举行的活动、停靠港介绍、观光信息、天气、购物指南，还有国际新闻等多种多样的信息。若除了基本信息之外还想了解更多，则可以通过咨询台来寻求帮助。

使用客房中的电视机

每间客房中配有的电视机会播放如新闻、电影等一般节目，还会提供24小时的游轮旅行资讯。从游船基础知识到各种设施的介绍，有关停靠港的信息与文化、历史、观光、购物信息，还包括天气、游船行驶的航线，以及有关途经地区的相关信息，可以说基本上汇集了所有对旅客来说实用的信息。

使用配送到客房的介绍手册

每一家游轮公司对该类手册的称呼都不同，但每天晚上都会向每一间客房配送次日将进行的活动安排和有关停靠港介绍的信息手册。手册中记载的内容包括：在每一个停靠港中如果发生紧急事态时可以联络的当地事务所的电话号码、日落和日出时间、游船到达港口的时间与起航时间、停靠港的旅游资讯、简易的地图、购物信息、将在游船上举办的活动内容、时差指南，以及其他一些必要信息。无论是下船前往观光地还是留在游船上休息，都应该先参照介绍手册再做出合理的选择，这样才能享受更充实和圆满的旅行。

随时随地注意广播通知

游船上会实时报道主要的活动安排。重要的事项会由船长直接通过广播传达，另外其他停靠港介绍和到达、出发、下船方法、活动、购物等都会有相应的广播通知。想要享受到更充实的旅行，最好关注一下广播中的内容。

▶▶ 停靠港的离船和登船

除了那些放弃停靠港观光，宁愿留在游船上享受清闲时光的旅客之外，大多数的人都会在游船停靠的港口离船。在停靠港下船时一定要随身携带相当于身份证的游轮ID卡、护照和签证。很多地方要求旅客要出示护照和签证。另外，在观光完毕回到游船时，也必须要出示ID卡，如果是需要签证的国家，则要同时出示护照和签证。万一在停靠港观光途中遗失了ID卡，要立即寻求乘务人员的帮助，申请办理新卡，办理完成后则可以顺利登船。

▶▶ 申请参观有兴趣的景点

　　虽然在前文中强调了很多次，游轮旅行的优点之一就是可以在很短的时间内接触各种文化和人文风貌。但想要在有限的时间内参观各式各样的景点，最重要的就是要利用好停靠港的观光时间。参与游轮旅行的旅客可以选择单独行动或是跟随游轮方面组织的自费观光。自由观光时可以和家人或伙伴一起，到自己想去的地方转转。参加游轮公司组织的自费观光时，必须事先在预约单上填写姓名与客房号，并在希望的路线后面打上勾，然后提交即可。旅客最好尽快办理申请，因为经常会有额满的情况，不要因此而错过了想要浏览的景色的机会。

　　把表格交到咨询处后，游轮方面最迟会在参观的前一天晚上，把各条线路的参加凭单（一种票据）投放到客房入口，或者送到客房。自费观光的费用并不是当场结算，而是在完成旅行之后和其他费用一并结算。如果本人选择的观光路线和记录中的不一致，则会现场进行修正。偶尔会有记录错误的情况发生，所以一定要仔细比对结算单和所选择的自助项目是否一致。所有的费用会自动连接到登船时出示的信用卡上，并自动扣费。

▶▶ 如何利用信息途经

　　在游船上可以利用图书馆、网络、报纸、电视机等多种途经获取信息或享受读书的乐趣。

如何利用图书馆

　　不同规模的游船，图书馆藏书量会有所差异，但多会配有一定规模的图书馆。大型或超大型游船上能提供可让 30~40 名旅客同时阅读的空间，并且 24 小时开放，随时都可以到图书馆享受读书的乐趣。

网络中心

　　不光是近年来新下水的游船，连很久以前投入使用的游船也配备了良好的网络系统，能够使用信息浏览与电子邮件服务。网络服务的管理措施与使用规定也因游轮公司不同而有所差异。一般来说，从早到晚都有服务人员值班，所以旅客能够随时享受到必要的服务。想要在深夜或凌晨使用网络的旅客也可以使用图书馆、酒吧以及休息处配备的电脑。有关网络使用的规定也有不同程度的差异，虽然可以免费收发电子邮件，但使用搜索引擎或新闻浏览服务通常都需要收取费用（如果是豪华游船的话，所有服务当然都是免费的）。如果携带了笔记本电脑，则可以在船上指定的区域，通过游轮提供的 ID 和密码连接网络。每一艘游船上都有特定的无线网络支持区域，在使用前要先进行确认。

报纸服务

　　报纸服务也是因游轮公司不同而有所差异。不仅会在停靠港向旅客提供报纸,还会单独剪辑出报纸中的新闻提供给旅客。有些游船会专门将报纸配送到客房,或者放在咨询台,让有需要的旅客自行取阅。

▶▶ 关于餐厅（宴会厅）的使用

　　一般旅行与游轮旅行最大的区别就是用餐。虽然不同游轮上供应的食物会有差异,但无论选择了哪一艘游轮,都能品尝精致美味的食物与体验高质量的服务。除了客房之外,最常用到的船上设施就是餐厅。游轮上有相当于正餐厅的宴会厅,以及全天提供饮食的自助餐厅和快餐厅。虽然可以在任何地方用餐,但在提供晚餐的正餐厅(宴会厅)中,每位旅客的用餐时间、座位,服务生以及助理服务生都会事先安排好。除此之外还有一点礼节要注意,就是在正餐厅,旅客每天一定要穿戴不同的服饰。

使用指定的时间段与坐席

　　在豪华游船里,所有旅客都可以在同一时间段享受用餐服务,但一般来说会每隔2~2.5小时提供一次用餐服务。用餐的时间可以在预约时指定,也可以在登船之后从送往客房的介绍手册中了解到时间和坐席,之后再进行指定。如果几个人想要在相同的时间段内共进晚餐,只需向咨询台和乘务人员说明情况,就可以进行调整。

服务生与助理服务生

不管是什么样的游船,为旅客提供服务的人员都会分为"个人服务生"(My Waiter)和"助理服务生"(My Assistant Waiter)。在正餐厅用餐时,肯定会有个人服务生与助理服务生提供服务。

需要注意服装打扮

若是享用早餐或午餐,进入餐厅时可以穿着便装。如果是晚餐时段在主餐厅用餐,原则上要穿着正装。每天管理人员都会告知旅客们当天的晚宴应该穿着的服装形式,只要按照规定准备着装就可以。

关于饮食选择

游轮上提供的饮食种类繁多,从最顶级的豪华料理到简单美味的意大利面或比萨饼,旅客能够品尝到各种各样的美食。每天提供的晚餐会因游轮等级而有所不同。如果是超豪华游船,除了红酒以外,所有饮料都包含在船票里面,但若是一般的游船,红酒或饮料都需要单独付费。游船的餐厅中提供的食物有很多选择,各种面包与果酱、沙拉、主食和甜品等等。因食物的种类过多,有时会让人觉得难以决定,这种情况下先不要盲目地选择,可以向服务生和助理服务生寻求建议,他们会从当天主厨建议的料理开始为旅客——进行介绍。

▶▶ 关于酒吧与咖啡厅的使用

基本上所有游轮都设有提供简单饮食的快餐店,以及各式酒吧和咖啡厅。这些场所提供服务的时间各不相同,但在任何一处都可以找到简单的食物、茶和饮料。如果是酒吧或咖啡屋,有些则会免费提供饮食,但红酒、威士忌、碳酸饮料等都需收费,所有费用均通过 ID 卡支付。

▶▶ 文化设施与剧场的使用

能够被称为"移动宫殿"的高级游轮可以说本身就是一个大型文化空间。在诸多文化设施中，若要列举几个具有代表性的，则就是挂在船内的图画和照片、雕刻等展示品，还有每天晚上在大大小小的空间展现的音乐、舞蹈、话剧演出、冰上演出等等。所有欣赏演出费用都已经包含在船票中，旅客可以尽情地享受。

游船是巨大的展览会

从旅客休息的客房到走廊、餐厅、酒吧、图书馆，还有阶梯，整个游船可以看成是一个大型展览会。虽然不同等级和规模的船舶会有差异，但无论什么样的游船都装饰着一件件充满魅力的图画和雕刻品、照片、版画等各种各样的艺术品。

每天都能欣赏到精彩绝伦的演出

游轮上每天都会举行各种不同的文化活动。豪华游船上的演出虽然不能算是世界顶级的，但都会有每个艺术领域中具相当高水平的演出团队为旅客表演。一般游轮上则会有一些专业人士和乘务人员一起献上演出，主要包括话剧、电影、流行音乐、爵士乐、探戈、弗拉明戈民族舞、魔术等大众喜闻乐见的演出。

超大型游船上会有独特的演出

比起中小型级别的豪华游船，有足够宽广表演空间的超大型游船上能够让旅客接触到更多样的演出。在超大型游船上还能观赏到冰上表演等演出。只是因为冰上表演的场地条件所限，若想要欣赏，必须携带配送到客房的门票。如果不小心遗失了门票，也可以通过咨询台寻求帮助，重新领取门票。但只有确保还有剩余座位时才能入场。只能在超大型游船上欣赏到的另外一项演出就是在船内举办的小型嘉年华活动。虽然只有寥寥数十个人，但每个人都会换上奇装异服，在船上进行欢快的游行，别有一番风味。

▶▶ 多种体育和娱乐设施

和船体规模无关，所有游船上不仅会为旅客准备可以安心休息的环境，同时也会配备各种简单的体育设施。不过体育设施的种类受船舶规模大小的限制，超大型游船上的设施自然更加多样化。

泳池与冲浪浴缸

所有巡游船上都会配备泳池与类似迷你温泉的冲浪浴缸。超大型船舶会配备4~5个室内游泳池与3~4个冲浪浴缸。在进入游船上所设的室内泳池与冲浪浴缸之前，应该进行简单的淋浴。

健身中心

无论是豪华游船还是普通游船，都会配备一定规模的健身中心。需要注意的是，有些游船的健身中心是24小时开放的，有些只能在规定时间内使用。

慢跑与各种运动

如果是前往特殊地区的小型游船，则只有可以散步的小规模活动空间。但大部分游船上都会有提供旅客慢跑的跑道。当然，慢跑或散步所对应的体育设施也是因游船不同而异的，一般来说会配备200~400米的标准跑道。各种体育设施因受船舶大小而异，如果是超大型游船，从篮球场到排球场等各种设施一应俱全。

迷你高尔夫球场

每艘游轮上的迷你高尔夫球场也会有所差异。某些中型游船上会配备室内高尔夫球场或者迷你高尔夫球场，但有些大型游船反而不会配备。

攀岩与轮滑

能够配备轮滑场、攀岩设施、人工冲浪设施的游船都属于超大型游轮。轮滑场会提供护膝等装备，但因为攀岩或冲浪都会涉及安全问题，所以在使用前必须接受简单的安全指导。当然，进行攀岩或冲浪运动时都会有专业人士在旁边准备好相应的安全设施，因此并不需要担心安全问题。

水疗

无论游船规模大小，基本上都会配备能够提供美容和按摩服务的水疗中心。越豪华的游船，就越会提供高级的服务，享受这些服务大部分都需要额外付费。

儿童娱乐设施

专门为孩子们准备的设施。不同等级和大小的游船上，有不同的儿童娱乐设施。比起主流旅客是成年人的豪华游轮，面向大众的大型游船上则会配备更有趣的设施。

▶▶ 参加各种活动

游船上会不断举办让人兴致高涨的活动。其中包括大多数旅客都能一起参与的宾果游戏、各类主题派对，以及为部分收藏爱好者准备的拍卖会等等，各种活动都能为人们带来意想不到的乐趣。

宾果游戏和船上举办的各种活动

旅客可以自由地参加船上举办的各种活动。游戏规则可以参考每天送往客房的介绍手册，然后在指定的时间前往指定的场所，或者船长或乘务人员会通过广播传达有些大型活动相关的内容、时间和场所。

拍卖会

任何人都可以参加拍卖会。竞拍的方式并不复杂，由拍卖师先展出并介绍藏品，最终价高者得。拍卖会在旅途中大概会举办 2~3 次，不一定要买什么东西，单纯地凑凑热闹，参观一下也无妨。拍卖会之类的活动，如果不是游轮旅行，基本上没什么机会参加，所以可得把握难得的参与机会。

▶▶ 如何在船上进行购物

在游船上购物和在停靠港购物相比,可选商品的范围比较有限。不过游船上的所有商品均是免税的,所以价格上会更加低廉,尤其是在特定日期举办的大型折扣活动会让旅客们以意想不到的价格买到想要的商品。不过,红酒或高级白兰地等商品不能当场取货,只能在到达终点的前一天下午领取。

▶▶ 赌场与休息空间的使用

往返多个国家或是在公海航行的游船上一般都会配备赌场。虽然不能和拉斯维加斯或澳门的大型赌场相提并论,但也能让旅客尽享各种游戏的乐趣。一般来说,能够在游船上玩到的游戏有老虎机、21点、轮盘赌等,游戏的方法和一般赌场中的相同。在游船上赌博,同样和运气以及赌徒的实力有关,但玩老虎机的话就只能靠概率取胜。如果说游船上的赌场和一般赌场有什么不同,就是当游船停泊在停靠港时,赌场不会对外开放,只在航行过程中营业。

▶▶ 医疗设施的使用

因为旅客长时间住在游船上,所有游轮都会配备最基本的医疗设施和专业的医疗团队,以应对紧急事件。游船上会提供从单纯治疗晕船到X光拍照等医疗服务。原则上先接受诊断,再给予处方药,费用相对来说较为昂贵。所以如果平时有晕船或其他疾病,最好事先自带一些药物。另外不要忘记,旅行之前一定要加入有关的医疗保险。

▶▶ 其他设施的使用

除以上设施之外,游船上还有很多其他可供娱乐的设施。面向一家三口的娱乐设施与节目、能够进行商业谈判的会议室、视野绝佳的遥望台等,可谓是应有尽有。

停靠港的观光行程可以在游船上提出申请，行程大致分为两类：游轮组织的自费观光行程或者自由游览景点。两者各有优缺点，不能说哪个就一定好。只不过，参加自费观光行程可以在短时间内游览多个地方，但缺点是没有多少自由活动时间；而自由观光则能够随心所欲地去寻找向往的景色，但却要花费更多的时间和金钱。

经过几次游轮旅行之后，以我的经验来说，如果是初次踏上游轮之旅的人，更适合参加自费观光行程。而如果之前有过游轮旅行经验的话，则适合当独行侠进行自由游览。无论是哪一种情况，对旅游地点的信息了解越多，对旅途就越有帮助。比如说，旅游地点的文化、历史信息等。除此之外，还要仔细地考虑有效率的交通路线、地图和即时新闻等等。

▶▶ 游船上提供的自费观光行程

参与自费观光项目的旅客只要携带事先送至客房的参观票就可以。大部分的自费观光都会由游轮或停靠港方面派遣专门的导游带领众人进行游览。其中需要注意的一点就是，如果有很多旅客同时申请了随团自费观光，那么时间的安排上就会略有差异。因此在出发前一定要确认好行程的时间，另外还要记下当地的游轮事务所和旅行社、导游的电话号码。大部分的联系方式都登记在介绍各个停靠港信息的手册中，因此最好随身携带一本介绍手册。万一不慎将手册遗落在客房也没关系，只要在下船的时候在入口处拿一份备用就可以了。

▶▶ 自由观光

所谓旅行，大多数人所追求的，就是通过自己喜欢的方式，到自己向往的地方瞧一瞧、看一看，这就是旅行的乐趣所在。从这种角度来看，游轮旅行也没有什么不同。只不过就是每

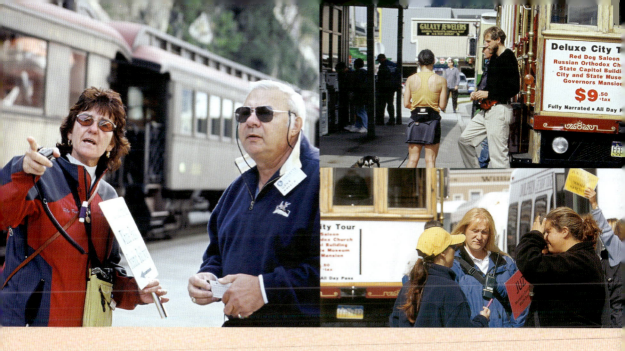

一处停靠港都会有规定的日程和时间限制罢了，短至半天，长至2~3天。所以游轮旅行中，在停靠港的自由观光就是很重要的环节。

自由观光

对于那些渴望享受真正自由的旅行的人来说，最适合的方法无疑就是陪同恋人或是亲朋好友一起前往目的地进行自助观光。2~3个人同行的自由观光最重要的就是事先掌握充分的信息和情报。当然，如果是去过很多次的地区，单凭游船上提供的信息就不会有什么问题。但如果是初次游览的地方，则要提前搜集好各种相关信息。

选择的游轮航线不同，停靠港的自由观光路线也会有很大差异。如果是前往如地中海、斯堪的纳维亚、俄罗斯等历史悠久的地方，通常需要透过旅行杂志或网络了解更多停靠港的各种观光信息，最好事先读一到两本有关其历史和文化的书籍。如果是参加游船上组织的自费观光，可以比较方便地得到有关文化和历史背景的介绍。但如果是单独行动的自由观光，则只能参考游轮提供的材料与向导手册。如果选择了阿拉斯加或东南亚的巡游路线，那么首要任务就是多搜集一些有关自然环境和风土人情的信息。另外，如果是游览加勒比航线，那么比起自然环境，则应该把搜集资料的重点放在如何好好地放松身心之上。

除此之外，在自由观光的过程中一定要事先记录游轮公司在当地的联系方式，以便应对紧急事态的发生。万一无法准时返船，才能知道要如何寻求帮助。如果因时间延误或其他意外情况而没办法按时返回游船，旅客可以直接去往下一个停靠港重新登船。

组团出发

组团的方法也分为两种：选择当地的旅行社，或选择本国旅行社开设在当地的地接社。并不能说哪一个选择更好，只不过要首先考虑语言问题。如果同行的人中有精通外语的人，选择当地的旅行社并不会有太大的问题。不过想要得到更贴心的服务，最好还是选择本国旅行社的海外地接社。想要寻找本国人运营的旅行社，可以向游轮公司的本国事务所寻求帮助。

4~8个志同道合的人就可以组成一个小团队。但如果是一天以上的日程，超过10个人也不会有什么问题。组团观光最大的优点就是可以在短时间内，以低廉的价格让游客们更高效地享受游览停靠港的乐趣。

自费观光 + 自由观光

这是本人极力推荐的一种方法。通过我多次的游轮旅行与二十多年全球旅行所积累的经验秘诀来看，没有什么比同时参加游船上组织的自费观光与个人单独行动的自由观光更有效合理的组合。自费观光与自由观光的组合方法也是多种多样，很难给出一个最佳答案。但凭借以往的经验考虑的话，如果是距离比较远或者是交通不便的景点，自费观光绝对更加有利。但如果是交通便利的地中海航线的停靠港那不勒斯，只在城市里参观的话，自由活动也不会有多大困难。不过如果想同时参观古都庞贝遗址和那不勒斯，先跟随上午出发的自费观光项目团一览庞贝美景之后，下午回到那不勒斯后再采取自由活动则能两全其美。

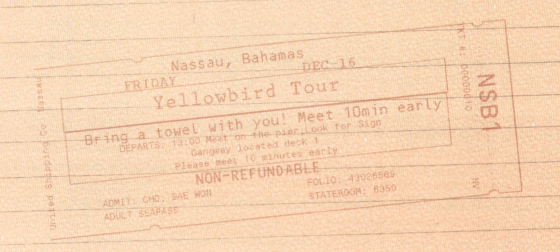

NO.12 离船步骤和准备物品

　　摆脱日常琐碎的生活，度过悠闲与安逸的时光，这种想法每个人或多或少都有过。尤其是初窥美景时的感动，这种美妙的感觉难以用语言形容，哪怕是在旅行结束以后，也久久无法忘怀。对我来说，游轮旅行正是如此。虽然结束游轮旅行的步骤和一般旅行相比会更复杂一些，但如果心中装满了旅途的甜美回忆，那么就不要在意这些，尽情期待下一次的旅程吧。

▶▶ 确认旅行期间的结算内容

　　到了游轮旅行的最后一天下午，航行期间参加的停靠港自费观光、船上的购物，以及各种服务消费的账单都会配送到每间客房。在接到账单之后，要先确认账单中的项目是否和实际花销相对应。如果没有问题就可以直接收下，但如果有差额，则要立刻到咨询台修改结算错误的部分。

▶▶ 结算

　　游船上所有花费的金额都会通过登船时出示的信用卡进行结算。申请现金结算的旅客在收到账单明细之后，需要到咨询台以现金结算，此时要仔细确认自己的花销与账单上是否一致。

　　最终确认之后，如果没有问题就可以结账。但如果有错误，就需要去咨询台（Guest Relation Desk）申请修正，随即可以得到相关服务。一般的游轮上，咨询台都是位于中央的4~5层。

▶▶ 关于小费

　　给小费是对旅行的过程中给予协助的人表示感谢的行为。一般来说，旅行过程中要对餐厅侍者或巴士司机支付小费以表示感谢。但在游轮旅行中，小费需要在旅行结束之前一次性支付。支付的金额与方法也和一般的旅行有所不同，而且几乎每家游轮公司都会有不同的规定。

是否要支付所有人的小费

　　不同的游船中，需要支付小费的乘务人员也有差异。超豪华游船上，从基本费用到服务费用都包括在了船票之中，不需要支付额外的小费。这里有一个共同点，越是高级的游船，需要支付小费的乘务人员就越多，金额也会更高。一般要向乘务人员、首席服务生、私人服务生、助理服务生、客房负责人、客房助理负责人等支付小费。但有些游船上也可能没有客房助理负责人之类的职位，因游船不同会有所区别。

需要什么时候支付小费

　　一般来说会在日程的最后一天支付。有关小费的详细信息和介绍会通过杂志或广播通知。在离船的前一天会有用来收取小费的信封送到每间客房。只要将小费放在信封里，晚上交给客房负责人即可。

需要支付多少小费

　　通常来说，小费要以人数来计算。就算是住宿双人间，小费也最好分开给。小费通常是按照一天多少标准事先定好的，只要乘以搭乘的天数就可以得出小费金额。比如：在一次8天7夜游的游轮旅行中，总共要向5名乘务人员支付小费的话，就要计算为5（乘务员人数）×每个人所对应的金额×7（过夜的天数）。如果在旅行期间，有些乘务人员对自己提供了特别周到的帮助和服务的话，可以选择支付额外的小费，但尽量不要比规定的金额少。

用哪种币种支付小费

　　一般来说都会用美元支付，但也会有用欧元或本国货币支付的情况。通过ID卡兑换相应的货币，放进信封里、放在床上或桌子上都可以，但最好的方法是能把现金装进信封亲自递交给乘务人员以示感谢。

▶▶ 地面服务的申请

　　结束游轮旅行的大部分旅客都会在下船之后在停靠港停留一阵子，可能选择继续观光或是去往下一个目的地。想要在停靠港进行游览，或是想去机场、车站的话，可以提前一天申请游轮公司提供的地面服务。当然，这需要收取一定的费用。

▶▶ 整理好行李

　　游轮旅行的优点之一就是在旅行期间只需整理一次行李就可以。一般来说，在旅行结束的前一天下午会有行李单配送到各个客房，打包行李的时候可以一同整理。整理时要区分随身携带的重要物品与要托运的行李。

▶▶ 行李单收取与使用

在整理完随身的物品和需要托运的行李之后,将行李单贴到包裹上。行李单分为很多种颜色,分别表示在停靠港卸下行李的顺序,同时也以此区分旅客们下船的顺序。因此,每位旅客只要把配送的行李单贴到行李上就可以。此时需要注意的一点,就是要在行李上标记自己的姓名(英文)和联系方式,以防行李遗失。

▶▶ 行李托运

将需要托运的行李放到走廊中即可,具体时间可以通过广播通知了解。如果行李放得过晚,有可能会耽搁行李在港口卸下的时间,因此要在指定时间内把行李放到客房门口的走廊内。另外,需要在到达港口之后立刻赶飞机、火车,或者巴士等工具去往下一个目的地的旅客要注意,为了防止因等待行李而错过搭乘时间,可以选择离船时随身携带所需行李。

▶▶ 早餐

无论什么时间到达港口,所有的游船都会提供早餐。旅行结束之前的那次早餐会在自助餐厅提供,而不是主餐厅,食物也大多是简单而方便的自助餐。

▶▶ 离船

　　离开游轮的过程中同样需要注意一些事。所有旅客需要先在客房中等待,然后根据自己行李单上的颜色顺序离船,广播中会通知持有某种颜色行李单的旅客,在某一时间点到某地集合。比如可能会广播:持有蓝色行李单的旅客要到5层的咨询台前集合,橙色行李单的旅客要到4层的剧场前集合等等。接下来就需要按照顺序离船。

▶▶ 通过出入境管理局

　　进入某些停靠港需要接受出入境检查。在设有出入境管理局的地方一般要出示护照,根据情况,要事先申请相应的签证。游轮停靠的港口很多,因此不能一一提及,这里只举几个典型的例子。

　　首先,最终目的地为美国,搭乘加勒比与阿拉斯加航线的旅客们,需要随身携带有美国签证的、有效期为6个月以上的护照,才可以入境。相反,搭乘地中海和北欧航线的旅客们则只需要出示6个月以上有效期的护照就可以。使用同一个出入境管理系统的欧盟国家的始发地、目的地等地区,都不需要办理任何出入境的手续。

▶▶ 取回行李

　　下船后即可在停靠港取回前一天晚上附着行李单的行李。大部分旅客的行李会在本人下船之前到达停靠港,但偶尔也会有行李延迟的状况发生。不过,也没必要担心,延迟的时间最多不会超过10~20分钟。

▶▶ 从港口去往下一个目的地

　　大部分旅客会选择在取回行李后去往下一个目的地继续游览。无论是从港口直接去往机场或火车站,还是去宾馆休息从而为下一段旅途做准备,首先要考虑的都是距离问题,然后再选择合适的交通工具。如果从港口到机场、火车站、市中心的距离很远,可以选择搭乘游轮公司提供的大巴,价格上会更合适。如果是距离较短,可以搭乘出租车前往。

▶▶ 回家

　　离船后想留在当地继续旅行,或者去探望亲朋好友,自行前往目的地即可。如果是想要回家,就要选择合适的交通工具前往机场。游轮的最终目的地大多都是具备机场的大型港口城市,乘坐客机返回本国即可。

游轮旅行必备用语

预约与乘船 **Invoice** 游轮公司发行的预约单，可以直接从网上下载，或从代理点和旅行社领取。

Sea Pass（ID Card, Embarkation） 不同的游轮公司可能有不同的叫法，一般来说会称为"海上通行证"或者"ID卡"。海上通行证是办理游船搭乘手续时发放的卡，可以当成身份证、信用卡、客房出入卡、游轮登船和下船的出入卡。

乘务员 **Attendant** 在游船上服务的所有乘务员的总称用语。虽然船长或厨师长、服务员等都有特定的称呼，但一般都会把乘务员叫成"Attendant"。

Cabin Attendant 担当客房服务的乘务员，负责客房整理、客房使用物品的更换、消息传达等工作。

Cabin Assistant Attendant 辅助客房乘务员的乘务员。有些游船可能不会配备。

Captain 船长，负责游船航运以及司法权的最高负责人。

Executive Chef 游船上的厨师长，和船长、事务长、医疗长共同占据着游船上重要的位置。

Head Waiter 领班，管理主餐厅的乘务员。

My Waiter 私人服务生，在主餐厅为旅客提供服务的乘务员。

My Assistant Waiter 在主餐厅辅助服务，为旅客提供服务的乘务员。

Pool Attendant 管理游船上室内外游泳池的乘务员。

安全

Life Jacket 指各个客房所配置的救生衣，以备紧急事态的发生。

Life Boat 指应对紧急事态的救生艇，放在实施安全指导的地方。

Voucher 往返于游轮和游客之间的小型船只。

客房

Cabin（Stateroom）指旅客所使用的个人客房。不同的游船有不同的称呼，但大部分都会称之为"Cabin"。

Inside Room 指位于游船内部的客房，看不到海景，在所有游船客房中价格最低。

Ocean View 海景房，与阳台客房不同，只配有窗户，所以不能走到房间外。

Balcony View（Ocean Balcony View）阳台房，不仅能看到海景，还能在阳台享受阳光的客房。不同的游船上可能有不同的名称。

Suite 套房，一般指游船客房中最顶级的房间。虽然不同的游轮公司和游船上的叫法不尽相同，但所有客房都配备了阳台，分为很多种：包括迷你套房、套房、高级套房、顶级套房和总统套房。

向导＆服务

Guest Relation Desk 主咨询台，位于住宿区的中央地带。在游轮旅行中提供各种必要的信息和多样的服务，在遗失海上通行证（ID卡）的时候需在此处办理挂失、补办手续。

Purser's Desk 指可以提供停靠港信息、换乘服务等服务的咨询台。

Shore Excursion Desk 申请参加停靠港自费观光的咨询台。

Gangway 舷梯通道，无论是停靠港自费观光还是自由观光，所有的旅客在下船时都会经过该出口。

Dinning 享受晚宴的餐厅。所有游轮都会在主餐厅提供早餐、午餐和晚餐，但旅客们经常会在自助餐厅和当地餐厅享受早餐和午餐，因此可以将该餐厅理解为晚餐地点。

Main Dining 意为第一时间段用餐，这里指在主餐厅用餐的第一批客人。如果是超豪华游船的话，可以在同一时间为所有旅客提供餐饮服务，但一般的高级游轮上都会分两次供应餐饮。

Second Dining 意为第二时间段用餐。

Galley 厨房，游船上为旅客们制作料理的场所，虽然因游船的大小和搭乘的旅客而略有差异，但通常会有 50~200 位厨师提供各个地域的美食。

Gala Feast 游船上的厨师们准备的美食盛宴，为旅客们提供饮食，厨师们发挥各自的才华，制作出各式各样的料理和点心，让旅客们大饱口福的盛宴。不过有些游船上可能不会有该类活动。

Dress Code 主题服装。游船上的旅客们在参加游船活动时需要穿戴的服装，一般指参加晚宴时需要穿戴的礼服等。

Formal 正装。男性原则上要穿戴领带、暗色正装和皮鞋；女性则要准备连衣裙与皮鞋（民族服装也可归类于正装）。

Informal 准正装。男性应该佩戴领带和穿着西裤；女性则要穿女式衬衫加裙子或裤子。

Casual 意为休闲服装。男性可以穿长裤加T恤；女性也可以穿T恤，下身配短裙或裤子。

Afterward 指游船的后方。

Art Auction 游船上举办的以美术、照片、雕刻品为主的拍卖活动。虽然不同游船上的叫法会有些差异，但大部分都会称为"拍卖会"或"艺术品拍卖"。

Baggage 行李，与一般旅行中使用的行李含义相同。有些公司会称为"Baggage"，也有些公司称为"Luggage"，意义相同。

Daily Planner 每天晚上配送到各个客房的次日日程表。一般包括详细的主要日程安排、日出和日落时间、停靠港停留时间等游船相关的日程。每艘船都会有自己特有的名称，如 Celebrity Today 和 Cruise Compass 等。

Embarkation 乘船卡，实际上并不用于办理登船手续，而是类似于通信卡，多用于记录预约旅客姓名、护照编号、住址、联系方式等信息。

Excursion 指各停靠港上安排的自费观光与游船组织的自费观光。

Forward 指游船前段。

Gratuity（Tip） 小费，游轮上不必每次服务都支付小费，在旅行结束时一并支付即可，部分游船公司的旅费中就已包含小费。

Port of Call 游船起航的港口。

Safety Box 每间客房设置的个人保险柜，所有客房均有此配备，用来保管护照和贵重物品。

Spa 水疗。根据游船不同会有所差异，但主要提供美容护理、按摩等服务。

Tender Boat 在游船与港口之间航行的小型船舶。大型船舶可能因水位不足，无法在某些港湾靠港，这时就会采用小船，而有些游船中的小船也可以应对紧急状况。

CRUISE TRAVEL 2

Mediterranean
Cruise

▶▶▶ 地中海巡游

从西半球文明的起源地西卡开始，到彰显华丽文化色彩的罗马与庞贝，再到艺术与浪漫气息洋溢的佛罗伦萨和法国南部，你还能够领略西班牙建筑大师高迪作品的动人和西班牙人民的强悍自尊心……地中海巡游的魅力可不能用只言片语来形容。不仅如此，你还可以在蔚蓝的大海与无尽天空交汇的地平线上，乘着游船享受灿烂而美丽的风光。大大小小的岛屿能够让旅客们亲身体会，什么才是真正的向往。东方人为什么会唯独钟情于地中海呢？难道是因为从小开始内心深处怀揣的对西方神话的幻想？还是对美丽风景的憧憬？也许是因为地中海巡游是唯一一个能让人体验这一切的场所。

美国精致公司千禧号游轮 13 天 12 夜游

1day　意大利威尼斯港口停泊

2day　意大利威尼斯起航

3day　克罗地亚杜布罗夫尼克

4day　全天海上航行

5day　希腊圣托里尼

6day　希腊雅典

7day　全天海上航行

8day　意大利那不勒斯

9day　意大利罗马

10day　意大利佛罗伦萨与比萨

11day　法国尼斯

12day　全天海上航行

13day　西班牙巴塞罗那登陆

•• 嘉年华游轮 13 天 12 夜游

1 day　意大利奇伟塔维基亚
　　　　（位于罗马）港口
　　　　（19:00 起航）

2 day　意大利那不勒斯

3 day　全天海上航行

4 day　克罗地亚杜布罗夫尼克

5 day　意大利威尼斯

6 day　意大利威尼斯

7 day　全天海上航行

8 day　意大利墨西拿
　　　　（位于西西里岛）

9 day　全天海上航行

10day　西班牙巴塞罗那

11day　法国戛纳

12day　意大利利沃诺
　　　　（位于佛罗伦萨）港口

13day　意大利奇伟塔维基亚港口登陆

•• 歌诗达游轮 8 天 7 夜游

1 day　意大利萨沃纳
　　　　（位于热那亚湾畔）
　　　　港口（17:00 起航）

2 day　意大利那不勒斯

3 day　意大利巴勒莫
　　　　（位于西西里岛）

4 day　突尼斯突尼斯市

5 day　西班牙帕尔玛

6 day　西班牙巴塞罗那

7 day　法国马赛

8 day　意大利萨沃纳

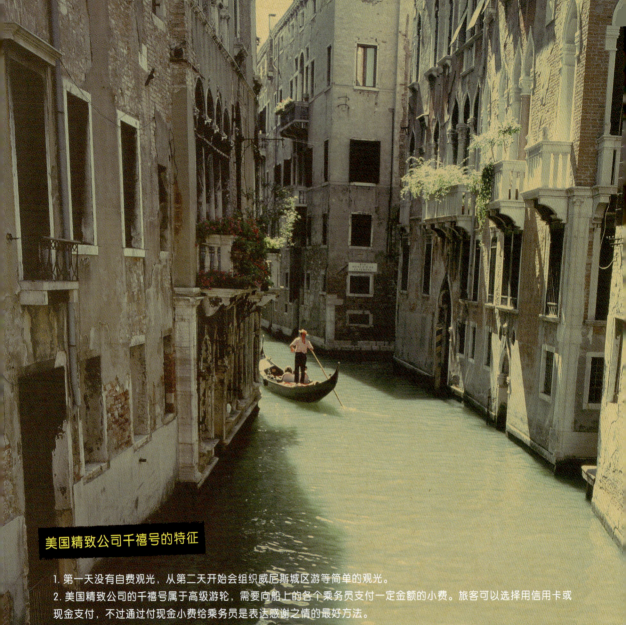

美国精致公司千禧号的特征

1. 第一天没有自费观光，从第二天开始会组织威尼斯城区游等简单的观光。

2. 美国精致公司的千禧号属于高级游轮，需要向船上的各个乘务员支付一定金额的小费。旅客可以选择用信用卡或现金支付，不过通过付现金小费给乘务员是表达感谢之情的最好方法。

3. 客房、酒吧、快餐店、餐厅、室外游泳池或室内提供的各种酒精饮料与碳酸饮料会收取费用。

4. 在船长组织的欢迎会与送别晚宴，以及在宴会厅进行的晚餐和午餐中都需穿戴指定的服装。

5. 在自助餐厅和快餐店中，可以在任何座位上享受美食。但在主餐厅则要在指定的坐席用餐。如果有其他日程安排的话，可以向餐厅领班提出要求，以便调整坐席。

6. 无论何种级别的客房，所有旅客都可以使用餐厅，享受相同的服务。

7. 按摩、水疗、美容护理等部分服务需要支付费用。

1day

意大利威尼斯港口停泊

  在游轮的起航地威尼斯，单独行动的自由观光要比轮船方组织的自费观光更能好好地游览景点。只不过从游轮停靠港到圣马可广场或里亚尔托大桥的距离比较长，会花费很多的时间，最好能搭乘美国精致公司提供的班船。班船的往返费用为 10 美元，且不需要签证。

1day

▶▶ 从机场或住处前往港口

从威尼斯机场到搭乘游船的港口，能够使用的交通工具有出租车、火车、大巴和快艇。如果是一个人则适合搭乘火车和汽车；如果同行的人有3~4名，则搭乘出租车更方便。从威尼斯机场到港口的时间会根据交通工具的不同略有差异，大概会花上40~70分钟。游船停靠的码头离位于威尼斯的桑塔露琪亚火车站有20分钟的路程，离大巴客运站有10分钟的路程。开始登船的当天，游船上就会开始办理行李托运服务，不同公司收费标准不同，也有一些公司是无偿为旅客托运行李。

▶▶ 从办理手续到登船

行李托运手续 旅客需要把事先发放的行李单贴在行李上，交给1层的职员。没有收到行李单的旅客需要出示预约确认书，之后领取行李单贴到行李上即可（虽然手续是从下午1点开始办理的，但也可以提前1~2个小时办理行李托运手续）。

登船手续 安排完行李之后要到2层办理登船手续。办理手续时需要出示护照、预约确认书和信用卡，拿到海上通行证（ID卡）之后就等于手续办理完成。如无特殊变动，可以进入预约时所指定的客房中。

通过安检和出入境管理局 办理完登船手续之后，要进行简单的安全检查，随后前往游船。地中海巡游中如果没有特殊情况发生，则不会设置出入境管理局。

从办理手续到登船 可以在手续办理台享用为旅客准备的饮料，休息一会儿再前往游船。在登上游船前，可以在登船口拍摄乘船纪念照片，纪念照片可以在游船上的照片展厅购买。价格大约为10~15美元（或欧元）。

前往客房 在登上游船之后，可以在船内到处游览，或直接前往客房休息。如果客房有问题，可以尽快向咨询台提出，以便快速解决。

▶▶ 主要日程与活动

放在美国精致公司的千禧号游轮入口处，或者配送到客房的介绍册《精致公司日刊》可以为旅客的日程安排提供参考。游船上举办的各种活动会随着游船出发的季节与出发地、公司情况等发生变化，所以要仔细查阅之后便于参加相应的活动与进行日程安排。千禧号中每天10:00-00:30有四十多种活动和演出，所以如何利用时间显得非常关键。

15:00-16:00 千禧号游览。分两次进行，在乘务员的引导下游览游船，查看主要设施，大概会持续1个小时左右。

17:00-18:00 参加各停靠港相关的信息说明会或前往游泳池边的酒吧观赏游船欢迎音乐

会。

19:00-21:00 参加为巡游旅客准备的欢迎晚会。

21:00-23:00 上映多部电影,可以免费观赏电影。

如果想在浪漫的威尼斯和伴侣、家人、朋友度过惬意的时光,最好不要只待在船内,可选择乘着班船前往城区游览。班船为有偿使用,从港口到圣马可广场的往返费用为10美元。

用餐

12:00-16:00 午餐 ▶▶ 考虑到登船手续所花费的时间,这一天比平时提供午餐的时段要长。

18:15-20:00 或 20:30-23:00 晚餐 ▶▶ 千禧号中总共有七处大大小小的餐厅和咖啡厅供旅客们用餐,包括主餐厅和自助餐厅等。但每个餐厅的使用时间上略有差异。

※ 相当于主餐厅的大都会餐厅因空间不足以让所有旅客同时用餐,所以分两个时间段提供服务。旅客需要参考各个客房中的介绍册来确定用餐时间,穿着上可以选择舒适的服装。

▶▶ 旅行信息

在客房收拾完行李之后,可以申请停靠港的自费观光。一般来说要在3~4天前提出观光申请。想要在期望的时间段进行自费观光,越早提出申请越有利。想要获取关于各旅行产品的信息,可以前往申请大厅搜集信息,或通过客房内部的电视机查阅信息,以便申请。自费观光的申请过程为:在申请单上标记需要的产品,随后办理手续时用海上通行证(ID卡)结算。

1. 圣马可广场的餐馆前演奏乐器的乐师。

2. 人山人海的圣马可广场。

3. 圣马可广场上,游客和鸽子共度难忘时光的情景。

4. 乘着贡多拉悠闲地欣赏水之城风貌的旅客。

2day

FOLIO: 43026569
STATEROOM: 6350

KT #: 00000010
NSB1
IV

意大利威尼斯起航

🔴 **17:00** 从意大利威尼斯起航 ••••▶

　　汇集全世界各种名胜的威尼斯，需要至少 2~3 天的时间才能转一遍。如果想仔细游览，一个星期都不一定够。留在游船上享受游泳的乐趣，或使用按摩浴缸一解疲劳，获得充分的休息也不错。但比较起来，在威尼斯城市里转一转则是更明智的选择。

▶▶ 安全指导

　　参加游轮旅行的所有旅客,最先需要做的就是接受安全指导。所有旅客必须在指定的时间内接受安全指导,在千禧号上的时间为 16:30-16:50,整个过程持续20分钟。届时,旅客们需要穿戴各个客房配备的救生衣。安全指导会告诉旅客在紧急状况下的集合场所,并说明紧急出口的方位、救生衣的使用方法等等。

▶▶ 主要日程与活动

　　07:00-09:00 在早餐后,搭乘往返游船和圣马可的班船去往威尼斯。

　　09:30-13:00 参观圣马可广场、钟楼、总督府和博物馆、叹息桥等景点。

　　13:00-15:00 在圣马可广场周边享用简单的午餐,之后前往著名作家们喜欢的咖啡馆,喝着咖啡享受悠闲的下午时光,或逛逛各种各样的胡同。

　　想要买面具等独特纪念品的话,可以在广场北侧的商店转转。

　　15:00-15:30 搭乘班船返回千禧号。

　　16:30-16:50 接受安全指导。

　　17:00-18:40 登上甲板尽享异国风光。虽然不同的季节会有不同的风景,但开春和晚秋的夕阳最让人陶醉。

　　21:00-00:30 在游戏场、电影院、酒吧等地方享受各种活动。

从大教堂钟楼俯视的 U 字形的圣马可广场。

用餐

05:30-10:00 早餐 ▶▶ 可以根据个人爱好寻找餐厅享用早餐。

12:00-14:30 午餐 ▶▶ 有七处餐厅提供餐饮服务，最好先确认各种菜单后再享受美食。不过，参加自费观光或自由观光的旅客需要自行解决午餐。

18:15-20:00 或 20:30-23:00 晚餐 ▶▶ 不同的季节所对应的晚餐时间会略有差异。晚餐时需要穿戴指定的服装，在指定的时间段前往主餐厅用餐。服装要求为 Informal，所以要尽量避免短裤和牛仔裤。

▶▶ 旅行信息

　　从威尼斯出发的游船，根据游轮公司和停留时间的不同，其旅行种类也有区别。一般来说，第二天组织的自费观光为单纯的欣赏节目，所以最好选择单独行动的自由观光。

观光

自费观光 ▶▶ 千禧号组织的自费观光总共分为两类：徒步游览的城市旅行和乘快艇周游主要小岛。

自由观光 ▶▶ 最好提前两天到达威尼斯，到处游览一下再登船。不过对于那些没有条件提前到达的旅客来说，可以在用完早餐后前往想去的地方看看。

▶▶ 旅行名胜

　　圣马可广场　被誉为优雅的会客室的广场，位于威尼斯城旅行的中心地带。

　　圣马可大教堂　毗邻圣马可广场的大教堂，由各种建筑风格混搭而成的独特建筑物。教堂参观为免费，但进入博物馆需要收费。

　　总督府　位于大教堂旁边的宫殿，保存完好的威尼斯哥特风格的外观与正门、大会议厅、醉酒的诺亚雕塑、叹息桥等都是比较有名的景点。进入博物馆需要收费。

　　里亚托桥　威尼斯最具活力的场所，坐落着众多贩卖当地产品的商店。

　　安康圣母教堂　规模最大的宗教建筑物，巴洛克风格的代表。

　　佩姬·古根汉美术馆　古根汉财团运营的美术馆，展示超现实主义和抽象派画家的作品。

　　彩色岛　古代威尼斯形象犹存的岛。

　　玻璃岛　有许多贩卖当地产品、玻璃工艺品的商店和作坊。

　　托切罗岛　威尼斯的发源地，以镶嵌细工为主。

美丽的水上都市
威尼斯

　　在亚得里亚海上，有一座由数百万个巨大木桩建成的海上都市——威尼斯。作为世界顶级名胜之一，威尼斯拥有多达 118 个小岛和 150 条运河，以及四百多座大桥，而且每一座大桥都有让人津津乐道的故事，因此这里被人们习惯性地称为"水上都市"。每年会有一千五百多万名观光客来到这座美丽的城市。

　　是向充满神奇故事和壮观美景的威尼斯起航的时候了。

　　从响起浪漫旋律的咖啡店开始，到由众多销售特产的商店组成的圣马可广场，无论是以大教堂为中心的总督府和科雷尔博物馆，还是坐落在非常简陋的胡同里的小店铺，一切都能为旅客带来独特的故事。毫无疑问，在广场周边根本不需要划分哪些是名胜，哪些不是。

1. 参加贡多拉盛会的选手们展开激烈角逐的场景。

2. 从地中海游轮甲板上俯视到的威尼斯风光。

3. 让圣马可广场最引以为傲的弗罗里昂咖啡馆。

　　每当前往威尼斯，我都会习惯性地乘坐名为"水上巴士"的交通汽艇，到运河旁的斯堪的纳维亚宾馆卸下行李。虽然这家宾馆价格不菲，但每当来到被称为"亚得里亚海上宝石"的威尼斯，就肯定会入住这里。除了可以享受周边美丽而安逸的氛围和环境，选择这里的真正理由是：我可以从这儿直接到达圣马可广场。这片被不计其数的有名人士赞美过的广场，正因为经过了悠久岁月的洗礼才拥有了现在这副景象。用"陆地上人气最高广场"来描述这里，相信没有人会提出异议，拥有如此美丽形象的圣马可广场被人们誉为"广场建筑的标本"。

　　圣马可广场另外一个特点就是能够让人们与自然共同呼吸，而不像其他广场那样，周围被堵得水泄不通。大部分广场会呈圆形或四边形，而圣马可广场呈U形。它的三面与建筑物相邻，另外一面则是直通亚得里亚海，可谓是独具特色。与那些单纯由人工雕像组成的广场不同，圣马可广场的美丽和精致超凡脱俗。跟随各式各样导游旗而行的人群，最后都会汇集到圣马可大教堂前。

1. 威尼斯特有的风景：贡多拉和船夫。

2. 被典雅氛围环绕的威尼斯运河。

3. 参加威尼斯嘉年华盛会的市民与观光客齐聚圣马可广场，沉浸在狂欢后的余味中。

4. "水上巴士"沿着威尼斯大运河在精致的建筑物前往来穿梭。

5. 在圣马可广场参加威尼斯狂欢节的女性。

圣马可广场：将自然景观与建筑风情完美融合的典范。

圣马可大教堂是为了守护圣人遗骸而建,用以纪念828年圣人马可的遗骸从埃及亚历山大回归威尼斯城。

被誉为"中世纪建筑杰作"的圣马可大教堂,因具有雄壮和出色的艺术性而闻名世界。虽然不同的学者对它的评价不一,但最重要的是它和谐地体现了东西方建筑文化的融合,形成了全新的"威尼斯建筑风格"。以装饰屋顶的巨大凸圆为中心,修饰入口正前方的华丽图案、多彩的顶梁柱和大理石雕像等都能展现出这座建筑物的雄壮气势和艺术家们的精湛技艺。不仅如此,在建造大教堂时所使用的材料和装饰品都是取自君士坦丁堡(现在的土耳其伊斯坦布尔)和埃及亚历山大。树立在正门上方的圣马可雕像和装饰入口的雕像则是取材于罗马。另外,大教堂内部的装饰用雕塑是从罗马或地中海沿岸购买或在战争中掠夺而来的。圣马可教堂可以说是融合了埃及、土耳其、罗马、地中海等艺术形式的完美结合体。

圣马可广场自古代便是市民们聚在一起进行自由演说,或围绕某个主题开展讨论的空间。而且,该传统一直延续到了今天。想要亲眼见证当年人们演说时的风采,最好选择亚得里亚海退潮的下午,此时旅客比较少。以本人多次威尼斯旅行的经验来说,最先要前往的地方就是坐落在大教堂对面的钟楼顶部的瞭望台。

站在能够一瞥四方美景的瞭望台上,就能够将周围的一切尽收眼底:在玻璃一般闪耀的阳光下移动的贡多拉、连绵不绝的红色屋顶、矗立在天地之间的大教堂顶尖塔、像块大洋葱似的大教堂圆顶,以及壮观的总督府。

欣赏完这座任何画家都无法穷尽描绘的生动城市,就要在日落之前抵达广场南侧的叹息桥,一览总督府上雕刻的"诺亚醉酒"和威尼斯数百座桥梁中最为耀眼的"叹息桥"。

当照耀了城市一天光景的太阳将责任交付给街边的路灯时,水上都市就会以完全不同的面貌迎接旅客。映射着暗蓝色夜空和朦胧路灯的亚得里亚海,美得甚至让人们无暇赞叹。

不对,应该说,最美的是那太过神奇的颜色。不是蓝色,也不是白色,而是接近于群青色的梦幻紫罗兰。任谁都无法想象,自然的造化和人类的文明居然能够交织出如此梦幻般的色彩。

夜色中,圣马可广场上朦胧的灯光与美妙的旋律交织在一起,这和白天观光客爆满的情景形成了鲜明的对比。此时此刻,对这里最合适的诠释即托马斯曼所言"隐秘而奇异的魅力之都"。在灯光下摇曳的亚得里亚海和运河固然美丽,但最能代表威尼斯夜景的还是广场对面的咖啡馆。

被称为"旅行狂"的大文豪歌德和拜伦,还有海明威、柴可夫斯基等近代顶级画家和音乐家都曾到访过圣马可广场的咖啡馆,这里拥有独特的故事氛围。其中,知名度最高、最受欢迎的当属弗罗里昂咖啡馆。令歌德和卡萨诺瓦都倾情的弗罗里昂咖啡馆自1702年开始营业以来招待了无数的访客,浓浓的阿拉伯咖啡和入口即化的点心是该店的招牌。

如果说圣马可广场和周边景色是为旅客们准备的话,那么里亚托桥就是当地居民们的摇篮。811年,统治威尼斯的阿涅利家族将行政中心由马拉莫克岛移向里亚托岛。为了能够让

1. 安逸地坐在贡多拉上，经过叹息桥的旅客们。　　2. 总督府南侧叫作"诺亚醉酒"的雕像。

大船舶更安全地靠港，并与其他城市展开贸易，阿涅利家族在里亚托岛建造了港湾设施和仓库。这座里亚托桥建于 13 世纪，前两次建成的木桥全都因火灾遭到毁坏，现在遗留下来的，是在 1591 年用石头砌成的第三座桥。

　　连接文化、艺术和历史的里亚托桥与圣马可广场一同成为代表威尼斯的名胜。

　　为了在清晨购买到更新鲜的水果和蔬菜而匆匆赶路的老婆婆，为收拾水果、蔬菜、海鲜而忙碌着的商人……背着大大小小行李的旅客们使里亚托地区成为了人气旺盛的地方。另外，坐落在市场周边的小作坊和商店销售着当地的土产和精致的水彩画、工艺品等，总会有很多渴望买到特别纪念品的背包族和旅客使这里持续保持活力。

3day

FOLIO: 43026569
STATEROOM: 6350

KT #: 0000010 KT #: 0000010 NSB1 NV

克罗地亚杜布罗夫尼克

09:00 杜布罗夫尼克入港 ●●●→   **17:00** 杜布罗夫尼克离港 ●●●→

　　在杜布罗夫尼克，就算不采用游船的自费观光，选择自由观光也可以尽情地游览。从港口到城墙遗址可以搭乘班车或出租车。往返港口和城市中心地带的班车费用为 10 美元，出租车大概需要 20 美元左右。所以如果是四人以上的话，搭乘出租车更加划算。

3day

▶▶ 主要日程与活动

08:00-09:00 准备下船前往指定的场所,以便进行自费观光和自由观光。

09:00-10:00 参加自费观光的旅客要前往指定的场所集合,自由观光则可以自由活动。

10:00-17:00 参加杜布罗夫尼克观光或在游船上休息。

17:45-18:15 在晚餐之前,可穿着正装,和同行者留下纪念照。

21:00-22:00 欣赏百老汇的各种音乐剧和舞蹈演出。

22:45-00:45 欣赏各种舞蹈和音乐演出,或在卡拉OK和夜总会度过难忘的夜晚。

用餐

05:30-10:00 早餐 ▶▶ 大都会餐厅或自助餐厅提供早餐。

12:00-14:30 午餐 ▶▶ 在游船上休息和消遣的旅客可以在营业的餐馆用餐,参加自费观光或自由观光的旅客可以在位于城市中央地带的餐厅享用美酒和海鲜。

18:15-20:00 或 20:30-23:00 晚餐 ▶▶ 不同的季节所对应的晚餐时间会略有差异。晚餐时需要穿戴指定的服装,在指定的时间段前往主餐厅用餐。服装要求为 Informal,所以要尽量避免短裤和牛仔裤。

▶▶ 旅行信息

　　杜布罗夫尼克有很多看点。虽然不可能在游轮旅行的短短半天或一天的时间内游遍古城的所有遗迹,但如果事先调查好几个关键景点的话,就能够更高效地进行游览。

观光

自费观光 ▶▶Dubrovnik Sightseeing (杜布罗夫尼克观光)沿着城墙游览亚得里亚海岸与主要名胜地的路线,可以游览到所有景点(成人55美元,儿童39美元/需要4个小时)。

Highlights of Dubrovnik Riviera (杜布罗夫尼克名胜之旅)欣赏城墙与城市主要名胜的路线,在游览完著名观光景点之后仍有时间可以自由观光(成人52美元,儿童38美元/需要4个小时)。

自由观光的话,因城市规模不大,6个小时就足以游遍主要的名胜。

▶▶ 旅行名胜

城墙　被誉为该城市象征的城墙于13~16世纪建造完成。高25米、长2000米的城墙是包含画廊、博物馆、咖啡馆等特色元素的杜布罗夫尼克的最著名景点。

杜布罗夫尼克堡垒　11世纪建造的堡垒,是遥望亚得里亚海和杜布罗夫尼克城墙的绝佳场所。

广场大街　横穿城市的大街,聚集着修道院、教堂、钟楼、斯庞查宫殿、雷克托宫殿等主要遗址。另外还包括礼品店、露天咖啡馆和餐馆等。

雷克托宫殿　15世纪竣工的雷克托宫殿曾是修道院院长居住的地方,现在是充满杜布罗夫尼克文化气息的博物馆。

港口　能够走进船夫们生活的场所,可以在露天咖啡馆边享受着香浓的咖啡,边远望向邻近岛屿出发的游船。

1. 穿着传统服装向杜布罗夫尼克城墙行进的警卫兵。

2. 在杜布罗夫尼克城墙下贩卖特产的商人们。

3. 守卫杜布罗夫尼克城墙的警卫兵。

4. 寻找城墙的旅行者们。

亚得里亚海的珍珠
杜布罗夫尼克

　　离开浪漫之都威尼斯的千禧号在一夜之间横穿亚得里亚海,向"克罗地亚的珍珠"——杜布罗夫尼克——前行着。在甲板上欣赏了一个多小时的亚得里亚海之后,远处巨大的建筑物突然映入眼帘——那是我第一次乘飞机前往杜布罗夫尼克时未能见到的大桥。

　　远处朦胧的桥梁不知不觉间已经出现在眼前。

　　杜布罗夫尼克在斯拉夫语中意为"竹林"。这里曾经是古希腊时期建造的古都,为众多艺术家和作家提供过灵感,它被萧伯纳称为"地上乐园",现在整个杜布罗夫尼克城市被选定为联合国教科文组织世界文化遗产。

　　杜布罗夫尼克的城墙厚6米、高25米,在保护这座城市的同时,对城内哥特、文艺复兴、

1. 杜布罗夫尼克城墙周边的住宅和在亚得里亚海上航行的游船。　　2. 让人联想起美丽画卷的杜布罗夫尼克。

巴洛克等风格建筑的保存也有着巨大的贡献。

通过向途经亚得里亚海的贸易船征收巨额通行税，要塞城市杜布罗夫尼克与威尼斯被并称为"亚得里亚海域的最大城市"。杜布罗夫尼克城经历了数次劫难：威尼斯的入侵、拿破仑军队的践踏、奥地利的支配，还有 20 世纪末的南联盟内战。在内战过程中，城市的一部分受到了破坏。这一消息通过电视机和天线，传递给了全世界的人民，并引发全世界的反战活动，从此人们记住了杜布罗夫尼克。

杜布罗夫尼克之旅从城墙开始，又以城墙为终点。不过，在那之前有个地方要先转一转，那就是能够一览城墙整体风貌的杜布罗夫尼克要塞。这座要塞是为了防备威尼斯入侵所建造，除了向亚得里亚海方向设置的巨型大炮之外，并没有什么特别显眼的地方，是典型的军事设施。但站在要塞的瞭望台上，就能一眼看到亚得里亚海、城墙、旧城区等临近的所有风光。

杜布罗夫尼克的象征就是巨大的城墙。长达 2 公里，厚 4~6 米，高 25 米的城墙需要一个小时才能转完。不过欣赏亚得里亚的风景，在城墙脚下的露天咖啡馆一享浓浓的"卡瓦"咖啡，

1. 精致的杜布罗夫尼克旧街道。　　　　　　　　2. 从城墙瞭望塔俯视古风犹存的杜布罗夫尼克风光。

欣赏四人运营的精致画廊则需要2~3个小时。由数千片密密麻麻的褐色屋顶，钻蓝色的亚得里亚海，以及城墙组成如此梦幻的风景，让人不禁忘却时间的流逝。

　　另外，在城墙上的街区走着，随时都能看到穿着泳装的男男女女。从瞭望塔或阳台望去，享受着浪漫的年轻恋人们或在海岸边小小咖啡屋里小憩，或穿梭在岩石之间，有什么艺术品会比这番情景更有诗意。如果碰到亚得里亚海的雾天，整个城市仿佛就坐落在云端之上，就像萧伯纳说的那样："让你知道什么叫真正的乐园。"

　　沿着位于过去军人们铸造的城墙上方的步行道走一圈，接着再游览没有汽车的旧街道，这就是最平常的游览路线。其中最先要访问的地方就是连接旧街道东西部分的广场大街。614年，居住在内陆的居民们为了逃避斯拉夫族移居到了这个地方，这个地方当时仍是条运河，后来随着人口越来越密集逐渐演变成了现在的模样。广场大街以观光介绍所为中轴，坐落着各种商店和市集，前往杜布罗夫尼克的旅客们至少会在这里逛个三四遍。

1. 与广场大街相连的某个小胡同中的一家露天咖啡馆.

2. 旅客们在雷克托宫殿前喝着茶休息。

3. 杜布罗夫尼克的主要名胜与商店、咖啡馆等密集的广场大街(又名中央路)。

1. 搭乘游轮的旅客们在甲板上欣赏杜布罗夫尼克的景象。　　2. 走在城墙上方的访客们。

　　在通向四方的窄胡同与密密麻麻矗立的建筑物中，最具诱惑力的地方就是餐厅。每一家都有其独特的风味，人们能在这些胡同中品尝到的最好料理当属新鲜的海鲜。每天清晨渔夫们捕捞的海鲜被烹制成美味佳肴，加上点缀用的白葡萄酒，就算是挑剔十足的法国和意大利旅客也要挑起拇指，说一声："太棒了！"

　　城市的主要名胜都聚集在广场大街的东侧，如大教堂、王宫官邸（Rector's Palace）、斯庞查宫殿、骑士罗兰之柱（Roland's Column）、诗人伊万·贡杜里奇的铜像、位于胡同的小画廊和市集。在广场大街西侧，著名的景点有雷克托宫殿、交易新鲜蔬菜和花卉的市集等等。雷克托宫殿是哥特与文艺复兴风格结合的建筑物，城市的主要大型活动都会在这里举行。它原本是专供修道院院长使用的建筑，进入宫殿之内就能看到修道院院长的办公室和接待室，还有面向旅客的大厅。不管是规模还是华丽程度，它都能称得上是杜布罗夫尼克的顶级水准。

　　与雷克托宫殿相对的斯庞查宫殿是以前商人们聚在一起讨论问题或分享知识的场所，现在这座宫殿则专供存放一些能够展现杜布罗夫尼克历史的珍贵资料。雷克托宫殿附近坐落着一个市集，能够让来游览的旅客们接触到当地充满活力的市民。市集中交易的物品主要有蔬菜、面包、奶酪、橄榄油、水果、花卉等。但和其他地方不同的是，在市集的对面坐落着咖啡馆。市集与咖啡馆，或多或少有些格格不入的两件事物在杜布罗夫尼克却显得非常自然，并形成了美妙的协调之感。

虽然每家游轮公司彼此略有差异，但一般来说，全天海上航行时都会举办70~90种活动，千禧号上一天会有75项大大小小的活动。如果因停靠港观光而度过了忙碌的几天，则可以睡个美美的懒觉，醒来后再参加各种体育活动。度过上午的悠闲时光，用完午餐后可以去游泳或享受日光浴，也可以参加游轮上举办的各种活动。另外，在晚餐之后可以前往剧场欣赏话剧或有趣的节目；去赌场试试手气；去露天酒吧欣赏星光璀璨的地中海夜空，结束充实的一天。全天海上旅行是最能让人享受游轮旅行精髓的绝佳游览方式。

4day

▶▶ 主要日程与活动

09:00-13:00 参加专业运动教练亲自指导的高尔夫球或网球课程。

14:00-17:00 自由时间，可以看书或上网查阅邮件和浏览新闻。女性旅客可以在水疗中心试试按摩和美容护理服务。

17:00-18:00 在游轮内部免税店观光和购物。

21:00-23:00 在晚餐前后到剧场欣赏顶级的演出，如果还不尽兴可以去夜总会、酒吧、赌场等场所消遣。

用餐

08:00-09:00 早餐 ▶▶ 光临主题餐厅和自助餐厅。

12:00-14:00 午餐 ▶▶ 在全天海上航行的时候可以在主餐厅里尽情地享受丰盛的美食。

18:15-20:00 或 20:30-23:00 晚餐 ▶▶ 服装要求为 Informal，所以要尽量避免短裤和牛仔裤。

5day

希腊圣托里尼

07:00 圣托里尼入港 ••••▶   **23:00** 圣托里尼离港 ••••▶

　　圣托里尼岛面积并不大，但名声却很大。除一部分靠海的景点之外，其他景区都能很方便地游览，所以比起自费观光，自由观光要好一些。该地区和克罗地亚有时差，所以不要忘记将手表调快1个小时。

5day

▶▶ **主要日程与活动**

07:30-08:00 利用小快艇登上圣托里尼岛（虽然也可以选择留在游船上享受休息和各种活动，但前往神话与文明交织的舞台，体验身临其境的感觉也不错）。

08:00-22:00 游览圣托里尼岛。游览景点之后回到船上。

22:30-23:30 在游船甲板上欣赏梦幻一般的圣托里尼岛夜景。

用餐

06:30-07:30 早餐 ▶▶ 和平时相比，早餐时间会提前。

12:00-13:30 午餐 ▶▶ 在位于锡拉村峭壁上的餐厅享用圣托里尼传统美食——索瓦兰吉（希腊当地的汉堡）和当地生产的红酒。

20:00-21:00 晚餐 ▶▶ 在伊亚村的餐厅欣赏地中海的夕阳，享用圣托里尼的红酒和海鲜。

▶▶ **旅行信息**

从游船停靠的岛外港，到中心村落锡拉和圣托里尼最高名胜地伊亚村，再到浪漫气息浓厚的小村庄，再没有比这里更适合自由旅行的地方了。若想游览火山岛或欣赏海上美景，则自费观光是更好的选择。

观光

自费观光 ▶▶Village of Oia & Santorini Island （伊亚村＆圣岛）游览伊亚村和锡拉村的路线（成人66美元，儿童42美元／需要3小时30分钟）。

Mesa Gonia Village with Wine （酒香浓郁的平顶山村）访问12世纪建成的皇宫和希腊乡村气息浓厚的村庄以及红酒厂路线（成人65美元，儿童42美元／需要3小时30分钟）。

08:00 从游船走到圣托里尼港口。

08:00-08:30 骑着毛驴前往锡拉村。

08:30-12:00 游览锡拉村的胡同、东正教教堂、画廊和周边的观光地。

12:00-14:30 在锡拉村享用午餐之后前往伊亚村。

14:30-17:30 在伊亚村可以选择去游泳或享受日光浴，尽情休息。

18:00-21:00 在游览伊亚村工房和教堂之后欣赏美丽的夕阳。

21:00-22:00 路经锡拉村，返回游船。

23:00 圣托里尼离港。

▶▶ 旅行名胜

锡拉村 相当于岛屿的门户，也是销售首饰和美术作品的作坊和商店密集的地方。要想体验远离城市的独特风景，最好选择骑毛驴旅行。

伊亚村 圣托里尼岛最高人气集聚的地区，美丽的教堂与风车构成了和谐的画面。这里适合享受海水浴和日落风景，并且村里设有多家浪漫的咖啡屋和餐馆供游人休息用餐。

帕丽莎海滩和卡马利海滩 能够让你忘掉所有烦恼，尽享惬意休息的海滩。

火山游览 火山岛的徒步旅行，参加自费观光的效率更高。

1. 地中海众多岛屿中最具有神秘特色的圣托里尼岛。　2. 游客们在阳台俯视地中海全景，安逸地享受日光浴。
3. 游船到达的港口，旅客们骑着毛驴前往锡拉村。　4. 坐落在悬崖峭壁上的圣托里尼住宅与远方隐约可见的火山岛。

消失的天国
圣托里尼岛

在满天繁星的夜空下，沿着新月的指引在亚得里亚海面航行，游船在凉爽的夜风中静静行驶在茫茫的大海上。画卷的边缘，以深蓝色的海洋为背景，坐落着数百间小屋的"幻想之岛"——圣托里尼吸引着众人的目光。

从甲板上一眼望去，人们只能用"美到令人窒息"来形容圣托里尼了。在数百米高的悬崖峭壁上，一间间白色的小房，仿佛风一吹就会掉下来，矗立的教堂直指天空，就像书中常看到的照片那样，只不过如今是真实地呈现在眼前了。

到达港口迈出第一步，就会看到 580 个台阶的迎客台。在圣托里尼，大部分旅客都会把自己和行李丢到毛驴背上，缓缓向村庄前行。在台阶转弯处看到的悬崖峭壁和一望无际的爱

1. 前往圣托里尼锡拉村的观光客们停下脚步, 欣赏周边的风景。　2. 来到圣托里尼的房客们一边看着书, 一边等待夕阳。
3. 纯白色的建筑与用艳丽的花朵装饰的庭院。　4. 凝视地中海的圣托里尼教堂。

琴海美景会让人联想到神话中失落的幻想之岛——亚特兰蒂斯。被指定为人类文化遗产的圣托里尼岛, 无论哪一个角落都有充满魅力的看点, 让访客们停下脚步和视线。其中最为有名的当属锡拉村和伊亚村。

　　位于圣托里尼岛中心的锡拉村中, 各种独特的建筑物沿着路边散落着。以当地神话故事与传说为主题的特色工艺品作坊; 经营小到首饰、大到巨型画作的商店; 烹调各种美食的餐馆; 用花卉和绿色窗边装饰的宾馆……看似一样, 却各有特色的建筑物, 几百年来一直凝视着地中海, 迎接着旅客们。在白色方尖塔与绿色圆屋顶修饰的东正教庭院前看到的风景, 和骑在毛驴背上爬台阶时看到的风景截然不同。绕过胡同, 到达最西侧, 就能够一览圣托里尼和周边全景。

1. 圣托里尼岛的旅客在商店前挑选商品。　　3. 配有风车的伊亚村小咖啡馆。
2. 伊亚村一角，在商店游览的旅客。

　　在露天咖啡馆稍事休息之后，再往西走一点儿就能见到俯视地中海和村庄的巨大石山。通过险要山路上的窄台阶登上石山，另一番截然不同的景象就会呈现在人们眼前：以蔚蓝的大海为背景，勾勒出大自然的画卷。还有美丽的别墅、矗立在古典建筑之间的教堂方尖塔……这些都在告诉人们，古希腊大诗人荷马所说的那座红酒与大海相融合的幻想之岛就在此处。这里就是无论怎么游览，都能让人惊叹不已的圣托里尼岛。如果让我推荐一个最经典的景点，我会毫不犹疑地说：那就是坐落在西侧悬崖峭壁上的伊亚村。

　　威严的东正教教堂，俯视着钴蓝色海洋；在狭窄胡同中出售画卷和工艺品的商人；金沙与火山岩构成的小海滩；白色的古建筑与大街上琳琅满目的特产；能够让人们在夕阳下享受传统美食的希腊餐厅。在伊亚村所经历的一切，都像梦幻一般美好。

　　到达伊亚村之后便可以缓缓向海边前进。圣托里尼岛由好几个风格完全不同的海滩组成。与帕丽莎和卡马利的海滩相比，这里的海滩面积较小，也没有很好的设施，但这片由悬崖峭壁组成的海滩就是比其他任何地方显得更加美丽。被礁石包围的伊亚村海滩，更适合与亲朋好友或恋人安逸地在此游泳或享受日光浴。

1. 在伊亚村的餐厅用餐聊天的旅客们。
2. 在伊亚村的旅客们等待着夕阳。
3. 风景画般的圣托里尼风车与教堂。

　　在海边度过了美好的时光之后，游客们可以在村庄里悠闲地到处走走：去往有巨大风车的露天咖啡馆享用美味的饮料或浓浓的咖啡，或者走进手工作坊挑选几张漂亮的挂历。直到肚子饿得咕咕叫的时候，再前往希腊餐厅享用美味的晚餐。用西红柿、洋葱、黄瓜、香草、奶酪制成的传统沙拉，辛辣的海鲜汤，再加上用圣托里尼本地种植的葡萄酿造的红酒，这就是一顿仿佛身处天堂般的晚宴。用完晚餐之后可以前往海边的古代瞭望塔，欣赏渐渐落下的夕阳，以此为一天的行程画上句号。

　　这里是古代瞭望塔与东正教教堂的所在地，每天都会有200~300名旅客到这里欣赏日落。

　　相反，对伊亚村了解的人们会先前往东侧，用深蓝色漆成的圆形屋顶和洒落在雪白墙壁上的阳光，慢慢从金黄变成红色的海水，让人们联想起童话中的传说之城。当伊亚村东正教教堂的屋檐变暗，此时再重新返回瞭望塔，欣赏夕阳照耀下的伊亚村和地中海，最后才依依不舍地告别圣托里尼岛。

6day

FOLIO: 43026569
STATEROOM: 6350

KT #: 0000010

NSB1

KT #: 0000010

IV

希腊雅典

07:00 比雷埃夫斯入港 ●●●➤   **23:00** 比雷埃夫斯离港 ●●●➤

　　雅典作为西方文明发源地，想要只花一天逛完是不可能的。如果之前有过几次游览雅典的经历，可以选择自己喜欢的几个景点进行自由观光。但如果是第一次到访雅典或想要游览多个景点，建议参加自费观光。与其留在游船上休息，不如随便选择一个观光行程游览。

▶▶ 主要日程与活动

07:30-20:00 离船去自由观光或参加自费观光。

20:00-21:30 若想要体验夜间生活,可以在晚上去市中心逛逛。

21:30-22:30 离开雅典,前往游船停靠的比雷埃夫斯港登船。

　　游客如果想要提前回到游船上休息,可以在下午6点左右从雅典返回,在游船上享用晚餐。

用餐

06:30-07:30 **早餐** ▶▶ 在自助餐厅享用早餐。因为雅典是景点相当多的停靠港,所以要尽早用完早餐,然后前往目的地。

12:00-14:00 **午餐** ▶▶ 参加自费观光或自由观光的旅客需要在当地的餐馆解决午餐。个人推荐希腊传统料理索瓦兰吉(Souvlaki),以及用各种蔬菜和奶酪混合而成的传统沙拉。

18:15-20:00 或 20:30-23:00 **晚餐** ▶▶ 留在游船上的旅客,或提早完成观光的旅客可以在主餐厅或自助餐厅用餐。如果是自费观光或自由观光的话,可以在位于广场和古代斯多亚遗址之间的露天餐厅享受海鲜料理与红酒,也可以选择烤肉和索瓦兰吉。

观光

自费观光 ▶▶Panoramic Athens（雅典全景）搭乘大巴游览城市主要名胜景点的路线（成人39美元,儿童26美元／大概需要3小时30分钟）。

推荐 Athens Sightseeing & Acropolis（雅典观光＆雅典卫城）搭乘大巴游览主要名胜景点和雅典卫城的路线,在完成游览之后不要急着返回游船,可以下车欣赏广场与考古学博物馆等独特的景点（成人60美元,儿童34美元／需要大概4个小时）。

推荐 Athens Sightseeing & Archaeological Museum（雅典观光＆考古博物馆）搭乘大巴游览国立考古学博物馆的路线,适合对古希腊文明感兴趣的旅客（成人58美元,儿童34美元／需要大概4个小时）。

自由观光 ▶▶ 07:30-09:00 下船后途经比雷埃夫斯站前往雅典广场地区。

09:00 从广场地区前往雅典卫城（需要15分钟）。除手提包和相机包之外,其他沉重行李不方便随身携带,因此要在售票处左侧50米处的行李保管处寄存行李,随后进入雅典卫城遗址。

09:30-12:00 参观雅典卫城后取回行李。

12:00-13:00 游览业略巴古山丘之后途经古代城市广场遗址,前往广场地区。

13:00-14:30 用完午餐之后搭乘出租车前往国立考古学博物馆。

14:30-17:00 参观完国立考古学博物馆之后，前往宪法广场。

17:00-17:10 参观在无名勇士庙前上演的卫兵交接仪式。

17:20-18:30 在宪法广场喝茶休息，或在广场地区享受购物的乐趣（在宪法广场周边要小心和旅客答话的当地人）。

18:30-20:00 在广场地区享用晚餐。最好选择能够边听音乐表演，边欣赏广场景色的露天餐馆。

20:00-21:00 游览广场的周边，购买纪念品之后，乘坐地铁前往比雷埃夫斯港。

21:00-21:10 前往比雷埃夫斯港，登船。

※ 游遍如超大型博物馆一般的雅典，会花费很多时间。因此自费观光与自由观光的合理搭配则效率较好。如果是组织小型旅游团的话，要事先和当地旅行社取得联系，并进行预约。

▶▶ 旅游名胜

雅典卫城 象征古代文明的遗址，巴特农神殿、伊瑞克提翁神庙、胜利女神庙和狄俄尼索斯剧院、阿迪库斯露天剧场遗迹在西方文化中有着重要的地位。

古代城市广场遗址 古代议事会、法院、剧院、学校和市场等坐落的地方，任何人都能自由发表意见，是开展讨论的民主主义集散地。

国立考古学博物馆 聚集了希腊各个地区挖掘出的各种文物，是能够一览古代文明与文化的最佳场所。

国会议事堂与宪法广场 雅典政治与文化的中心地区，在那里可以看到卫兵交接等各种仪式。

宙斯神殿 与雅典卫城的神殿遗址形成"双墙"的名胜景观。

广场地区 雅典最悠久的居住地，密集着传统餐厅、希腊传统餐馆和咖啡馆、当地特产销售点等，市民和观光客们聚集于此，那里的热闹气氛会一直持续到深夜。

被称为西方文明之根的雅典卫城遗址。

西方文明的发源地
雅典

　　古代文明遗址就是雅典的所有看点吗？这种想法会在你走下游船的瞬间就被彻底抛开。雅典不但是西方文明的根基，更是与罗马、巴黎、伦敦齐名的魅力都市，旅客们在一天之内会数次往返于古代与现代之间，能够体验到仿佛穿梭时空的感觉。

　　无论是曾经去过雅典，还是第一次拜访雅典的人，最先要去的就是亚略巴古山丘。站在被称为"城市的最高点"的亚略巴古山丘上，游客就能够将整座城市尽收眼底。被称为西方文明象征和建筑学标本的巴特农神殿、由六个少女像神柱撑起的伊瑞克提翁神殿、胜利女神庙，以及狄俄尼索斯剧院和阿迪库斯露天剧场等坐落的雅典卫城地区，都是非常值得游览的知名胜地。

1. 代表雅典卫城遗址的巴特农神殿。　2. 六名少女雕像承托整个建筑的伊瑞克提翁神庙。　3. 访客们参观雅典宪法广场遗址的场景。　4. 在广场地区销售的各种海报。　5. 走上亚略巴古山丘，一眼就能看到雅典的全景。

　　这座以雅典娜为守护神的建筑物建于公元前5世纪，威严、华丽的巴特农神殿被誉为"没有任何瑕疵的完美建筑"。这座神殿在雕塑家、建筑学家菲迪亚斯的指挥下建造完成，有东西向8排，南北向15列，总共120根圆柱。现在只剩下一部分立柱和组成立柱和屋顶之间的杠杆。神殿最初完成时的形态与现在是截然不同。最初完成的神殿具有顶部和大厅，中央位置坐落着一尊用黄金和象牙铸成、高达12米的雅典娜雕像。可惜经过多次战争，现已残缺不全。

　　巴特农神殿的北侧坐落着由不规则平面建成的伊瑞克提翁神庙。在建造这座神庙的初期，雅典人本来也打算在东部建造供奉雅典娜神的神殿，在西部建造波塞冬和赫菲斯托斯的神殿，但中途宣布放弃，只建成了一座神庙。其名称也是以雅典传说中的希腊英雄伊瑞克提翁为根据，最终定为"伊瑞克提翁神庙"。

1. 参加比雷埃夫斯节日的圣职者与军人们行进的情景。　　　　　2. 无名烈士墓前卫兵们的交接仪式。

与伊瑞克提翁神庙的传说类似，在其他被引为佳话的有趣传闻中，最具代表性的就是撑托神殿的六少女像故事。关于这六名少女有各式各样的传闻，有人说这六名少女是贵族家的小姐，有人说是商人的女儿，还有人说是腓尼基之女或奴隶的女儿……其中奴隶之女的说法最有说服力。现在神殿下的六名少女像全都为复制品，真品收藏于雅典卫城博物馆中，游人可以自由观赏。另外，少女们支撑着的神殿部分被叫作"女像神柱"，展现出了女性的温柔和纤细。

在雅典卫城的三座神殿中的最后一座，是为了纪念胜利而建成的胜利女神庙。胜利女神庙完美地体现出了爱奥尼亚风格特征的轻快和优雅。和巴特农神殿和伊瑞克提翁神殿相比，它的线条更加柔和。

另外，相当于雅典卫城遗址入口的山门、雅典卫城博物馆、位于遗址下方的狄俄尼索斯剧院和阿迪库斯露天剧场都不容错过。只要是前往雅典卫城的观光客都会路过由雄壮立柱组成的山门，其雄壮会给人留下深刻的印象。另外，位于巴特农神殿前的雅典卫城博物馆虽然属于典雅的建筑风格，但却装饰着雅典卫城遗址发掘的众多文物和雕塑。

最大限度利用自然环境建成的狄俄尼索斯剧院和阿迪库斯露天剧场最初用于举办各种话剧、音乐会、演讲等演出及活动，至今它也是世界知名乐队和剧团的演出舞台。

观赏雅典卫城山丘之后，游客们就可以踏上由凹凸不平的巨石组成的亚略巴古山丘，欣赏古代的市集城市广场遗址和雅典城中心，再沿着新路前往城市广场遗址。

对民主主义的发展做出巨大贡献的议事会、法庭、学校、市民们的摇篮和讨论聚集地——城市广场（希腊市场）——坐落的遗址和为神灵建造的雅典卫城不同，在那里最能够让人们感受到浓厚的人文气息。在体现多种希腊建筑风格与各种遗址散落的城市广场遗址中，绝对不能错过的就是重建古代斯多亚的阿特洛司柱廊。现在这里已经成为博物馆，里面所展示的各种文物和艺术品让人们不禁联想到古代雅典居民日常生活的场景。

1. 在位于雅典城中心的露天咖啡馆喝茶休息的旅客们。 2. 在圣托里尼火山地区发现的壁画，陈列在雅典国立考古学博物馆中。 3. 保存和展示古代希腊文物的雅典国立考古学博物馆。

　　与古代遗址隔街相对的，是充满活力的广场地区。那里聚集了各种传统餐饮店，每天都会迎来川流不息的观光客和市民。

　　游客们在边享受着美妙的旋律边享用完午餐之后，就可以避开强烈刺眼的阳光，去考古学博物馆转转。考古学博物馆收藏并展示着各种珍贵的文物和艺术品，无论是从新石器时期到迈锡尼时代的文物，还是希腊文明的起源——基克拉迪群岛和罗马的文化遗产，都被摆放得井井有条，只要转一圈，就能大致了解古代文明的发展史。

　　国立考古学博物馆的每一个角落都非常精彩，其中有几个地方尤其不能错过：与入口正门相连的迈锡尼艺术馆、汇聚各种雕刻的罗马希腊展示场，以及用壁画装饰的锡拉展室。

　　迈锡尼艺术馆内摆着各种古老的艺术珍品，以公元前 1600 年前的阿伽门农黄金面具为中心，周围陈设着令人眼花缭乱的黄金首饰。不过对于这些藏品的真实性，至今仍有不少人存有质疑。另外，在二楼的锡拉展馆内，放置着于圣托里尼岛发现的古老壁画，让人目不暇接。

　　除以上介绍的地点之外，雅典城中还有能够让旅客观赏卫兵队交接仪式的宪法广场、无名烈士墓、以神话和传说中的主人公为主题制作的雕塑、能够买到当地特产的广场购物街和各种古老遗址、举办过奥运会的帕那辛纳克体育场、宏伟的宙斯神殿、上演传统舞蹈和音乐的多拉·斯特拉杜剧院（Dora Stratou Theatre）等，每一个景点都会给人带来不同感受。

7day

FOLIO: 43026569
STATEROOM: 6350

KT #: 0000010
KT #: 0000010

NSB1

NV

全天海上航行

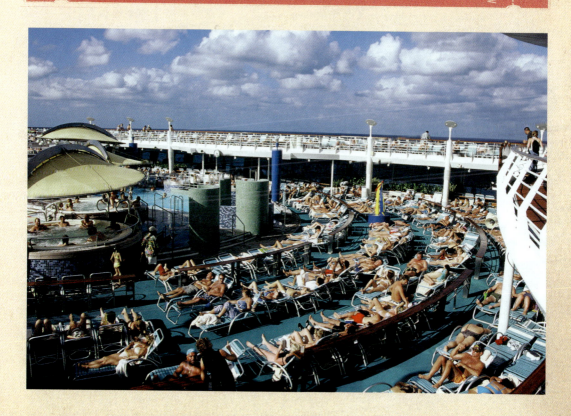

　　全天海上航行是游轮旅行的精髓所在，事先掌握大体的日程安排非常关键。像千禧号这样的大型游船上，一般会有 70~90 种活动。因此，要想完美地享受船上生活，就要提前确认自己到底要参加哪些活动。

▶▶ 主要日程与活动

　　10:00-12:30 可以参加高尔夫或网球课程,也可以在篮球场或乒乓球场享受运动带来的乐趣。

　　10:30-11:30 参加为旅客提供下一个停靠港——那不勒斯、罗马、比萨和佛罗伦萨相关信息的说明会,搜集必要的信息。

　　11:30-12:30 参加宾果游戏或红酒活动,体验新奇的旅程。

　　13:00-14:00 如果对收藏品有兴趣的话,可以参加船上举办的拍卖会。

　　14:00-16:00 在室外泳池游泳或一边看书、一边享受日光浴。

　　16:00-18:00 休息或参加其他各种活动。

　　20:30-21:30 在甲板上欣赏日落。不同季节欣赏日出和日落的时间都不同,因此要参考每天送往客房的《精致公司日刊》第一页最上端标出的日出与日落时间。

　　21:00-00:00 观赏电影或演出,也可以参加卡拉OK、派对、赌场等各种活动,享受晚间时光。想要度过美妙二人世界的话,可以选择前往酒吧或烧烤店,度过难忘的夜晚。

用餐

08:30-09:30 早餐 ▶▶ 在散步或进行少量有氧运动之后用餐。

12:30-14:00 午餐 ▶▶ 在主餐厅享用午餐。

18:15-20:00 或 20:30-23:00 晚餐 ▶▶ 前往主餐厅享受晚餐。服装要求为 Informal,男性需要佩戴领带,女性需要穿礼服或正式裙装。酒精饮料、果汁、碳酸饮料需收费。

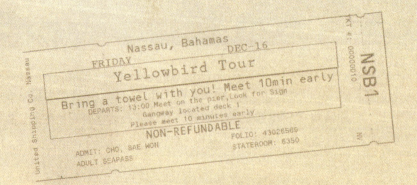

8day

FOLIO: 43026569
STATEROOM: 6350

KT #: 0000010

KT #: 0000010

NSB1

NV

意大利那不勒斯

07:00 那不勒斯港口入港 ••••▶   **19:00** 那不勒斯港口离港 ••••▶

　　那不勒斯地区有很多看点，一天的时间远远不够。因此，还是应该事先决定要看那不勒斯和周边的名胜，还是要仔细游览特定的区域。想要慢慢游览的话，适合采取自由游览的方式，想要在短时间内游遍多个地方，则自费观光更有效率。意大利比希腊时区晚1个小时，所以别忘了把手表调过来。

8day

▶▶ 主要日程与活动

07:00-08:00 参加自费观光项目的旅客到指定的地点集合,自由游览的旅客可以自行下船。

08:00-18:30 参加自费观光项目之后也可以独自游览那不勒斯,享受自在旅行的乐趣。

18:30-18:45 返回游船。

19:00-20:00 在甲板上享受"绝美的世界之港"——那不勒斯与坎帕尼亚海滩,维苏威火山的美景。

22:30-23:30 观赏电影或演出。

用餐

06:00-07:00 早餐 ▶▶ 提前用完早餐之后准备向旅行地出发。

12:00-14:00 午餐 ▶▶ 参加自费观光项目或自由游览的旅客可以在港口享受由番茄、大蒜、罗勒油和海鲜制成的那不勒斯披萨,或是由蚌肉、生蚝、鲜虾、章鱼等制成的海鲜料理或意大利面。

20:00-22:00 或 20:30-23:00 晚餐 ▶▶ 穿着要求为 Informal。比起去主餐厅,更推荐去游船后方的酒吧或烧烤店欣赏美丽的那不勒斯夜景和梦幻般的海景,享受美味晚餐。

▶▶ 旅行信息

想在有限的时间内完成旅行,就要尽量缩短路线,才能提高游览质量。如果是第一次到访的旅客,适合参加游览多个景点的自费观光项目;如果先前曾经造过,则可以自行选择喜欢的景点或探索新的路线。

观光

自费观光 ▶▶ Exploration of Pompeii **推荐** (庞贝城探索) 由专业导游解说,游览庞贝的路线。在自费观光项目结束之后,也可以自行前往那不勒斯城的繁华地带和考古学博物馆 (成人 59 美元,儿童 47 美元 / 需要 4 个小时)。

推荐 Amalfi Drive & Pompeii (阿马尔菲和庞贝) 能够欣赏美丽而浪漫的阿马尔菲海滩,与古代遗址氛围完全相反的路线 (成人 129 美元,儿童 104 美元 / 需要 9 小时 30 分钟)。

推荐 Capri, Sorrento & Pompeii (卡普里、索伦托和庞贝) 神秘之岛卡普里;名曲的舞台索伦托,在这里可以欣赏那不勒斯港口和沿岸;古代氛围犹存的庞贝遗址,想要观赏以上景点的旅客可以选择这条路线（成人 194 美元，儿童 149 美元 / 需要 10 个小时）。

自由观光 ▶▶ 07:00-08:00 用完早餐，尽快准备下船，前往那不勒斯站。

08:00-09:00 在那不勒斯火车站搭乘火车，前往庞贝（需要 50-60 分钟）。

09:00-12:00 参观庞贝遗址。

12:00-14:00 在参观完庞贝遗址后前往那不勒斯享用午餐。

14:00-18:00 游览那不勒斯海岸与考古学博物馆等景点，之后登船。

19:00 游船离港。

▶▶ 旅行名胜

那不勒斯国立考古学博物馆　欣赏古代希腊各种文化的最佳场所。馆内有在庞贝和赫库兰尼姆地区发掘的化石和各种雕塑、壁画和镶嵌作品。

那不勒斯小巷区　狭窄的胡同悬挂着的晾晒衣物，能够感受岁月痕迹，刻在炫耀大道上的四边形石块，被人们当作废品的造型物，一望无际的陡峭台阶等等，在游览胡同时就能碰到这些异色的风光。

王宫与新城堡　曾经统治那不勒斯的王公贵族生活过的府邸，陈列着当时王室使用过的生活用品和艺术品等。

卡普里岛　没有车辆行驶的大街、与翡翠色海洋融为一体的礁石、刺眼的阳光、美味的葡萄酒和美食、浪漫的露天咖啡厅等等，都能吸引众多旅客。

1. 庞贝最高住宅之一——彼得学院。

2. 在所伦特大街上欣赏名画的旅客们。

古大陆的回归
庞贝与那不勒斯

　　渐渐远离了比雷埃夫斯港口的灯光和夜色，每到这时我就会陷入幸福的"烦恼"之中。虽然之前已经去过那不勒斯周边和西西里岛数次，但还是要花费很多心思考虑，在有限的时间内到底要看哪些地方。

　　是去海岸线铺满视野的阿马尔菲，在蔚蓝色海洋的反射下，欣赏闪闪发光的礁石，还是去挂满晾衣架的小巷区，享受那不勒斯特有的闲散情调？幸福的"烦恼"直到游轮停靠在湖面一般平静的那不勒斯港口时，才渐渐散去。

　　整座城市都充满了让人兴趣盎然的遗址景观，庞贝有着太多的名胜地，很难一一道来。如果非要说几个最具代表性的景点，那就应该是维提之家、牧殿、阿波罗神庙、拉列斯神殿、大

1. 旅客们正在欣赏靠近那不勒斯的游轮和港口。　2. 被誉为"太阳之城"的那不勒斯当地的特产。　3. 牧殿中央矗立的法诺青铜像。

剧院、体育馆和食品市场，以及庞贝的主要通道——阿波坦查大道。带有强烈古希腊氛围感的维提之家，其名称由富商维提（Aulus Vettius Conviva）的名字演变而来。这座住宅建成于公元1世纪初期，由列柱廊（立柱）、大理石游泳池以及抱鹅的丘比特铜像三大主要部分组成，是当时移居到庞贝的维提兄弟曾居住的地方，除了游泳池和小花园之外，室内还装饰着美丽的巨幅壁画。尤其是丘比特的壁画，采用多种手法绘制而成，能够让人们直观地感觉到，当时罗马人的艺术水准已经达到惊人的高度。

　　牧殿（意大利人称为法诺）就在维提之家的附近，富有的贵族凯西曾经居住在那里。面积超过3000平方米的牧殿曾经因地震而受到破坏，通过复原重建，才有了今天的样貌。这些美丽的铜像、镶嵌式装饰、壁画、雕塑等都表现出当时罗马贵族极高水准的文化修养。住宅的名称来源于宅子中央的一座裸体法诺青铜像，装饰地面的镶嵌图案也作为出众的艺术品，在那不勒斯国立考古学博物馆展出。

　　在庞贝，尤为不能错过的地方还有阿波罗神庙、剧院、竞技场、阿波坦查大道和食品市场。以维苏威火山为背景的阿波罗青铜像周边，坐落着古代神庙遗址，展现出庞贝是一座受到希腊文明冲击的城市。站在神庙中央，仿佛感觉那曾把庞贝化为灰烬的维苏威火山就近在咫尺。位于庞贝遗址东西方向的阿波坦查大道地区是旅馆和红灯区的密集地。曾经作为市集的食

1. 庞贝住宅的各种壁画和整齐的庭院。   2. 象征城市知性一面的那不勒斯大学。

品市场,则是整座城市中最具人气的场所。在火山爆发之前,这里生产的橄榄油和葡萄会被运往罗马等各个地区,供给当地的居民。

为什么那不勒斯被视为最浪漫最美丽的港口? 不知道是谁选出来的,但将那不勒斯并入世界三大美丽港口,似乎并不夸张。然而世界上的港口不计其数,若要称得上美丽的港口,光地中海沿岸就数不胜数,为什么那不勒斯能够获此殊荣? 虽然是个人观点,但我认为,之所以将那不勒斯称为最美丽港口,不仅仅是因为展现在眼前的风景,更多的是因为当地朴素热情的居民,还有他们居住的狭窄胡同和透过台阶吹来的凉爽的风。

火山爆发时受难的死者纪念碑、造型精练的雕塑与巨型壁画、刻有美丽花纹的蓝色玻璃瓶等等,这些庞贝挖掘出的文物和遗迹资料,在那不勒斯国立考古学博物馆中都可以找到。位于博物馆和瞭望塔之间的新城堡要塞、能欣赏到独特拼贴作品的圣基娅拉教堂、用华丽雕塑装饰的阿尔梅诺教堂等,这些知名景观固然不错,但想要细细品味那不勒斯的精髓,就一定要去寻找能够体验那不勒斯市民生活的城市小巷。

曾作为华丽教堂与高级住宅街区的市中心巷道仍然保留着岁月的痕迹,这里没有欧洲其他大城市的华丽和奢侈,朴素市民悠闲且快乐的生活即景却比比皆是。密密麻麻的小巷虽然和那不勒斯"美丽港口"的称号显得并不是很相称,但随意停放的摩托车和生了锈的自行车比任何美景都能打动我的心。

这种朴素甚至感染了我的内心,沿着小巷走着走着就能看到广场。虽说被称为广场,但更适合用"嘈杂的大院"来形容此处的景象,映入眼帘的只有在遮阳布下吃东西的食客和贩卖大大小小旧货的老商人。食客们将还没煮熟的蜗牛和鱿鱼蘸上橄榄油和柠檬汁美美地享受,这情景和我们在小饭馆或胡同中吃生鱼片的样子没什么两样。游客只要与坐在那里的居民们目光交汇,就会受到他们热情的招呼。虽然肤色不同,语言不通,但这热情洋溢的小胡同能够让人体会到任何博物馆或遗址都无法感受到的风土人情。

9day

FOLIO: 43026569
STATEROOM: 6350

KT #: 0000010

KT #: 0000010

NSB1

意大利罗马

07:00　契维塔韦基亚入港　▸▸▸　　19:00　契维塔韦基亚离港　▸▸▸

　　在地中海区域供停靠的众多港口中，最能让人玩到身心疲累的地方就是意大利的罗马。罗马是人类建设的城市中看点最多的地方之一，通常需要1~2个星期才能完整地游览，但规定的登陆时间却只有一天，所以需要事先确定游览地点。

9day

▶▶ **主要日程与活动**

07:00-07:30 参加自费观光项目或自由游览的旅客准备下船。

07:30-18:00 可以参加自费观光项目或自由游览,也可以留在游船上欣赏多姿多彩的节目。

19:00-19:30 欣赏契维塔韦基亚港口的夜景。

19:30-20:30 购买打折的纪念品或首饰。

20:30-22:30 参加宾果游戏,或观赏电影。

21:00-22:00 观赏游轮方面举办的演出和音乐剧。

22:00-00:00 前往浪漫的音乐酒吧、烧烤吧或赌场,度过美好时光,也可以留在客房休息。

用餐

05:30-09:30 **早餐** ▶▶ 很早就会提供早餐,要参加自费观光项目或自由游览的旅客最好提早用餐。

12:00-14:00 **午餐** ▶▶ 留在游船上的旅客可以在指定的时间内前往餐厅用餐。如果是参加自费观光项目或自由游览的旅客,可以尝试用洋葱、番茄、熏肉等材料制成的意大利料理——培根番茄辣酱意面。

18:15-20:00 或 20:30-23:00 **晚餐** ▶▶ 可以在主餐厅、自助餐厅、奥林匹克餐厅等用餐,穿着为Casual即可。

▶▶ **旅行信息**

罗马城本身就是面积广阔的古代遗迹,想要更有效率地欣赏整座城市,就要事先定下游览顺序,尽量缩短路程。如果之前参观过罗马,可以参加提供班车服务的自费观光项目产品"Rome on Your Own（属于你的罗马）";如果是初访罗马,则推荐自费观光项目产品"Rome, the Eternal City（永远的罗马）"。

观光

自费观光 ▶▶ Rome on Your Own **推荐** （属于你的罗马）搭乘大巴游览罗马的主要遗址的路线,适合独自旅行,可以走遍自己喜欢的景点（成人 74 美元 / 儿童 59 美元 / 需要 9 个小时 30 分钟）。

推荐 Rome, the Eternal City（永恒的罗马）游览主要遗址和名胜（如梵蒂冈博物馆等）的路线。其优点就是可以在短时间内游览多个景点（成人 194 美元, 儿童 148 美元 / 需要 10 个小时 30 分钟）。

Panoramic Rome （罗马全景）搭乘巴士游览罗马市内著名景点和遗址的路线（成人 57 美元，儿童 44 美元 / 需要 5 个小时）。

自由游览 ▶▶ 07:30 下船后前往契维塔韦基亚火车站（徒步 20 分钟，打车 5 分钟）。

08:00 搭乘前往罗马的列车。

09:00 到达罗马圣保罗德旺斯火车站。

09:00-10:00 从圣保罗德旺斯车站出发前往梵蒂冈博物馆后购买入场券（公交 10 分钟，徒步 20 分钟）。

10:00-12:00 参观梵蒂冈博物馆和圣彼得教堂。

12:00-13:00 享用午餐，搭乘电车前往罗马圆形大剧场。

13:00-14:30 参观罗马圆形大剧场和古罗马广场之后前往西班牙广场（搭乘地铁需要 10 分钟）。

14:30-16:00 参观许愿池和西班牙广场之后前往罗马特米尼车站。

16:30-17:30 从罗马车站搭乘前往契维塔韦基亚港口的火车。

17:30-18:00 到达契维塔韦基亚港口之后登上游船。

▶▶ **旅行名胜**

　　梵蒂冈博物馆与圣彼得大教堂　全世界天主教徒的圣地，历代教皇曾居住的地方，拥有世界上最大规模的教会建筑群，在这里旅客们能够欣赏到从古代到文艺复兴期间的艺术巨匠们创作的大量艺术品。

　　罗马圆形大剧场　古代罗马建筑艺术的象征，也是罗马城的象征。

　　许愿池　曾经在多部电影和文化作品中登场的罗马名胜。

　　西班牙广场　在电影《罗马假日》上映之后，一度成为每年最多旅客与市民聚集的场所。年轻的男男女女汇聚在这里用各自独特的方式表达爱意，还有街头艺术家们，都成为罗马浪漫风情的一部分。

1. 罗马的发源地——古罗马广场遗址。

2. 来到罗马圆形大剧院的夫妇仔细查看介绍手册的情景。

充满传奇的艺术圣地
罗马

　　圣安普罗修斯对朋友奥古斯丁说过这样的忠告："到罗马之后，罗马人做什么，你就做什么。"这样的忠告在经过了一千五百多年之后的今天同样适用。罗马暗藏着一千张面孔——悠闲与活力、平稳与混乱，展现出优雅微笑的绅士与对旅客钱包虎视眈眈的小偷，只听到名字就会让人心潮澎湃的跑车与老式的小摩托，传统与现代共存的大街……

　　超迷你国家梵蒂冈，总面积只有0.44平方公里，总人口不超过1000人，却是对人类精神世界产生巨大影响的宗教中心，更是对文化、艺术发展做出巨大贡献的国家。作为教皇元老院所在的天主教徒营，同时也是"文艺复兴的摇篮"。小小的梵蒂冈充满了让人津津乐道的看点。在梵蒂冈博物馆里，保存了数量庞大的艺术收藏品，更有米开朗琪罗、拉斐尔、达·芬奇等顶级巨匠的作品展出，因而这里被人们称为"博物馆中的博物馆"。堆满了世界顶级水准的宗教画作与工艺品的梵蒂冈博物馆，并不像大英博物馆或法国卢浮宫那样只是单纯为了搜集和展示藏品，这座博物馆本身就对西方的历史和文明产生了巨大的影响，同时也是艺术家们找寻灵感的场所。

馆藏艺术品中，最具代表性的有米开朗琪罗的作品——天顶画，还有由当时最杰出的画家们共同完成的巨幅壁画，以及拉斐尔故居所在的西斯廷礼拜堂。

文艺复兴时期最杰出的画家和雕塑家米开朗琪罗为教皇朱利叶斯二世创作的天顶画总共分为 33 个部分，从 1508 年开始投入创作，直到 1512 年才完成，可以称得上是梵蒂冈博物馆内最珍贵的杰作。另外，西斯廷礼拜堂中央墙壁上挂着米开朗琪罗、波提切利等 6 位画家携手创作，总共由 13 个部分组成的壁画，也彰显出了超凡的艺术性。壁画中最著名的部分就是米开朗琪罗历经 7 年独自完成的《最后的审判》。这幅作品是他将艺术与宗教完美结合的经典之作。在拉斐尔与他的弟子们共同建造的拉斐尔故居里，用于装饰的壁画与天顶画的华美程度，同样也可以用辉煌来形容，让人流连忘返。诸多作品中，最显眼的一幅画就是画有希腊哲学家普拉顿与亚里士多德交谈场景的《雅典学堂》。

在梵蒂冈，圣彼得大教堂也是不能错过的景点之一。圣彼得大教堂是顶级建筑师与艺术家共同创造的结晶。在现有的基督教建筑物中，论规模和收藏品，其他教堂都无法与之相提并论，只需简单地游览，就能够让人充分地感受到它的魅力，尤其是高 132.5 米，宽 42 米的中央圆顶则是米开朗琪罗的代表作品，展现出了他高超的建筑表现力。

广场 (forum) 一词在罗马当地是指开放的空间。凯撒广场、奥古斯都广场、和平广场、涅尔瓦广场等等都是如此。其中最著名的就是位于帕拉提诺山丘脚下的古罗马广场。在所有广场中它的规模最大，历史也相当悠久，可以追溯到共和国时代。这里作为元老院、神殿和商铺的聚集地而被称为"罗马的心脏"。罗马广场的主要看点是有着"神圣之路"含义的圣道。

在罗马，为辩论家与哲学家展开辩论而设置的讲坛，为了纪念提图斯征服以色列而建造的凯旋门等有趣的场所比比皆是，其中在古代作为市集的艾米丽大圣堂显得格外独特。拥有广阔的空间的艾米丽大圣堂曾为商人们提供了一个能够汇聚在一起交易的平台。他们一般会进行生活用品的交易，甚至还会有兑换货币、高利贷、事业家、征收税务的管理者参与进来，在当时可以算的上是规模相当大的市场。

作为城市象征的罗马圆形大剧场，正式名称为"弗拉维圆形剧场"。至于明明有正式名称还会被称为罗马圆形大剧场的原因，至今还没有统一的解释。有关这个"俗称"的来历，有一种说法是：它是由意为"巨大"的拉丁语单词 colossale 演变而来的，另外一种假说是因建造在暴君聂尔罗的宫殿附近高达 30 米的铜像名称演变而来。

罗马帝国中，只要在战场上获得胜利的军人，或者对国家发展做出巨大贡献的英雄和政治人士都能获得奖赏。国家开发了一个能够让他们退休之后安享晚年的地方，罗马圆形大剧场就是借这一契机建造而成的设施。

1. 位于罗马圆形大剧场前面的康斯坦丁诺斯凯旋门。

2. 罗马最具代表性的遗址——罗马圆形大剧场。

3. 罗马圆形大剧场的内部结构，曾经是角斗士们展开生死搏斗的地方。

4. 拉斐尔房间里摆设的华丽作品。

5. 挂在西斯廷礼拜堂墙上的米开朗琪罗作品——《最后的审判》。

6. 曾被用作神殿和市集的罗马广场遗址。

1. 位于罗马的最大规模的浴池遗址——卡拉卡拉浴场。
2. 位于西班牙广场台阶下方的破船喷泉，每当炎热的夏季，旅客和市民们就会将双脚泡在池内休息。

　　罗马圆形大剧场从公元72年苇斯巴芗皇帝时期开始建造，历经8年竣工，你根本无法想象以当时的条件竟然建造出一座能够容纳5万人的超大型竞技场。大剧场的4层建筑中，每层都有样式独特的装饰物。竞技场刚竣工的时候，要比现在更加精致美丽。但后来富豪们在建造自己的住宅、宫殿和教堂的时候，将大剧场中的大理石、装饰物统统拆了下来，严重损伤了原本的宏伟形象。

　　曾经，在罗马圆形大剧场中每天都会上演角斗士之间或是角斗士与猛兽的决斗。每当有重要纪念日或活动的时候，竞技场就会把场内的门锁上，让角斗士展开生死搏斗，那种残酷性与真实战争无二。另外，为了庆祝竞技场竣工，这里曾连续上演了100天的生死搏斗，当时被杀死的猛兽超过了5000只，也有一千多名角斗士因此丧命。

　　整个罗马城就是一座大型的博物馆，其中最具浪漫色彩的当属东北部地区，那里坐落着西班牙广场。从地名可以得知，该地区的中心便是西班牙广场。如果想更好地感受其中的氛围，科学地规划行程，则以选择先去许愿池为宜，该景点位于小巷区。参观完那里后，游客们再前往西班牙广场，由此也可以省去不少时间。许愿池是罗马众多喷泉中规模最大的一个，因电影《罗马假日》成为闻名世界的经典旅游景观。不要忘记，在去许愿池之前一定要准备好硬币。

1. 被旅客挤得水泄不通的许愿池。

2. 人山人海的西班牙广场中的破船喷泉。

3. 从西班牙台阶俯视广场周边风景。

　　由许愿池连向西班牙广场的小巷区能让人体验穿梭时光的神奇感觉。像宝石一般闪耀的鹅卵石铺满小巷，绕过小巷看到的巨大建筑，摆满干净餐桌的小餐馆……这些风景，除了罗马，再无他处可觅。

　　到达西班牙广场之后，首先要去往位于广场角落的冰激凌店，买份能够给舌尖带来融化之美的冰激凌，接着再前往小小的破船喷泉和连接圣三一教堂的台阶。走到台阶上，坐下享受美味的冰激凌，欣赏广场和小巷、马路之外的无数建筑物，自然就能体会为什么那么多旅客和当地居民都愿意挤在这里。

　　当阻挡强烈阳光的建筑阴影越过广场，慢慢移动到台阶的时候，这里的气氛会达到最高潮。在宽大的台阶稍事休息后，去露天咖啡厅享受一杯浓浓的咖啡，肯定是日后想起罗马时候最美好的回忆。

10day

FOLIO: 43026569
STATEROOM: 6350

KT #: 0000010

NSB1

KT #: 0000010

意大利佛罗伦萨与比萨

07:00 利沃诺港口入港 ••••▶   19:00 利沃诺港口离港 ••••▶

　　地中海巡游会让人一直处在身心俱疲的状态中。在游览佛罗伦萨和比萨的时候，游轮旅行的缺点就暴露无遗。虽然所有的日程安排都不长，但佛罗伦萨和比萨的日程显得格外紧张，无论选择了哪一条路线，若时间安排不当，就会错过想游览的景点。

10day

▶▶ **主要日程与活动**

07:00-08:00 下船,搭乘出租车前往利沃诺火车站(大概需要 10 分钟)。

08:00-18:30 参加自费观光项目或自由游览完佛罗伦萨和比萨之后返回游轮。

18:30-19:00 在船上欣赏利沃诺港口和意大利中部的海岸风光。

21:00-22:00,23:00-00:00 欣赏由专业舞蹈家和歌手们同台演出的歌曲《我爱夜生活》(《I Love the Nightlife》)。

22:00-23:00 如果对拉丁乐有兴趣,可以去海洋酒吧转转。

用餐

05:30-09:30 **早餐** ▶▶ 参加旅游的旅客应尽快用完早餐,准备向停靠港出发。

12:30-14:00 **午餐** ▶▶ 留在游船上的旅客可以在喜欢的餐厅享用午餐,参加自费观光项目和自由游览的旅客们则最好去尝尝佛罗伦萨风格的牛排料理。

18:15-19:45 或 20:15-22:45 **晚餐** ▶▶ 如果在主餐厅用餐,男性要穿正装打领带,而女性要穿正装。

▶▶ **旅行信息**

考虑到路程与看点,一般旅客甚至专门的旅行家都不可能独自游遍整个佛罗伦萨和比萨。如果是第一次到访的旅客,适合参加游览多个景点的自费观光项目;如果先前曾经造访,则可以自行选择喜欢的景点或探索新的路线。(如果是 4~8 个人组成一个小团队,可以事先通过预约联系当地本国人开设的旅行社,这样会大大节省旅行费用和时间。)

观光

自费观光 ▶▶ Florence & Pisa on Your Own **推荐** (佛罗伦萨 & 比萨自助游)搭乘巴士前往佛罗伦萨和比萨地区之后,能够自由地游览个人偏好景点的路线(成人 86 美元,儿童 49 美元 / 需要 9 个小时 30 分钟)。

推荐 Florence & Pisa (佛罗伦萨 & 比萨)能够游览著名的大教堂、美术馆、广场、斜塔等的路线,适合在短时间内游遍佛罗伦萨和比萨的主要名胜地(成人 164 美元,儿童 135 美元 / 需要 10 小时)。

Pisa (比萨)游览比萨主要名胜教堂广场和城区的路线(成人 49 美元,儿童 36 美元 / 需要 3 个小时 30 分钟)。

自由观光 ▶▶ 07:30 从利沃诺港口出发搭乘出租车前往火车站（大概需要10分钟）。

08:00-09:30 从利沃诺火车站出发前往佛罗伦萨中央车站（大概需要1个小时30分钟）。

09:30-09:45 从佛罗伦萨中央车站出发前往教堂广场。

09:45-12:00 在参观完大教堂、洗礼堂、钟楼等景点之后前往市政广场，在乌菲兹美术馆和市政宫殿中选择一个景点进行参观。

12:00-13:00 在简单解决午餐之后，前往佛罗伦萨中央车站。

13:00-14:10 从佛罗伦萨中央车站出发前往比萨。

14:10-14:30 在比萨车站搭乘公交或出租车前往教堂广场。

14:50-17:00 参观比萨教会洗礼堂、大教堂、比萨斜塔（比萨斜塔限制参观人数，购买入场券的时间段也有限定）。

17:00 前往比萨车站。

17:30-17:47 搭乘前往利沃诺车站的火车（需要17分钟）。

19:00 利沃诺港口起航。

▶▶ 旅行名胜

　　佛罗伦萨教堂广场　象征文艺复兴时期摇篮的佛罗伦萨大教堂与洗礼堂，以及教堂钟楼聚集的教堂广场是日本旅行者协会推荐的托斯卡纳地区最佳名胜。

　　市政广场和韦奇奥宫　700年来领导文明都市佛罗伦萨的地方就是市政广场和韦奇奥宫。这里是城市主要活动和市民们聚集在一起交流意见的政治中心地。现被当作市政大厅和博物馆使用。

　　乌菲兹美术馆　在这里旅客们能够欣赏到600年来美第奇家族苦心收集的波提切利的经典作品——《维纳斯的诞生》，还有引领文艺复兴初期美术风格的奇马布埃、乔托、米开朗琪罗、拉斐尔等史上最杰出艺术家们所留下的杰作。

　　比萨斜塔与教堂广场　比萨的名胜聚集在教堂广场周边。成为城市象征的摇摇欲坠的比萨斜塔，以及被称为罗马风格建筑杰作的大教堂与洗礼堂等比萨城的代表性建筑都坐落在这里。

比电影中画面更美丽的城市

佛罗伦萨

　　世界各地的人都大加赞赏的托斯卡纳,丘陵与平原相结合的风光不仅为圣弗朗西斯科、佩鲁吉诺、乔托等巨匠提供了灵感,也培养出米开朗琪罗、波提切利、多纳泰罗等众多伟大的艺术家。同时,这里也是大文豪但丁和思想家马基亚维利开展文艺复兴运动的地方。

　　在托斯卡纳地区中心城市佛罗伦萨,无论你造访何处,都能接触到典雅小巷和自然风光的浪漫,整座城市本身就像是一部优美的纪录片。文艺复兴之花盛开的佛罗伦萨拥有的遗迹数量仅次于罗马,主要集中在以市政广场为中心的 1 公里范围以内。能在如此狭小的空间里聚集了这么多的博物馆和遗址,除了佛罗伦萨也再无别处了。

　　因针织品贸易积累了巨大财富的市民们在此处建造了象征都市繁荣的"duomo"的大教

1. 矗立在市政广场的大卫雕像，佛罗伦萨城中有数座大卫雕像。
2. 已经成为博物馆的韦奇奥宫，每一个空间都展示着独特的壁画和文物。

堂，其正式名称原本为"圣玛利亚德尔菲奥雷大教堂"。1462 年，这座象征佛罗伦萨的大教堂经过 166 年的悠久岁月才最终完工，通过迪坎比奥到乔托、皮萨诺，再到弗朗西斯科和伯鲁乃列斯基等最卓越建筑家和艺术家们的双手造就了现在的壮观景象。

　　大教堂是象征文艺复兴时期的建筑物，主要囊括了哥特和古罗马的建筑特色。大教堂最高处的八角形屋顶是模仿罗马万神殿的形状而建，主体建筑高约 45 米。之所以将大教堂视为文艺复兴风格的象征，更多是因为室内装饰的各种艺术品，这里有与文艺复兴之城佛罗伦萨相匹配的附属美术馆、瓦萨里和祖卡里合作完成的天顶画——《最后的审判》、多纳泰罗的彩色玻璃、米开朗琪罗在 75 岁高龄时开始创作却未能完成的《圣母怜子雕像》等等，这些作品足以证明佛罗伦萨就是文艺复兴的发源地。

　　大教堂入口南侧坐落着 82 米高的钟楼。这座钟楼又名"乔托之塔"，是当时意大利最高的钟楼，由 3 名建筑师共同完成。第一层由乔托设计建造而成，第二层由皮萨诺设计，而挂有大钟的第三层是由塔伦蒂完成。另外，站在钟楼的瞭望台上能够欣赏以教堂圆顶为中心的佛罗伦萨全景。

1. 韦奇奥宫的尖塔与乌菲兹美术馆。　　2. 乌菲兹美术馆前画人像的街头画家。

　　大教堂前方坐落着八角形的洗礼堂，是但丁等无数思想家、艺术家和贵族受洗的地方。洗礼堂是由托斯卡纳地区出产的白色与浅绿色相间的大理石建造而成的美丽建筑。其中，吉尔伯提建造的东侧和北侧出口装饰着以旧约全书和新约全书内容为主题的青铜雕像。当年看到这一场景的米开朗琪罗感叹这是"名副其实的天国之门"。

　　从大教堂向南走一小段路就能看到广阔的市政广场。

　　坐落在佛罗伦萨政治头号要地韦奇奥宫前的市政广场，在过去的几个世纪一直是城市的中心。这里既是市民们喜欢的散步场所，同时也是重要事件发生时，一起集会展开讨论的地方，因此具有很多吸引旅客的看点。文艺复兴时期艺术象征——米开朗琪罗的"大卫雕像"和被佛罗伦萨市民称为"白巨人"的海神喷泉、多纳泰罗的佛罗伦萨"狮子像"、詹博洛尼亚的"被掠夺的萨宾女人"、切里尼的"英仙座"等各种雕像足以让人们不需特意寻找其他美术馆和博物馆，便可以领略到佛罗伦萨的文明。

　　高94米的巨塔韦奇奥宫是市政广场的象征性建筑。这座宫殿很久以前就开始被用作办公大厅，现在也是当地的市政大厅。与典型的中世纪风格外观不同，内部陈列着很多文艺复兴时期代表人物如莱昂纳多·达·芬奇、米开朗琪罗等多位艺术家的作品和遗物。

1. 佛罗伦萨历史最悠久的建筑物——大教堂洗礼堂。　　2. 韦奇奥宫内部的天顶画与雕刻作品。　　3. 从比萨斜塔看到的拉丁风格教堂与教堂广场。

　　韦奇奥宫展现的中世纪典型的建筑风格固然吸引人，但实际上它最大的特点是其独特的室内装饰风格。位于入口中央的"抱着海豚的少女"雕塑和第二层的 500 人沙龙、《君主论》的作者马基亚维利的办公室、米开朗琪罗的"胜利雕像"等多种艺术作品装饰着这座宫殿，第三层是电影《看得见风景的房间》的拍摄场地。

　　如果没有经济实力雄厚的商人协会和美第奇家族，今天的佛罗伦萨不会被称为"文艺复兴之城"。真正热爱艺术的美第奇家族为建筑师和艺术家提供了极大的援助，通过巨额资金的投入，收集并保存了众多画作和雕塑作品。

　　美第奇家族收集的作品收藏在韦奇奥宫旁边的乌菲兹美术馆，无论从作品的质量或数量上来说，都能称得上是世界最高水准。在乌菲兹美术馆中不仅能够欣赏乔托、波提切利、安吉利可、莱昂纳多·达·芬奇、米开朗琪罗、丁托列托、卡拉瓦乔等意大利代表作家的作品，还能欣赏鲁本斯、伦勃朗、戈雅等其他国家艺术家的作品。

　　除了以上的地方，佛罗伦萨还有很多趣味十足的看点：连接城市南北的维琪奥桥，马基亚维利、伽利略、洛伦兹等文艺复兴时期星光闪耀的艺术家们安息的圣克罗斯大教堂，还有但丁的故居。

　　曾供美第奇家族使用的圣洛伦佐教堂，还有美第奇家族曾经的居所和办公场所——皮蒂宫和斯特罗兹宫殿等，"文艺复兴之城"里几乎每个落脚点都是名胜。

1. 街边画家与旅客交谈的情景。　2. 从维琪奥桥南侧望去，阿诺河与乌菲兹美术馆。

11day

法国尼斯

07:00　维勒风树港口入港　••••▶　　20:00　维勒风树港口离港　••••▶

　　尼斯、摩纳哥、戛纳、圣保罗德旺斯、埃兹、芒通等美丽的城市聚集的尼斯地区和一般的停靠港不太一样。超豪华游轮可以在尼斯与戛纳地区停泊，而像千禧号这样的大型游船则要使用尼斯外港和位于附近的港口。千禧号会停靠在距离尼斯 10 分钟路程的维勒风树外港。

11day

▶▶ 主要日程与活动

07:30-08:30 乘坐小船前往维勒风树港口。

08:30-19:00 自费观光项目或自由游览结束之后,返回维勒风树港口。

19:00-19:40 在维勒风树港口乘坐小船返回游船。

20:00-20:30 可在甲板上欣赏维勒风树、尼斯、戛纳的美丽夜景。

21:00-23:00 观赏游轮上的表演。

用餐

06:30-09:30 早餐 ▶▶ 各个餐厅皆提供早餐。但建议选择最早提供服务的自助餐厅。

12:00-14:00 午餐 ▶▶ 留在游船上的旅客可以选择自己喜欢的地方用餐,参加自费观光项目和自由游览的旅客可以尝试尼斯的特色料理——浓味鱼肉汤。

18:15-19:45 或 20:15-22:00 晚餐 ▶▶ 服装要求为 Informal,男性要穿正装,女性需要穿裙装。

▶▶ 旅行信息

　　游船停泊的时间只有短短的一个白天,所以在游船上就要事先计划好想去的景点。初次到访的旅客,适合参加可以短时间内游览多个地方的自费观光项目;已经有过当地旅行经历的旅客,可以自行前往自己喜欢的景点,享受各种美味佳肴。

自费观光 ▶▶ Nice & ST Paul de Vence **推荐** （尼斯＆圣保罗德旺斯）能够游览尼斯与众多画家灵感来源之地——圣保罗德旺斯的路线，还可同时欣赏大海与山村截然不同的风貌（成人 54 美元，儿童 38 美元／需要 4 个小时）。

推荐 Nice, Eze & Monaco （尼斯、埃兹＆摩纳哥）短时间内可游览摩纳哥、尼斯以及古城与优雅的氛围犹存的埃兹的路线（成人 160 美元，儿童 125 美元／需要 8 个小时 30 分钟）。

Nice & Cannes on Your Own （尼斯＆戛纳自助游）自由游览尼斯与戛纳的路线（成人 67 美元，儿童 52 美元／需要 8 个小时）。

自由观光 ▶▶ 08:00 自行下船，前往火车站（徒步需要 10 分钟左右）。

08:42-08:52 乘坐火车前往摩纳哥。

09:00-12:00 参观摩纳哥王宫与公园、赌场地区蒙特卡洛等地。

12:00-13:30 午餐之后前往摩纳哥车站。

13:38-14:02 到达尼斯车站。

14:10-18:30 游览城区和尼斯海边之后前往火车站。

18:41-18:52 离开尼斯，前往维勒风树车站。

18:55-19:40 向港口出发，登上游轮。

20:00 维勒风树离港。

▶▶ 主要日程与活动

尼斯　代表法国科特达祖尔的休养胜地，每年都有无数的旅客到访尼斯，最佳名胜当属浪漫的沙滩，游客在那里可以尽情地观光并得到充分的休息。

摩纳哥　拥有欧洲顶级赌场与浪漫的城市风光。

圣保罗德旺斯　坐落于内陆地区、被城墙环绕的都市，为众多画家提供灵感的地方。整个村庄就像幅美丽的图画般精致可人。

戛纳　因电影节闻名世界的高级休养胜地，拥有各类品牌店、豪华宾馆等；与尼斯不同的是，戛纳的海滩沙质更为柔软。

埃兹　拥有 390 米的古城墙和各种精致的商店，让人感觉仿佛搭乘时光机回到了中世纪。

地中海的乐园
科特达祖尔

　　与意大利国境相对而立，连接法国东南与土伦的科特达祖尔是法国最好的休养胜地。强烈的阳光与宝石一般的海滩，橄榄树和柠檬树下的凉爽树荫，给画家们带来无尽灵感的多彩风景，像雕塑作品一样精致的别墅和住宅……这里就是能感受到法国南部文化风情的世界级观光休养胜地。在东部科特达祖尔，首先应该前往位于摩纳哥东部的芒通。除了每年春季的柠檬节，在其他任何时候，芒通都会让人感受到难得的惬意和悠闲。有些旅客不喜欢尼斯和戛纳的那种嘈杂，对他们而言，这里更具魅力。芒通的地标性建筑是比欧维花园，它与尼斯、戛纳的海边公园相比规模小得多，周边也没有贩卖各种名品的商店。人们可以在比欧维花园享受顷刻的休息，放松心情。若觉得无聊了，则可以前往海边，走一走满地海贝的芒通沙滩。

1. 芒通海边景色，无论什么时候到访都能感受到悠闲。
2. 停靠在摩纳哥港口的豪华游船。

3. 芒通柠檬节上用柠檬制作的巨大造型物。

　　从芒通到以赌场和F1大奖赛闻名的小国——摩纳哥，则会发现摩纳哥的风景简直就像电影中的一样。摩纳哥的象征性地区是王宫和皇家赌场所在地——蒙特卡洛。从拥有美丽庭院、博物馆和宫殿的王宫，望向浪漫的地中海，享受惬意的时光，能给人留下深刻的印象。坐在树荫和花园之间向地中海望去，仿佛时间就此停止。

　　除了这份浪漫和悠闲，蒙特卡洛还充满了兴奋与让人无法形容的期待感。这里遍布着欧洲富豪、世界知名人士与明星居住的别墅和住宅，其中最著名的当属皇家赌场。不管什么时候到访，都能见到各界名流和明星，所以，聚集在这里的多半是为了一饱眼福而凑热闹的旅客，并没有多少渴望享受赌博的赌徒。

　　尼斯在法国被称为第五大城市，精致的小巷与浪漫的海边完美融为一体，是科特达祖尔的重要关口。位于英格丽特步行街和地中海之间的尼斯海滩，用石子代替了柔软的细沙，凡是能亲眼目睹这风光的人，都会深深陶醉其中。每个知名的休养胜地，都会有浪漫氛围浓厚的咖啡厅和餐厅，尼斯也不例外。离海边稍远的沙利亚大街总是人潮不断。如果喜欢那种由世界各地旅行者们汇聚在一起而形成的热闹氛围，最好的选择是日落之时去逛尼斯。

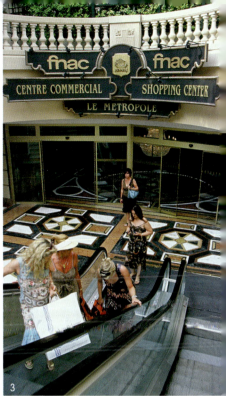

1. 摩纳哥的地标——王宫宫殿。

2. 摩纳哥皇家赌场。

3. 摩纳哥蒙特卡洛地区的购物大厦内部。

4. 圣保罗小巷里充满了浓郁的艺术芬芳和独特风光。

位于维勒弗朗树的博物馆，城里除了博物馆之外还有宾馆和瞭望台等设施。

　　位于尼斯与摩纳哥之间的滨海自由城最能展现科特达祖尔的小渔村究竟有多么浪漫。这里最适合和家人或恋人在一起惬意地游泳和享受日光，让劳碌的身心好好地放松。沿着坐落在海边的精致咖啡厅和餐馆走一阵，来到用陡峭台阶相连的小巷，就能看到圣彼得大教堂，仿佛它就静静地凝视着港口和地中海。圣彼得大教堂内外皆由朴素的壁画装饰，虽然看起来平凡，却显得与周边的住宅十分协调，让旅客感觉特别安逸。

　　参观完大教堂和村庄，缓缓移往港口，就能看到暗店街。

　　这条大街是 13 世纪修建完成的，有一部分处于地下位置。在城市建设的初期，它曾被当作普通的道路，而日后随着城市的发展，它逐渐连接起相邻的建筑物，就此演变成了地下通道。二战时，居民们为了躲避德军和联军的炮击，躲到了这里。小巷的西侧尽头坐落着一座古城。这座古城中设有监视地中海航船的瞭望塔与巨型大炮，还有一间收集与海洋文化相关藏品的博物馆，因此每年都能吸引无数旅客的目光。

12day

FOLIO: 43026569
STATEROOM: 6350

KT #: 0000010

KT #: 0000010

NSB1

IV

全天海上航行

　　游轮旅行的精髓便是全天海上航行，能让人们得到充分休息，然后准备第二天离船的行程。上午可以享受悠闲的时光，但下午就要开始忙碌了。在到达最终目的地之前，会有船长主持的晚宴。旅客们要确认整个行程期间在游船上所需支付的小费总额，还要把要托运的行李准备好，放到客房通道中。

12day

▶▶ **主要日程与活动**

09:30-12:00 享受打篮球或乒乓球的乐趣,或者参加高尔夫球和网球培训课程。

13:00-15:00 购物或参观竞拍(大部分游轮公司都会在到达最终目的地之前举办商品拍卖会,千禧号也不例外。可以以合适的价格购买拍卖会中的藏品)。

15:00-17:00 旅行接近尾声,整理行李。

17:30-18:10 拍纪念照。

18:15-22:30 出席晚宴。

20:30-21:30 在甲板上欣赏日落。

21:30-22:00 收拾行李,放到自己客房的门口通道。

22:00-23:00 前往照片储藏室,找回旅行期间所拍摄的照片。

每一家游轮公司举办的登陆前活动都不一样。有些公司会安排各种精彩活动一直持续到深夜,而有些公司则只举行一些消遣性的活动。

用餐

08:00-09:30 **早餐** ▶▶ 在主餐厅和自助餐厅享用早餐。

12:00-14:00 **午餐** ▶▶ 这是在游轮上享用的最后一顿午餐,因此推荐去最喜欢的餐厅用餐。

18:15-22:30 **晚餐** ▶▶ 每一艘游船上举行晚宴的形式都不尽相同。服装要求为 Formal,最好穿戴所携带服装中最好的一套。出席晚宴时要将准备给服务经理、服务员、助理服务员的小费,放到事先送到客房的信封中。为了表示感谢,可以酌情多给一些。

▶▶ **巴塞罗那登陆所需的主要信息:**

1. 确认在游船上的所有消费记录

在离船之前,详细记录各项消费的账单会送往客房,账单明细包括:自费观光项目、购物和各种小费。如果核对无误,只需要保管好收据即可。万一账单内容和实际花费金额不符,可以去咨询台确认和修正错误的部分。

2. 支付小费

旅客们需要为旅行中提供服务的工作人员支付小费。和一般旅行不同,游轮旅行中要在到达最后停靠港之前统一支付。支付方法因游船等级而异,小费可以按照指定的金额支付,或者再加上一点。如果选择刷卡支付,可以换成代金券放在信封内,但最好还是现金支付。

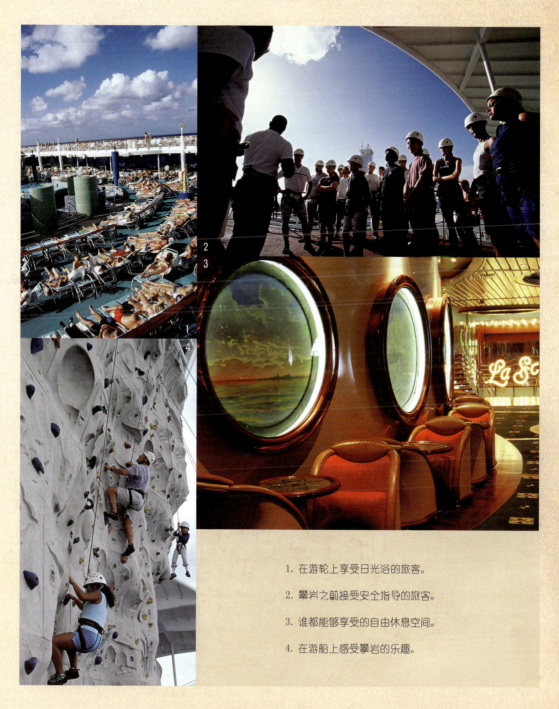

1. 在游轮上享受日光浴的旅客。

2. 攀岩之前接受安全指导的旅客。

3. 谁都能够享受的自由休息空间。

4. 在游船上感受攀岩的乐趣。

在游船赌场享受游戏乐趣的旅客。

3. 申请地面服务

　　结束游轮旅行的大部分旅客都会在抵达最终停靠港后继续观光行程，或前往下一个目的地。想要在停靠港进行简单的观光，可以先确认自费观光项目的内容，再进行申请。

4. 整理行李

　　整个游轮旅行的过程中，只需收拾一次行李就可以。结束旅行的前一天下午，服务人员会把行李单送到客房，旅客们只需把行李单附着在行李上，放到客房门口的通道即可。行李可以在第二天早上登陆巴塞罗那之后前往行李保管处取回。

13day

FOLIO: 43026569
STATEROOM: 6350

KT #: 0000010

KT #: 0000010

NSB1

西班牙巴塞罗那登陆

05:00 巴塞罗那港口登陆 ◀◀◀▶

　　每家游轮公司到达最终目的地的时间都会有所差异，所以要事先仔细确认介绍手册。游船到达巴塞罗那之后，要按照指定的顺序下船，下船顺序则需根据之前送往客房的行李单颜色而定。从巴塞罗那港口到火车站、机场、城市中心地带的主要宾馆大致需要 20~30 分钟。

13day

▶▶ 早餐

享用早餐的时间会随着最终到达目的地的时间而改变。如果是早上5点到港，一般会从4点开始供应早餐，用餐地点大多是自助餐厅。如果不急的话，旅客们可以从容地用完早餐，再下船前往巴塞罗那。

▶▶ 下船步骤

每一艘游船在巴塞罗那港口登陆的步骤皆相同。在服务人员的引导下，按照行李单的颜色拿着自己的随身物品就可以顺利下船。搭乘早班飞机和火车的旅客最好随身携带行李，不要把行李放在通道上托运。

▶▶ 通过出入境管理局与海关

旅客如果搭乘从意大利威尼斯航行至西班牙巴塞罗那的游轮，或是从巴塞罗那开往威尼斯的游轮，在最终登陆点都不必办理出入境的手续。因为欧盟国家有统一的出入境管理系统，只要携带的免税商品符合规定，通过海关就不会有问题。

▶▶ 取回行李

在巴塞罗那港口下船之后，前往行李保管处就可以取回行李。一般来说行李要比旅客早些到达，但就算迟到，也不会超过10~20分钟。

▶▶ 从港口出发前往下一个目的地

如果从港口出发前往机场、火车站，或为了接下来的旅行寻找住所的话，要考虑其间的距离再来选择交通工具。在巴塞罗那，港口、机场、火车站、城区之间的距离都比较近，出租车是最便捷的交通工具。

▶▶ 旅行名胜

高迪建筑之旅　这条线路位于离港口最近的兰布拉大街上，从著名的奎尔宫（也称桂尔宫）开始，到格拉西亚大道上的米拉之家，再到闻名于世的未完成建筑——圣家族大教堂，直至可以俯视整座城市的奎尔公园（也称桂尔公园）。每年都会有大批旅客涌向这里。

兰布拉大街　总是人满为患的大街，能够让旅客们见识到各式各样的街头艺术家，是充满个性的文化空间。

加泰罗尼亚音乐厅　被称为现代建筑的典范，地板上的华丽色彩与镶嵌着的图案装饰仿佛让人置身于童话故事中的王宫。

广场漫游　包括巴塞罗那城区的国王广场、圣豪梅广场和皇家广场等多个景点。

美术馆漫游　巴塞罗那现代美术馆、毕加索美术馆、安东尼塔皮埃斯美术馆、弗雷德里克·马雷美术馆等景点能够让人们了解巴塞罗那为艺术家们带来的灵感和影响到底有多大。

参加团体游轮旅行的旅客们可以跟着导游游览巴塞罗那的主要名胜，自行游览的旅客可以在城里逗留2~3天，慢慢游玩。

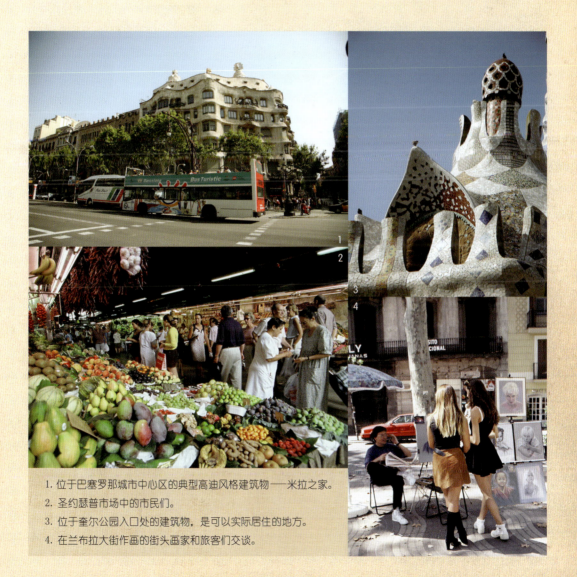

1. 位于巴塞罗那城市中心区的典型高迪风格建筑物——米拉之家。
2. 圣约瑟普市场中的市民们。
3. 位于奎尔公园入口处的建筑物，是可以实际居住的地方。
4. 在兰布拉大街作画的街头画家和旅客们交谈。

高迪之城
巴塞罗那

　　每一个访客来到巴塞罗那的目的都不相同。对建筑有兴趣的人们会寻找高迪留下的痕迹,对音乐有一定造诣的人会前往加泰罗尼亚音乐厅。不过来到巴塞罗那的旅客中十有八九都会去游览矗立着哥伦布铜像的兰布拉大街。在街边昏暗的路灯下挥洒自如的街头画家,演奏出巧克力一般柔滑旋律的乐师,用精彩表演吸引旅客眼球的艺术家,贩卖各种杂志与挂历的小店铺,抱着小孩儿的年轻母亲,跟在游人身后乞讨的流浪汉,喝着咖啡或啤酒陶醉在二人世界之中的恋人们,背着背包寻找旅店的旅客……能够接触到这些景象的地方便是兰布拉大街。

　　在过去的数个世纪里,加泰罗尼亚人一直坚守着自己独特的语言和文化,他们的精神故

1. 从不同角度看米拉之家，会有完全不同的感觉。　2. 凝视巴塞罗那港口的哥伦布。　3. 在巴塞罗那观光中心地——哥特地区闪耀着独特建筑之美的大教堂。

乡——哥特区就位于兰布拉大街的中心，博克利亚市场的东侧。自从奥古斯都皇帝将哥特区选定为西班牙据点之后，这里就一直扮演着城市中心的角色。

在这里，值得一看的景点有哥特风格的代表作——威严的尖塔大教堂、费尔南多国王与伊萨贝尔女王迎接新大陆探险归来的哥伦布的大王宫、由各式各样花纹镶嵌图案装饰的加泰罗尼亚音乐厅、市民们的休闲胜地城市公园等等。其中代表哥特区的典型建筑就是有着独特艺术美感的大教堂。巴塞罗那大教堂是哥特与罗马风格的融合体，就建在古罗马神殿和伊斯兰清真寺的古遗址上。

用欧洲王室的纹章装饰而成的圣歌大石、礼拜堂、殉教者圣尤拉莉亚的石棺所在的安葬房，矗立着圣乔治雕像的回廊，具有各自独特氛围的小教堂……每一处都不容错过。

伟大的探险家哥伦布，绘画巨匠毕加索和胡安米罗，钟情于画乞丐的诺内尔，立体派大师冈萨雷斯，还有光听到名字就能让人心潮澎湃的伟大建筑家安东尼奥·高迪，都是巴塞罗那的传奇人物。

在被人赞为"高迪之城"的巴塞罗那，处处都能见到高迪的痕迹，其中最具代表性的地方就是位于兰布拉大街的奎尔住宅，将建筑升华为艺术的米拉之家，展现未来住宅典范的奎尔公园，还有尚未竣工的圣家族大教堂。

1. 被誉为巴塞罗那发源地的哥特地区的精致小街与建筑物。　　2. 高迪建筑物的代表作之一——米拉之家。

　　虽然没有圣家族大教堂大,但提到高迪的代表作,我更偏向位于黄金广场的米拉之家。从侧面望去就像汹涌澎湃的波涛,从正面凝视仿佛精心雕刻的岩壁,这座公宅经过了4年时间的建造终于展现出了无穷的魅力。与传统建筑理论背道而驰的米拉之家还未面世,就成为人们的笑柄。乍一看像使用了混凝土水泥,但仔细观察才知道这是一座由岩石直接雕刻而成的建筑物,黏土一般扭曲的柔滑曲线与动感强烈的旋律之间的幻想造化,让人惊叹不已。

　　与兰布拉大街相连的兰布拉斯大街上坐落着与周边建筑物格格不入的奎尔住宅。奎尔对参加法国万隆博览会的高迪的雕塑作品产生了浓厚的兴趣,并将自己的住宅委托给高迪来设计。这座建筑物坐落在狭窄的小巷里,它彻底放弃了直线与四边形,利用有趣的装饰、雕塑、曲线和抛物线等建造而成。从建筑物入口到房檐上突出的烟囱都展现出了优美的曲线,住宅的中央居室天花板可以发出光线,照亮周边的环境,这种独特的结构让人心动不已。

　　自从在英国见识过了田园风格的都市,奎尔就深深陷入到让城市与田园共存的设想之中。回到巴塞罗那的奎尔请高迪帮忙,为自己打造一座与大自然相融合的单独住宅。高迪在修建新道路的时候,为了减少对自然环境的破坏完全放弃了直线,根据等高线原理设计而成。在巨大的洼地上并没有填土,而是架设了小桥,维持了原有的地形风貌。

1. 用雕塑与曲线装饰的米拉之家的屋顶。　　2. 在兰布拉大街喝茶休息的旅客们。

　　奎尔公园的典型建筑物为柱廊。由 86 根圆柱撑托的柱廊原本是个市集。在高迪眼中，市集并不单纯是人们做生意的场所，也是人与人交流的空间，所以设计成方便供人使用的形式。原本计划从 1900 年开始到 1914 年竣工的奎尔公园最终因预算不足，导致工程中断，其后作为遗产留给了奎尔的儿子。奎尔的儿子于 1918 年将公园捐赠给了巴塞罗那政府，让所有人都有机会欣赏伟大建筑家的杰作。

　　作为城市的形象工程，圣家族大教堂于 1883 年 11 月 3 日开始建造，直到 1926 年高迪去世都没能竣工。时至今日，这项工程依然在进行，据称将来的 100 年内也会一直持续下去。圣家族大教堂是高迪投入精力最多的作品，当时高迪为了这件作品在此停留了 16 年之久。每天在工人们收工回家之后，他还会独自留下进行雕刻。吃住都在工地解决的高迪，曾经穿着工作服走在大街上，被人当成乞丐，还丢给他硬币。而他却将这些硬币收集起来投入到了建设费用中，这个故事在西班牙广为流传。

　　以 8 座巨塔为中心的圣家族大教堂，装饰着诞生之门上的耶稣诞生雕塑、山上宝训、拿撒勒的圣宅、诺亚方舟、契约之柜等作品。这里的纪念馆中安置着高迪的遗骸，仿佛他的灵魂时时刻刻都在监督工程是否在顺利进行。

1. 用华丽的图案装饰成的文森特之家。　2. 利用自然原生态形象的奎尔公园道路。　3. 在位于港口地区的哥伦布铜像展望台俯视巴塞罗那全景。　4. 从圣家族大教堂瞭望塔上俯视教堂与周边风景。

CRUISETRAVEL3

Northern Europe
Cruise

有两条线路可以让旅客们一览多彩的文明：一条是从阿姆斯特丹出发途经圣彼得堡，之后重新返回阿姆斯特丹的路线；另一条则是从伦敦出发前往圣彼得堡的路线。被称为世界最大的运河城市的阿姆斯特丹、"童话王国"——哥本哈根、"北欧海盗的故乡"——奥斯陆、代表欧洲文化环境的斯德哥尔摩、充满设计与西贝柳斯旋律的赫尔辛基、"俄罗斯的窗口"——圣彼得堡以及中世纪城市塔林，每当走下游船时都能体会到各种独特的文化和浓郁的城市风情，这就是北欧巡游最大的特征。另外，还可以在游船的甲板上或客房的阳台体验白夜现象，会给人们留下难以忘怀的印象。

旅行路线与日程

世纪名人号游轮 13 天 12 夜游

1day	荷兰阿姆斯特丹起航
2day	全天海上航行
3day	挪威奥斯陆
4day	全天海上航行
5day	瑞典斯德哥尔摩
6day	芬兰赫尔辛基
7~8day	俄罗斯圣彼得堡
9day	爱沙尼亚塔林
10day	全天海上航行
11day	丹麦哥本哈根
12day	全天海上航行
13day	荷兰阿姆斯特丹登陆

歌诗达游轮 13 天 12 夜游

1	day	荷兰阿姆斯特丹起航
2	day	全天海上航行
3	day	挪威奥斯陆
4	day	丹麦哥本哈根
5	day	全天海上航行
6	day	瑞典斯哥德尔摩
7	day	芬兰赫尔辛基
8	day	俄罗斯圣彼得堡
9	day	俄罗斯圣彼得堡
10	day	爱沙尼亚塔林
11	day	丹麦博恩霍姆岛
12	day	全天海上航行
13	day	荷兰阿姆斯特丹登陆

歌诗达游轮 13 天 12 夜游

1	day	英国多佛港起航
2	day	全天海上航行
3	day	丹麦哥本哈根
4	day	德国瓦尔纳明德
5	day	全天海上航行
6	day	芬兰赫尔辛基
7	day	俄罗斯圣彼得堡
8	day	俄罗斯圣彼得堡停留
9	day	到达爱沙尼亚塔林之后返回俄罗斯圣彼得堡
10	day	全天海上航行
11	day	全天海上航行
12	day	到达荷兰阿姆斯特丹
13	day	英国多佛港登陆

世纪名人号（Celebrity Century）游轮的特征

1. 在出发之前，游船方面没有安排游览阿姆斯特丹城市的自费观光项目。

2. 世纪名人号为高级大型游船，游客要向各个部门的乘务员支付一定金额的小费。小费可以用信用卡或现金支付，但最好还是用现金支付。

3. 客房、酒吧、快餐馆、餐厅、室外游泳池提供的酒水和碳酸饮料都需要另外收费。

4. 参加船长主持的欢迎或欢送晚宴时，须穿着指定服装，出席每天主餐厅的晚宴时同样如此。

5. 虽然在自助餐馆和简单的小快餐店里可以坐在自由的位置上享受美食和快餐，但在主餐厅需要坐在指定的坐席中。不过如果有个人要求的话，也可以调整坐席。

6. 所有级别的旅客都会享受同等待遇的服务。

7. 按摩、水疗、皮肤护理等部分服务都是有偿使用项目。

1day

FOLIO: 43026569
STATEROOM: 6350

KT #: 0000010

NSB1

KT #: 0000010

荷兰阿姆斯特丹起航

17:00 从荷兰港口起航 ••••▶

　　航行在北欧与斯堪的纳维亚地区的游轮，出发港口以及最终停靠港因每家游轮公司的差异而不同。超豪华游轮银海号与水晶号会从伦敦的塔桥出发，而大型游船一般会从阿姆斯特丹、多佛港这种能够停靠大型船舶的港口出发（以阿姆斯特丹为核心）。

1day

作为世界贸易港口及艺术巨匠们的故乡，阿姆斯特丹有很多充满魅力的景点。最具代表性的就是陈列着凡·高、伦勃朗作品的美术馆和代表着城市自由形象的众多酒馆。如果是搭乘从阿姆斯特丹往返的世纪名人号，旅客们一定要在登船之前或结束后仔细地游览整座城市。世界级的美术馆、浪漫的风车农庄、世界上最大的花卉市场等等，阿姆斯特丹有趣的地方众多，所以要多留些时间来观光。

▶▶ 从机场或住处前往港口

游轮出发的港口位于中央车站东北 1 公里处，交通上来讲非常方便。从中央车站到港口的徒步距离为 10 分钟，如果在城区宾馆打车的话只需要 5~10 分钟。搭乘火车的话需要 15~30 分钟。

▶▶ 从办理手续到登船

行李托运 游客可以将事先发放的行李单直接贴在行李上，然后交给陆地工作人员。如果之前未能拿到行李单，则要出示预约确认书，工作人员会负责处理行李托运事项（正式办理手续时间为 13:00-16:00，一般上午 11:00 开始就能办理手续了）。

登船手续 游客在办理完行李托运手续之后要办理登船手续。在办理手续时需要护照、预约确认书、信用卡，拿到海上通行证（ID 卡）就算手续办理完成。如果没有特殊的变动，就可以在提前预约好的客房内休息。

通过安检与出入境管理局 在完成登船手续之后，游客要接受简单的安保检查才能登上游船。北欧巡游中除了特殊的情况之外，不会设有出入境管理所。

从办手续到登上游船 游客可以在登记处稍事休息，或者选择直接登上游轮。登记处与游船之间会设有乘船纪念拍照点，可以在游船的照片展厅中拿到照片。每一艘游轮的价格都不同，但一般来说平均为 10~20 美元。

前往客房 搭乘游船之后可以在船内游览一番，或者直接前往客房休息。

▶▶ 安全指导

参加游轮旅行的所有旅客必须先接受安全指导。以世纪名人号为例，一般会在 16:15-16:35 这段时间进行 20 分钟指导，旅客必须穿戴客房中配备的救生衣参加活动。安全指导的大体顺序为确认紧急时刻集合的场所、确认紧急出口位置、熟悉救生衣的使用方法、学会如何求救等。

▶▶ 主要日程与活动

如果搭乘世纪名人号的话，游客可以参考放置在游船入口处或配送到各个客房的介绍手册——《精致游轮日报》——来安排日程。就算是同一艘游轮，所安排的活动也会随着集合情况、出发地、当地情况等有所变动。所以就算是事先掌握一定信息的旅客也要仔细查阅活动和日程安排，再规划自己的行程。世纪名人号上会进行很多活动，第一次搭乘的旅客们难免会觉得摸不清头脑，最好的方法是标记自己感兴趣的活动，再一一体验。

14:00-15:00 世纪名人号船内观光。在乘务员的引导下大概需要 1 个小时的时间参观游船上的主要设施，每位旅客都可以自由参加。

15:00-16:00 游船会以旅客为对象，提供各式各样的信息，介绍下一个目的地的相关事宜。

16:15-16:35 安全指导。只要是搭乘游船的旅客就必须参加安全指导，以便应对突发事件。

17:00-18:00 在安全指导结束之后，游客可以直接登上甲板，在离港的游船上欣赏阿姆斯特丹的全景。

21:45-23:30 世纪名人号上会上映各种有趣的电影，可以在指定的时间内前去观赏。

22:00-00:00 如果对跳舞有兴趣的话，也可以参加舞蹈派对，肯定会给你留下难忘的回忆。

用餐

12:00-16:00 午餐 ▶▶ 所有旅客都可以在自助餐厅或快餐店享用午餐，但主餐厅不对外开放。

18:15-20:00 或 20:30-23:00 晚餐 ▶▶ 旅客们可以在 4 处餐厅和咖啡厅享用午餐，包括主餐厅和自助餐厅。使用的时间段略有差异，因此要事先确认时间。在主餐厅将会为主餐和副餐（A、B 组）分别提供服务，配送到客房中的介绍手册中会有关于时间段和指定餐桌的信息。因此要在指定的时间段前去用餐，服装规定为 Casual，即穿着自己感到舒服的服装就可以。

▶▶ 旅行信息

第一天不会有自费观光项目，所以可以自由自在地游览自己感兴趣的地方。游览整个阿姆斯特丹至少需要 2~3 天。

自费观光 ▶▶ 世纪名人号第一天没有自费观光项目。

自由观光 ▶▶ 想要游览阿姆斯特丹的话，就要在搭乘游船的前两天到达当地，也可以在游轮旅行结束之后从容地游览当地美景。

▶▶ 旅行名胜

水坝广场　与王宫、新教会、百货商场等主要名胜相邻的阿姆斯特丹观光中心地带，能够欣赏各式各样的演出与景点。

安妮之家　这里是见证了第二次世界大战时纳粹德国罪行的地方。

棕色咖啡厅　在阿姆斯特丹的任何一个角落都能看到的小酒馆，游客可以边品尝美酒边与世界各国的旅客们交谈。

国立美术馆　在这里人们可以看到伦勃朗、维梅尔、弗兰斯·哈尔斯、斯蒂恩等世界巨匠们的原作。

凡·高美术馆　陈列着凡·高代表作《向日葵》《麦田》《麦田上的乌鸦》、巴黎时期自画像等众多作品和文物的地方。

阿斯米尔花卉市场　位于阿姆斯特丹史基浦机场附近，是最大规模的花卉市场，从破晓到清晨都可以看到人们忙碌于花卉交易的景象。

风车村　在位于阿姆斯特丹郊区的风车村，游客们可以欣赏到有五百多年历史的风车与附近的田园风光。

憧憬永恒自由的都市
阿姆斯特丹

从城市里流淌着的阿姆斯托河中延伸出的四十多条大大小小的运河，连接着各个岛屿的1300座桥梁，坐落在运河之间。让人联想起童话中场景的砖房、狭窄的小巷与马路上的美丽的花卉、比比皆是的博物馆与美术馆……这儿就是被人们称为"自由之城"的阿姆斯特丹。

那些拖着肥胖身躯、骑着看起来和身材极其不协调的小自行车，穿梭在汽车与人群之间的背影，只是看着就让人充满惊奇。在狭窄的水路中缓缓航行的货船、让人难以区分是居所还是货仓的小船住宅、广场与车水马龙的大街小巷、充满暧昧情调的"红灯区"……这些都为阿姆斯特丹增添了别具一格的魅力。

1. 象征阿姆斯特丹自由奔放的场所之一——水坝广场。　2. 历史与现代形象共存的阿姆斯特丹大街。　3. 在大街上展现各种行为艺术的街头艺人与青少年交谈着。　4. 在水坝广场进行的反对核武器实验与战争的示威游行。　5. 与街头艺术家手拉手交谈的市民。

　　阿姆斯特丹之所以能够连续八百多年保持国际城市的繁荣，其秘诀究竟是什么呢？面对这个问题，人们十有八九会提到黑暗与华丽、古典与精致、乏味与悠闲、规则排列与自由奔放等等。但是，只要你站在水坝广场，就能知道答案：阿姆斯特丹是一个充满自由和多样的地方。每天因大大小小的话题而聚集在一起的人们，以市民和旅客为对象演奏音乐的街头乐师，穿戴着可笑的服装、用滑稽的肢体语言吸引人们眼球的小丑，在地上摆着旧物贩卖的商人……你很难在其他城市找到这种自由的感觉。

　　每个人都能用自己独特的肢体语言或声音主张自己的权利，表现出艺术的行为，看着他们就能知道这个地方为什么会被叫作"自由之城"。在那些反对核武器实验与战争的示威游行队伍中，根本没有整齐的秩序或规则的口号。游行者们最多也就是三五成群地打出自己内心所要表达的标语，操着沙哑的嗓音喊着口号。街头的乐师为了不妨碍其他乐师和艺术家们，用尽可能小的声音演奏乐器，行为艺术家同样会在扭动自己躯体的同时关心其他街头艺人。

　　如果说水坝广场大街是街头艺术家的聚集地，那么四方连接的狭窄小巷则能够让人亲身

1. 阿姆斯特丹的"红灯区"。　2. 阿姆斯特丹大街本身就是巨大的博物馆，因为人们在任何角落都能看到漂亮风景和独特的艺术作品。

体验阿姆斯特丹是一座何等自由的城市。从沿着马路一字排开陈列各种商品的店铺，到让人流连忘返的特色博物馆，能接触到的新奇物品不计其数，其中装饰墙壁的大小壁画最能深深吸引旅客们的视线。装饰小巷与马路的每一张壁画都独具韵味，即使是画在同一个小巷里的壁画，给人的感觉也会完全不同。有的墙上画着色彩绚丽的美丽风景画，而有些则交织着黑暗与沉静的堕落色彩。

在交杂着沉重与清新风格涂鸦的小巷中漫步，你自然而然就会感觉到阿姆斯特丹是一座非常多元化的城市。虽然有些壁画表现出了非常激情的内容，让人多少有些尴尬，但在这些作品面前，你不难发现：这里的自由没有极限。

阿姆斯特丹的自由，可不仅仅体现在小巷里和广场上。坐落在城市各个角落的一千五百多家咖啡厅和酒馆、餐厅，还有销售各种小商品的商店，以及私人画廊和国立美术馆……每一个地方都能让人亲身体会到何为自由奔放。

阿姆斯特丹与爱尔兰首都都柏林共同被称为"世界上拥有最多咖啡厅与酒馆的城市"。

1. 以独特又华丽的色彩装饰而成的阿姆斯特丹大街。

2. 自由奔放的阿姆斯特丹小巷。

3. 阿姆斯特丹名胜——棕色咖啡厅。

在城市中央商店购物的市民们。

根据官方的统计资料，阿姆斯特丹市内对外营业的咖啡厅多达 500 家，酒馆也超过 1000 家，说这里是"咖啡与酒的天堂"一点儿都不夸张。

无论是在有名的广场和大街上，还是在无名的小巷中，但凡能看到的咖啡厅和酒馆，当地居民们统称其为"棕色咖啡厅"。至于为什么会将咖啡厅和酒馆统称为棕色咖啡厅，谁都不知道确切的理由。有些说法称，长久以来客人们抽的雪茄与昏暗的灯光让屋内充满了灰棕的色调，所以才有这个名字；还有些说法是，这种棕色是由沧桑的岁月自然形成的。

当地居民在烟气弥漫的棕色咖啡厅里，喝着浓浓的阿姆斯托洛啤酒或鸡尾酒打发时间。棕色咖啡厅自 16 世纪后半期至今，一直扮演着阿姆斯特丹的重要角色。这些咖啡厅之所以会连续数百年被称为名胜，最大的原因在于它拥有极致的自由。在棕色咖啡厅里没有刻板的规矩，谁都可以坐在想坐的位置，酒水和饮料也可以拿到室外随便找个地方品尝。另外，在每间棕色咖啡厅所坐落的小巷中，都有其他城市根本无法找到的奇特风景。小巷里的"红灯区"和展示着各种性文化的博物馆，将自由城市阿姆斯特丹的特点表现到了极致。

阿姆斯特丹郊外鲜花盛开的田园风光。

　　如果在棕色咖啡厅和广场体验够了自由奔放,就可以前往国立美术馆或凡·高美术馆、市立美术馆、伦勃朗之家、私人美术馆和画廊看看,这些地方足以让人们陶醉在浓郁的艺术气息之中。国立美术馆中陈列着维梅尔、鲁本斯等举世闻名的巨匠们的作品。在凡·高美术馆和伦勃朗之家中还有很多人们耳熟能详的作品,就算没有丰富的美术知识,也能好好欣赏一番。

　　国立美术馆周边或高级购物街周边也有很多收藏着优秀作品的画廊。

　　坐落在小巷与马路边上的私人画廊和小型美术馆,虽然规模和作品数量都略逊一筹,但每件作品的质量可并不逊色。正是因为身处阿姆斯特丹的任何地方都能接触到艺术品,这整座城市才会被称为"巨型美术馆"。

　　此外,阿姆斯特丹最大规模的花卉市场、买卖各种特色产品的跳蚤市场等等都能让到访的游客尽享其中的乐趣。

2day

全天海上航行

　　全天海上航行的时候，当天一般会有丰富多彩的活动举行。因停靠港观光而感到疲惫的旅客可以美美地睡个懒觉，然后悠闲地走上甲板散散步，呼吸新鲜空气。用完午餐之后可以参加宾果游戏、艺术品拍卖、红酒竞拍等活动。之后穿戴华丽的礼服与正装出席船长主持的晚宴（欢迎晚餐）。在享用完晚餐之后可以观赏世纪名人号的特色百老汇表演。如果还未尽兴的话，还可以去皇家赌场或卡拉OK转转。如此度过一天，海上航行就会显得十分充实。

2day

▶▶ **主要日程与活动**

11:00-12:00　参加篮球场上举行的投篮游戏或参加红酒竞拍。

11:30-12:30　为新婚旅客们准备的派对。

13:30-14:30　参观艺术品竞拍。

14:00-17:00　读书或休息，也可以前往水疗中心享受按摩或皮肤护理服务，度过下午的时光。

15:45-16:30　在室外游泳池舞台欣赏美妙的乐器演奏与歌唱演出。

17:00-17:30　参加城市与旅行的说明会。

20:45-22:15, 23:00-00:30　观赏百老汇演出。

用餐

08:00-09:00 早餐 ▶▶ 可以使用主餐厅或自助餐厅。

12:30-14:00 午餐 ▶▶ 全天海上航行中可以在室外享受惬意的午餐。

18:15-20:00 或 20:30-22:15 晚餐 ▶▶（晚宴）船长主持的欢迎晚宴，可以让旅客们享受游轮旅行所特有的豪华晚餐。服装要求为 Formal，男性应该穿正装打领带，女性则要穿着正装（民族服装也可以）。

3day

FOLIO: 43026569
STATEROOM: 6350

KT #: 0000010
KT #: 0000010

NSB1

NV

挪威奥斯陆

🕖 **07:00** 奥斯陆港口入港 ▸▸▸   🕑 **14:00** 奥斯陆港口离港 ▸▸▸

　　每家游轮公司在停靠港停留的具体时间都不一样，但整体上不会有太大偏差。所以停靠在"短时间"港口时，制定适合自己的行程安排十分重要。

3day

▶▶ 主要日程与活动

06:50-07:00 准备下船。

07:00-13:30 参加自费观光项目的旅客们要在指定的场所集合，按照导游的指示游览目的地；如果是自由旅行者，就可以随心所欲地到处观光。

13:30-13:50 搭乘游船。

16:00-17:30 参加宾果游戏或在皇家赌场碰碰运气。

21:00-22:20，23:00-01:20 观赏电影。

22:00-00:00 在夜总会跳舞或在酒吧欣赏音乐，度过美好的晚间时光。

用餐

06:00-06:40 早餐 ▶▶ 因在停靠港滞留的时间短，所以需在自助餐厅解决早餐。

12:30-13:00 或 14:00-16:00 午餐 ▶▶ 留在游船上的旅客可以在自己喜欢的时间段享用午餐；如果参加了停靠港观光的旅客，比起短时间内仓促地在当地用餐，不如登上游船再从容地享用美食。

18:15-20:00 或 20:30-22:15 晚餐 ▶▶ 想在主餐厅享用晚餐的话，请按照服装要求 Informal 穿戴，除牛仔裤与短裤之外的方便服装就可以。

▶▶ 旅行信息

　　游船在被称为"北欧海盗的故乡"的奥斯陆停靠的时间很短，所以提前制定详细的计划非常重要。如果之前有过游览奥斯陆的经历，就可以选择两三个主要景点慢慢游览；如果是第一次到访的旅客，则推荐参加短时间内可以看到多个景点的自费观光项目。

观光

自费观光 ▶▶ Oslo Highlights （奥斯陆名胜）游览奥斯陆城内主要名胜的路线，可以在短时间内游览多个景点（成人 46 美元，儿童 26 美元／需要 3 个小时）。

Viking Heritage （维京遗址）跟着专业导游参观北欧海盗博物馆与历史著名遗迹的路线，适合那些对历史与文化有浓厚兴趣的旅客（成人 59 美元，儿童 36 美元／需要 5 个小时）。

自由游览 ▶▶ 因滞留时间短，需要抓紧时间前往目的地。

07:20-08:00 搭乘出租车，前往维格兰雕塑公园。

08:00-10:00 参观维格兰雕塑公园。

10:00-10:30 从维格兰雕塑公园出发，搭乘出租车前往卡尔大街。

10:30-12:30 在参观完卡尔大街和王宫之后简单用餐。值得一提的是，奥斯陆的鳕鱼料理非常有名。

12:30-13:30 参观市政大厅与港口地区之后登上游船。

14:00 从奥斯陆离港。

▶▶ 旅行名胜

　　卡尔约翰斯卡德大街 奥斯陆市政大厅、国会议事堂、国立剧场、奥斯陆大学、王宫、优雅的小咖啡厅、别具一格的特产专卖店等主要名胜汇聚的奥斯陆最佳景点。

　　王宫 可以边散步边欣赏王宫卫兵们的交接仪式。

　　阿克斯胡斯城堡 1299 年建造的古城，奥斯陆城中历史最悠久的建筑物。城堡本身固然充满魅力，但从城堡上方俯视的港口和市政大厅也同样壮观。

　　维格兰雕塑公园(维格兰公园) 维格兰的作品所在的公园，有世界上最大规模的雕塑群。长达 850 米的公园中陈列着大大小小总共 193 座雕塑作品。

　　奥斯陆市政大厅 举办诺贝尔和平奖颁奖典礼与晚宴的地方，可以在市政大厅的内部与外部欣赏美丽的图画与雕塑。

　　挪威民俗博物馆 可以参观挪威传统文化的地方。

北欧海盗之地
奥斯陆

　　曾使整个欧洲陷入恐慌的北欧海盗的摇篮——奥斯陆,坐落在挪威中心,并享有千年历史名城的美誉。11世纪中期北欧海盗史上最后的海盗王——哈拉尔德建造了奥斯陆城,13世纪之后,这座城市渐渐演变成为挪威政治、经济、文化的中心。

　　奥斯陆城是斯堪的纳维亚半岛上面积最大的城市,具有悠久的历史和众多知名景观。让人们充分体验到历史厚重感的王宫、象征"世界和平"的市政大厅、世界最大规模的维格兰雕塑公园等,这么多让人津津乐道的景点,足以让旅客们玩得尽兴。

　　站在位于奥斯陆卡尔约翰斯卡德大街上的国立剧场前,你就会看到代表挪威的奥斯陆大学和让人联想到"双塔"的市政大厅,还有坐落在远方的王宫,这片象征着整座城市的建筑物映入眼帘,让人兴奋不已。

1. 位于卡尔约翰斯卡德大街尽头的王宫和王宫守卫。　　2. 在奥斯陆露天咖啡厅喝茶聊天的人们。

　　奥斯陆众多知名景点中，最突出的当属市政大厅。经过二十余年完成的奥斯陆市政大厅，其精致程度让人赞叹不已，很难让人相信这是一座半个世纪前建造的大楼。无论是作为在挪威诞生的伟大画家爱德华·蒙克作品的保存地，还是作为举行诺贝尔和平奖颁奖典礼与晚宴的场所，市政大厅每时每刻都在向世人展现它令人赞叹的杰出与伟大。

　　诺贝尔诸多奖项的颁奖典礼基本都在瑞典的斯德哥尔摩音乐厅举行，唯独和平奖是在这里举行的，其原因还要追溯到诺贝尔的遗言。

　　诺贝尔生前，挪威与瑞典军队无休止地发生冲突，两国的国民也相互仇视。从小就目睹这一切的诺贝尔希望两国之间能够得到永远的和平。因此，他在遗言中表示希望将和平奖颁奖地点搬到挪威。遵照他的遗愿，到目前为止，获奖者一直是由奥斯陆的诺贝尔和平奖委员会来选定，并且在奥斯陆的市政大厅举行颁奖典礼。奥斯陆市政大厅一年四季都对外开放，虽然不同季节的开放时间略有差异，但能确保任何人都可以自由地参观。如果有导游解说的话，旅客们就可以更深入了解市政大厅每个充满艺术气息的角落。

1. 在卡尔约翰斯卡德大街散步的市民们。

2. 奥斯陆港口。

3. 在紧挨卡尔约翰斯卡德大街的国会议事堂广场上卖花的商人。

4. 奥斯陆的象征——举办诺贝尔和平奖颁奖典礼的市政大厅。

1. 世界最大雕塑之一——维格兰的《群像》。　　2. 挪威的代表作家——易卜生的铜像坐落在国立剧场前。

在奥斯陆的山丘上坐落着王宫,这栋威严的宫殿见证着挪威的兴衰。王宫最初建造于1848 年,当时的挪威正在瑞典的统治之下,所以王宫入口处有瑞典国王卡尔·约翰的铜像,非常具有讽刺意义。除了现任国王一家居住的地方之外,王宫的其他空间都是对外开放的。在王宫的各种活动之中,卫兵的交接仪式绝对不可错过,虽然排场没有多华丽,但严肃而富有节度的交接仪式能够让人明白,曾经统治过欧洲与北美的北欧海盗并非浪得虚名。

位于奥斯陆城外的维格兰雕塑公园是非常适合边散步边思考的地方,而且在那里人们还能够欣赏到美丽的雕刻艺术品。占地面积数平方公里的公园有宽敞的散步和休息空间,其中有个地方旅客们一定要先睹为快,那就是收藏有维格兰大师作品的雕塑公园。193 座雕像展现着非凡的魅力,其中最耀眼的就是名为《群像》的作品。《群像》是一部表达人类生老病死过程的作品,比画在纸上的画作更精细,从远处看去,会给人以假乱真的错觉。该作品总共刻有 121 名男女老少,高达 17 米,由重达 260 吨的石块组成,如此壮观的雕塑可谓举世无双。

王宫周边的公园，对外自由开放，任何人都可以在这里享受休息和闲暇空间。

　　为了建造雕塑公园，投入了半辈子精力的维格兰在公园建成当天，拒绝了所有人对其作品加注说明的建议。他希望旅客们在欣赏完作品后可以自己慢慢整理思绪。在公园的入口处有一间奥斯陆政府为维格兰提供的工作室。维格兰在这间工作室度过了他辉煌的一生，现在用作维格兰美术馆，每天都会有成百上千的访客来此品味他的人生与作品。

　　每当红叶飘落的季节来临，我首先会想到的人就是易卜生。

　　易卜生和比昂逊铜像坐落在奥斯陆国立剧场，游客们在那里能够欣赏多种多样的演出。其中最让人印象深刻的就是易卜生和挪威本土伟大音乐家格里格的作品，世界各地的旅客们都为了欣赏他们的巨作慕名而来，所以，即使时间再紧，也要到这里看一看。

4day

FOLIO: 43026569
STATEROOM: 6350

KT #: 0000010

KT #: 0000010

NSB1

NV

全天海上航行

　　北欧与俄罗斯路线中的全天海上航行时间，要比地中海与阿拉斯加路线多。全天海上航行日会有 70~80 项活动上演，最好事先参考《精致游轮日报》介绍手册或客房中的电视节目，以便确认想要参加的活动。

4day

▶▶ **主要日程与活动**

　　09:00-10:00　在用完早餐之后,可以参观船长室,或与船长交谈。船长室会在整个旅程中开放 2-3 次,所以访问前要先确认日程表。

　　10:00-12:00　可以在酒吧或图书馆休息,或去船上的商店购物。

　　13:30-16:30　参加艺术品竞拍活动或接受高尔夫球培训课程。届时会有专业的高尔夫球讲师亲自示范,为旅客指导,不过高尔夫球课程需要另行收费。

　　14:00-16:30　游泳之后再去温泉放松一下,或者参加篮球、乒乓球等体育活动。另外也可以在网络中心查看电子邮件或上网浏览新闻。电子邮件可以免费查询,但其他互联网的流量需要收费。

　　15:45-18:00　观赏电影或稍事休息。

　　20:45-22:00,22:45-00:00　观看演出(拉斯维加斯表演和类似的演出)。儿童禁止进入,并且不允许拍照和摄像。

　　00:30-02:00　如果对音乐和跳舞有兴趣的话,可以到夜总会转转。

　　午夜 2 时游轮会通过时间变更线,所以要将手表调快 1 个小时。

用餐

06:00-09:00 早餐 ▶▶ 可以在主餐厅或自助餐厅安逸地享用早餐。

12:30-14:00 午餐 ▶▶ 全天海上航行中可以更悠闲地享受午餐。有主餐厅、自助餐厅、烧烤吧等餐厅可以自行选择。

18:15-20:00 或 20:30-22:15 晚餐 ▶▶ 服装要求为 Informal,男性要穿夹克或半正装,女性穿舒适的裙装就可以。

5day

FOLIO: 43026569
STATEROOM: 6350

KT #: 0000001O

NSB1

KT #: 0000001O

NV

瑞典斯德哥尔摩

⏱ **10:00** 斯德哥尔摩港口入港 ▸▸▸   ⏱ **17:00** 斯德哥尔摩港口离港 ▸▸▸

　　斯德哥尔摩是北欧文化之都的代表。德罗特宁霍尔姆宫、森林墓园、比尔卡与霍夫加登这三处人类文化遗产都聚集在此座城市中。斯德哥尔摩无法在短时间内游遍，所以在游船停靠之前要做好计划，再选择喜欢的景点集中游览。

5day

▶▶ 主要日程与活动

10:00-16:30　自费观光项目与自由游览。

16:30-16:45　登上游船。

22:00-23:00　参加世纪名人号上最大的宾果游戏。

22:15-00:30　观赏电影。

用餐

07:30-08:30 **早餐** ▶▶ 在能够欣赏周边风景的自助餐厅享用早餐。

12:00-13:00 **午餐** ▶▶ 留在游船上的旅客可以到喜欢的餐厅享用午餐；参加自费观光项目或自由游览的旅客最好前往当地古风犹存的旧城区餐厅，品尝北欧海盗自助餐，其原型就是瑞典自助餐。

18:15-20:00 或 20:30-22:15 **晚餐** ▶▶ 穿戴舒适方便的衣服在自助餐厅享用午餐，之后走上甲板欣赏美丽的北欧日落。

▶▶ 旅行信息

　　代表北部欧洲的文化城市斯德哥尔摩，根本不可能在一天内游遍，所以参加自费观光项目更有效率。如果想结合自费观光项目与自由游览的话，则可以先参加自费观光项目，再利用下午的时间自行游览其他地点。

观光

自费观光 ▶▶ Old Town & City Hall **推荐**（旧城区＆市政大厅）游览斯德哥尔摩的旧城区周边和市政大厅的路线，适合餐馆城市中心地带（成人 52 美元，儿童 26 美元／需要 3 个小时）。

推荐 Old Town & Royal Palace（旧城区＆王宫）游览精致小商店汇聚的旧城区与周边地区，之后游览古王宫的路线，享有最高的人气（成人 52 美元，儿童 26 美元／需要 3 个小时）。

推荐 A Day in Walking Tour（徒步旅游）以旧城区为中心游览古王宫、市政大厅，以及主要名胜景点的路线（成人 99 美元，儿童 79 美元／需要 6 个小时 30 分钟）。

自由观光 ▶▶ 10:00 斯德哥尔摩入港。

10:00-10:30 搭乘班车从港口出发，前往城市中心地带。

10:30-13:00 参观旧城区与古王宫、市政大厅。

13:00-14:00 在旧城区享用午餐。

14:00-16:00 前往世界上历史最悠久的室外博物馆——斯坎森博物馆或城市中心地带参观画廊、市场和广场。

16:00-16:30 从城中心出发搭乘班车前往港口，登上游轮。

17:00 从斯德哥尔摩港口离港。

▶▶ 旅行名胜

旧城区 斯德哥尔摩的名胜景点；北欧海盗、中世纪建筑、大街、商店等保存良好，被称为"有生命的博物馆"。

干草广场与赛格尔广场 举行诺贝尔奖颁奖典礼的音乐厅，从高级名牌到价格低廉的生活用品，里面各种商店应有尽有。

古王宫 过去王室使用的办公室、生活场所，收藏了无数的藏品。还可以在这里欣赏卫兵交接仪式，每年都会有大量的访客到此游览。

斯坎森露天博物馆 1891年开始对外开放，世界上历史最悠久的室外博物馆，很好地保存着150座代表瑞典各个地区的传统住宅，在这里你能感受到各地的风俗。

德罗特宁霍尔姆宫 被指定为人类文化遗产的宫殿，现在是王室的居所。华丽的壁画与精致的庭院，独特的附属建筑物等都彰显了北欧顶级艺术水准。

森林墓园 世界人类文化遗产，游客能够体验到瑞典世界级的福利设施。

德罗特宁霍尔姆宫内部，华丽的天花板壁画。

北欧最著名的文化城市
斯德哥尔摩

　　北欧海盗最初建立的王国就是位于斯德哥尔摩北部的乌普萨拉,但重视贸易的维京人逐渐开始聚集到了拥有港口的斯德哥尔摩。随着维京人积极开展贸易活动,许多小镇自然而然地在此形成,在13世纪之后,这里逐渐演变成了繁华的港口城市。在维京人的语言中,斯德哥尔摩是"飘在水上的美丽"的意思。整个城市由用桥梁连接的14个岛屿组成,每一座岛屿都有着独特的个性。如果让当地居民推荐一处最具浪漫气息的场所的话,很多人会毫不犹豫地告诉你:旧城区。

　　没人知道被誉为"斯德哥尔摩发源地"的旧城区是从什么时候起开始兴盛的。根据文献记载,大致可以推测到:它的出现是在北欧海盗势力衰退的13世纪左右。

1. 东长街（Osterlanggatan）上的咖啡厅。

2. 在巴斯特朗大街贩卖的童话人物——长袜子皮皮。

3. 来到东长街的旅客们喝茶休息的情景。

　　在旧城区，以瑞典最高建筑物的贵族之家为中心，左右坐落着王宫、国会议事堂、大教堂等。不过想要体会真正的旧城区文化的话，就要去步行街的天堂——东长街（Osterlanggatan）和巴斯特朗大街去看看。

　　巨型画作般的东长街总会让旅客们赞叹不已。在只能让三四个人并行的狭窄小巷中，密密麻麻地遍布着商店和住宅，到处挂着童话人物与维京人图画的标牌，沿着旧墙壁排列的路灯与精致可人的建筑物会让人产生一种乘坐时光机器回到中世纪的错觉。另外，与东长街相邻的巴斯特朗大街能够让人再度领略北欧海盗的历史。这条经过悠久岁月而成的大街上有着很多让旅客驻足的名胜景点，其中最吸引人眼球的就是过去贸易商们用来保管物品的地下仓库。在这里，到处贩卖各种魅力十足的首饰与古董，吸引旅客们情不自禁地掏腰包购买。

1. 充满典雅氛围的旧城区小巷。

2. 在古王宫广场每天演奏一次的军乐队。

　　旧城区的所有道路都通向古王宫，从东长街徒步5分钟就能到达。巴洛克与洛可可风格绝妙融会的古王宫于1754年竣工，直到1982年为止，在长达228年的时间里一直是北欧最大势力瑞典王室所居住的地方。以国王的办公室为中心，坐落着晚宴厅、迎宾馆、藏宝室、王宫博物馆等六百多处展示区，"北欧最大规模"这个殊荣还真是值得好好炫耀一番。

　　古王宫的东侧有12位历代国王使用过的王冠，周围还有存放宝剑与宝石的藏宝室。在这些令旅客惊叹不已的珠宝中，最让人感兴趣的就是由七百多颗钻石和翡翠、红宝石装饰而成的王冠。这是1561年为了在埃里克十四世的登基仪式上加冕而专门订制的王冠，是现存于世的王冠中最精致、最华丽的一顶。

　　王宫博物馆与古斯塔夫三世古董博物馆也非常值得一看，馆中光是油画、雕塑和生活用品等就有一千多件，转上一圈就能知道瑞典王室曾经过着何种奢华的生活。

　　旧城区隔壁坐落着市政大厅，俯视着波罗的海上来来往往的船只。由800万块红砖建造而成的市政大厅除了举行特殊活动期间一直对外开放，从这里的高塔上俯视，能看到趋近于梦幻般的景象。市政大厅本身融合了各种建筑风格，旅客们通过游览会切身感受到这个国家共存的多种文化。市政大厅中最让人印象深刻的地方莫过于黄金室，这里由1900万片黄金镶嵌图案装饰，简直让人目不暇接。每到年末，这里就会为诺贝尔奖获奖者们举行晚宴和舞会，到时候全世界的目光都会汇聚于此。

1. 举办诺贝尔奖颁奖典礼的音乐厅。　　2. 沿着巴斯特朗大街走过去就能见到古王宫。

　　雕塑家卡尔米勒斯的作品《俄尔普斯之泉》矗立于干草广场上,是整座城市中最具活力的地方。当晨光普照国立音乐厅时,人们就会在广场周边汇集起来。卖鲜花的小姑娘、出售老旧餐具和生活用品的妇人,在不知不觉间,整个广场就会聚满熙熙攘攘的人群。想要买东西的市民和商人讨价还价的情景、坐在台阶上欣赏这一切的旅客、为了寻找某样东西而四处打量的年轻人……整个广场根本没有多余的空间可以立足其中。

　　谈到文化之都斯德哥尔摩,就不得不提到位于郊区的德罗特宁霍尔姆宫。如果说城市中心的古王宫是一个让人体验历史兴衰的地方,那么现任国王居住的德罗特宁霍尔姆宫就是一个将斯德哥尔摩的美丽表现得淋漓尽致的场所。位于参天的山毛榉林与寂静湖水之间的德罗特宁霍尔姆宫,是联合国教科文组织认定的人类文化遗产之一。在这里,除国王办公场所之外,其他空间都是对外开放的,游客可自行参观。

1. 镀金铜像以及让人印象深刻的瑞典电影工厂——国立电影博物馆。

2. 彰显华丽格调的德罗特宁霍尔姆宫内部景象。

3. 参照北欧海盗船建造的木船，停靠在斯德哥尔摩港口。

德罗特宁霍尔姆宫内的雕塑，该宫殿被认定为人类文化遗产。

　　德罗特宁霍尔姆宫是约翰三世为王后凯瑟琳建造的，继任的国王与王后将其重建成了复合样式的宫殿，受凡尔赛皇宫建筑的影响，庭院的设计融合了巴洛克和英式风格，是皇家住宅的光辉典范。在规模上，室内宫殿比原先小，但其整体完成度和精致度却要比之前更胜一筹。

　　海德维格诺拉王妃曾居住过的豪华卧房、令人眼花缭乱的华丽宫廷剧场，以及北欧很少能见到的中国风红色房间等，都能吸引访客驻足观看。

　　在海德维格诺拉王妃的卧房中，旅客能够看到窗外巴洛克风格的庭院。此外，卧房本身的华丽程度堪称北欧首屈一指，用黄金镀成的天花板与装饰品，将王族生活的奢华完全体现了出来。另外，兼具华丽与精致之美的王宫剧场，从最初完工的1754年开始到现在，在瑞典文学和艺术的发展史上有着举足轻重的作用。位于宫殿西侧的中国风凉亭展示着中国工艺的最高水准，让旅客们惊叹于王室独到的眼光。

6day

芬兰赫尔辛基

09:00 赫尔辛基入港 ····▶   **18:00** 赫尔辛基离港 ····▶

　　赫尔辛基的主要名胜都集中在城市中心与邻近的岛屿上。所以只要安排好日程，一天之内就能转遍所有景点。文化遗产地区芬兰堡、议会广场、亚历山大大街、国会议事堂、岩石教堂、西贝柳斯公园等都是值得一看的地方。赫尔辛基与圣彼得堡之间有1个小时的时差，因此要事先将手表调快1个小时。

6day

▶▶ 主要日程与活动

09:00-17:40 自费观光项目与自由游览。

17:40-17:50 搭乘游船参观。

22:00-23:00 欣赏白夜。在世纪名人号航行的路线中,旅客可以在赫尔辛基与圣彼得堡之间欣赏白夜现象。虽然不同的游轮旅途日程会有所差异,但大体上从 6 月底到 7 月底之间都能看到白夜现象。

22:45-01:00 观看电影。

用餐

07:00-08:00 早餐 ▶▶ 前往能够欣赏周边风景的自助餐厅享用早餐。

12:00-13:00 午餐 ▶▶ 留在游船上的旅客们,可以在指定时间去自己喜欢的餐厅用餐。在停靠港观光的旅客们,如果想要在特别的地方用餐的话,则推荐前往市中心区的冠军宾馆,尝尝当地有名的大马哈鱼与鳕鱼料理。冠军餐厅是曾经为芬兰著名作曲家西贝柳斯提供灵感的地方,同样也是瑞典画家维克托的作品《野营中的派对》中的现实舞台。

18:15-20:00 或 20:30-22:15 晚餐 ▶▶ 服装要求为 Informal。推荐旅客在主餐厅尝尝北欧风味的大马哈鱼和鳕鱼料理。

▶▶ 旅行信息

　　和斯德哥尔摩与圣彼得堡相比,赫尔辛基要小得多,因此只要抓紧时间的话,就能看遍所有名胜。想要游览多个地方的话最好申请参加自费观光项目。先抓紧时间看看芬兰堡之后,下午参观位于城区的遗址则是最理想的路线。

观光

自费观光 ▶▶ Porvoo & Helsinki Highlights with Lunch 推荐 (波尔沃 & 赫尔辛基名胜游,配午餐)

推荐　游览波尔沃与赫尔辛基主要名胜的自费观光项目路线,适合在短时间内游览多个景点(成人 129 美元,儿童 89 美元 / 需要 6 个小时)。

推荐 Helsinki Highlights & History (赫尔辛基名胜 & 历史游)游览位于赫尔辛基中心城区的主要名胜与历史遗迹的路线,是最常见的自费观光项目产品(成人 59 美元,儿童 39 美元 / 需要 4 个小时)。

Suomenlinna Island Fortess (芬兰堡小岛要塞之旅)游览芬兰堡和周边遗迹的路线,适合喜欢画廊、建筑、艺术品的旅客(成人 59 美元,儿童 32 美元 / 需要 3 个小时 30 分钟)。

自费观光 ▶▶ 09:00　下船之后马上搭乘前往芬兰堡的游船。

09:30-12:00　参观芬兰堡。

12:00-12:30　搭乘游船前往赫尔辛基港口。

12:30-13:30　在亚历山大大街餐馆享用午餐。

13:30-17:00　参观位于市中心区的议会广场、西贝柳斯公园等景点。

17:30-17:40　前往港口，登上游船。

18:00　从赫尔辛基离港。

▶▶ 旅行名胜

　　议会广场与大教堂　能够欣赏赫尔辛基著名的景点——议会广场和大教堂。

　　中央车站与周边　能够一览被誉为"实用建筑物"的芬兰建筑。

　　亚历山大大街　各式各样的商店、有趣的景点、咖啡厅、餐馆聚集的地方。

　　岩石教堂　修建于岩石高地内的自然生态型建筑物。

　　西贝柳斯公园　为了纪念芬兰著名音乐家西贝柳斯而建成的公园，湖水和草木相融合的景观非常迷人。

　　芬兰堡　为了抵御俄罗斯和瑞典入侵赫尔辛基而建成的堡垒，被评选为世界人类文化遗产。

　　波尔沃　艺术家与工匠们聚集的地方，让人联想起大型的博物馆。

1. 用石山建造的岩石教堂。　　2. 赫尔辛基郊外公园中为了纪念作曲家西贝柳斯而建造的铜像。

北方洁白之城
赫尔辛基

　　在因西贝柳斯而闻名的赫尔辛基的大街上走着,就能知道为什么人们会把这个地方叫作"北方洁白之城"了。每当阳光明媚的日子,大街和海滩、大大小小的公园中就会聚集着熙熙攘攘的市民。与新古典主义风格的官厅形成对比的尖端建筑物、位于堡垒内部的浪漫木制住宅与小画廊、个性十足的教堂……这些都是赫尔辛基新鲜又有趣的景点。

　　在拥有五百多年历史的赫尔辛基城中,从议会广场、大教堂到总是人潮汹涌的亚历山大大街,还有港口附近的总统宫、市集广场,以及处在石山内部的岩石教堂、西贝柳斯公园,还有被评选为世界人类文化遗产的芬兰堡等景点,都非常值得去看一看。

　　在市中心的议会山上,仁立着赫尔辛基的标志性建筑——芬兰大教堂,它默默凝视着芬

1. 总是人满为患的亚历山大大街。

2. 利用再生资源做成的城区造型物。

3. 彰显精致氛围的亚历山大大街的商场内部。

兰湾。无论是在美观性还是实用性方面，其他教堂都无法与之相提并论。这座教堂是由出生于德国的建筑家卡尔·路德维格·恩格尔设计，历经22年的悠久岁月才建造完成。教堂以中央圆顶为中心，东西南北各有一个小圆顶，台阶与周边的建筑物都能完美地融合在一起。这附近的主要建筑物也基本都是恩格尔设计的。

提到赫尔辛基的建筑，不得不提的就是岩石教堂。这座教堂固开凿山石而建，因此才得名"岩石教堂"，因为它整体在山岩之中，所以很容易被人遗漏。当时为了最大限度地保留周边的环境，建筑师才选择在岩石内部建造教堂，游客从入口开始就能体验到与其他建筑物的不同面貌。

1. 芬兰堡作画的市民们。

2. 单纯而实用的建筑物——国会议事堂。

3. 矗立在亚历山大大街的三铁匠之像。

4. 与市集广场对立而坐的总统府，可以自由参观。

　　走到入口处，就能从岩石缝隙中发现有规律的造型，乍一看会被错当成雕塑家的作品，其实这并不是刻意设计的，而是在施工的时候为了凿洞放置火药而保留的位置。内部也原封不动地保留着天然的岩石风味，虽然没有规则和统一的断面，但旅客们看到的岩石的自然纹理与色彩，比任何人工的痕迹都美丽。

　　以巨大的祭坛为中心而形成的扇形教会，其内部同样为圆顶造型，天花板和墙壁之间用彩色玻璃装饰而成，让人联想起科幻电影中的宇宙飞船。另外，站在教堂中央仰视上方，你就会发现天花板全部是铜制的，其主要目的是为了给平凡的天花板增添回音效果与神秘感，最后的视觉效果堪称一绝。

想领略当地的风土人情，三铁匠之像所在的亚历山大大街与市集广场是再好不过的选择。亚历山大大街是赫尔辛基最繁华的地区。无数店铺云集的市场、炫耀悠久历史的斯托克曼百货商场、装潢华丽的店铺……都让人深深体会到为什么芬兰会被称为"设计的王国"。无论什么时候到访，你都能见到亚历山大大街人山人海的景象，这里的店铺有着平凡的外观和与其截然相反的独特内在。从制造和贩卖首饰与工艺品的小作坊到大型百货商场，它们的最大特征就是没有任何雷同之处，每一家都表现出了独特的个性。

　　走出亚历山大大街，就能看到位于总统府与港口之间的市集广场。这里以销售新鲜水果为主，此外还有海鲜、蔬菜、生活用品等，可以让旅客们体验到赫尔辛基居民的生活。如果你想看市集广场最热闹的一面，就要早晨去，因为人们大多会选择早晨去逛市集。市集广场的东侧有一座总统居住的宫殿。除了门口有1~2名警卫之外，乍一看就是一座非常普通的建筑物。总统府对外开放，可以自由参观。

　　搭乘从市集广场出发的游船，经过30分钟就能到达芬兰堡。这座堡垒是18世纪中期为了抵御俄罗斯和瑞典军队的入侵而建造的。岛屿四周建造了坚固的城墙，平地上架设着火炮，而且利用了岩石、树木与地形的掩饰，乍一看根本不像要塞，只是平凡的岛屿而已。芬兰堡是当地居民们居住和生活的空间，曾经储存火药与火炮的地下仓库现在被改造成了博物馆与画廊等活动场所；地面以上则是居民住宅、学校、咖啡厅、餐馆、小型造船厂等。

　　芬兰堡拥有十多处文化景点。从能够一览堡垒历史的博物馆，到个人运营的小画廊，可谓是应有尽有。多种文化景点中，人气最高的地方就是国际会议馆，每年想要在这里举办活动的企业和政府机构太多，以至于只能通过激烈的竞争才能获得使用权。赫尔辛基除了以上几个景点之外还有很多看点，比如能够感受音乐艺术氛围的西贝柳斯公园，近代建筑标本之一的国会议事堂，芬兰大厦——虽然过去被用作仓库，但现在已改造成专供艺术家们使用的咖啡厅。

7~8day

FOLIO: 43026569
STATEROOM: 6350

KT #: 0000010
KT #: 0000010
NSB1

俄罗斯圣彼得堡

 07:00 圣彼得堡港口入港 ▸▸▸   次日 **18:00** 圣彼得堡港口离港 ▸▸▸

　　圣彼得堡旅行中有几条规定要记得遵守。如果是参加自费观光项目的旅客，可以像在北欧其他国家一样跟随集体活动；但如果是自己去游玩则需要携带签证。

7~8 day

▶▶ **主要日程与活动**

圣彼得堡第一天

06:50-07:00 准备下船。

07:00-21:00 在圣彼得堡进行观光。参加自费观光项目的旅客当中,想要参观城市中心区的旅客需要事先申请签证。

22:45-00:00 观赏各国舞蹈表演。

圣彼得堡第二天

07:30-08:30 前往观光目的地。

08:30-16:30 游览圣彼得堡。

16:40-17:30 搭乘出租车从城区出发前往港口。

17:30-17:40 登上游轮。

18:00-19:00 在甲板上欣赏远去的圣彼得堡港口和城市风光。

19:00-20:00, 21:00 欣赏滑稽剧或白夜风光。

俄罗斯圣彼得堡与爱沙尼亚塔林有 1 个小时的时差,因此要在睡前将手表调慢 1 个小时。

用餐

第一天

06:00-06:50 早餐 ▶▶ 早点起床,请尽快用完早餐,准备下船。

12:00-13:00 午餐 ▶▶ 古根汉美术馆门前广场周边的餐馆中,有俄罗斯传统海产品料理或牛排料理,值得品尝。

18:15-20:00 或 20:30-22:15 晚餐 ▶▶ 如果是独自行动的话,可以在城区尽情享受美好时光再返回游船上的自助餐厅或酒吧、烧烤吧用餐(服装要求为 Casual,便装就可以)。如果时间较晚则可以要求客房服务。

第二天

06:00-06:50 早餐 ▶▶ 请尽快用完早餐。

12:00-13:00 午餐 ▶▶ 前往观光的旅客可以在附近的餐馆享用自己喜欢的美食。如果时间比较充裕,可以前往位于城区的贵族餐厅享用全套美食。

18:15-20:00 或 20:30-22:15 晚餐 ▶▶ 想要欣赏美丽的俄罗斯风光,就可以在自助餐厅享用晚餐。服装要求为 Casual,方便舒适的服装即可。晚餐的主料理为牛排、鸡肉料理、海鲜、意大利面等 4-5 种,每个人可以选择偏好的料理。

▶▶ 旅行信息

　　圣彼得堡相当于斯堪的纳维亚与俄罗斯巡游日程中的高潮部分。虽然所有的停靠港都魅力十足，但像圣彼得堡这样拥有众多使人津津乐道的故事的地方却相对很少。拥有悠久历史与丰富文化遗产的圣彼得堡会让人目不暇接，因此请事先确定好最想去的景点。

观光

自费观光 ▶▶ 如果想自由游览，必须事先申请到签证。不过就算已经拿到了签证，如果是头一次到访，也肯定会遇到不少困难。因此如果同行者不多，最好参加自费观光项目。

City Highlights & Pushkin（城市名胜 & 普希金）游览名胜与博物馆、位于城郊的普希金博物馆、宫殿等地路线，一天之内可以游遍主要名胜（成人 155 美元，儿童 90 美元 / 需要 9 个小时）。Palaces & Their Owners（宫殿 & 宫殿的主人）能够游览夏宫、冬宫等王室的路线（成人 179 美元，儿童 114 美元 / 需要 9 个小时）。

自由观光 ▶▶ 在圣彼得堡，自由参观是不大方便的，如果是有多名同行者，则可以事先向当地的本国旅行社预约，在旅行社的引导下进行观光。从港口前往城区时可以乘坐出租车或公交车：乘坐公交车需要走 2 公里左右；而如果乘坐出租车的话，一定要事先和司机商量好价钱再搭乘。自由旅行的过程中必须要申请并携带相关的签证。

第一天

07:00-08:30 下船，通过出入境管理局前往目的地。

08:30-13:00 参观古根汉美术馆。

13:00-14:00 在古根汉美术馆门前广场享用午餐。

14:00-16:00 通过特洛伊茨基桥前往城市的发源地——扎亚奇岛，参观彼得大帝小屋与阿芙乐尔号巡洋舰等，再沿着涅夫斯基大道游览。

16:00-20:00 参观位于涅夫斯基大道的基督教复活教堂与大街，之后可以在咖啡厅稍事休息。

20:00-20:30 搭乘出租车返回游船。

第二天

07:30-08:30 下船后搭乘出租车前往夏宫。

08:30-12:00 参观夏宫之后前往市内。

12:00-14:00 在用完午餐之后前往圣以撒大教堂，参观展望台与教堂内部。

14:00-16:30 前往米哈伊洛夫广场，参观民族博物馆等景点。

16:30-17:00 搭乘出租车返回港口。

18:00 从圣彼得堡港口离港。

▶▶ 旅行名胜

涅夫斯基大道　从旧海军城连接到亚历山大涅夫斯基修道院，长达 4.5 公里的大街上，汇聚着众多露天咖啡厅、餐馆、高级商店。这些地方经常出现在列夫·托尔斯泰与陀思妥耶夫斯基的小说里。

基督教复活教堂　圣彼得堡的无数宗教建筑物中最优秀的建筑，绝对不容错过。

古根汉美术馆　被誉为巴洛克建筑风格杰作的建筑物，有多达 1050 个房间，120 级台阶和 1100 扇窗户。室内的天花板和墙壁镶嵌着大理石和镀金装饰物，利用高级木材制作而成的地板，还有各种华丽的灯饰，闪耀得让人无法直视。这座现在用作美术馆的建筑曾经是沙皇居住的冬宫。

圣以撒大教堂　与梵蒂冈的圣彼得大教堂同为世界规模较大的教堂，从教堂的展望台上，可以一览圣彼得堡别具一格的风光。

夏宫　位于城郊的巨大宫殿，享有"俄罗斯凡尔赛宫"的美名。但从规模来说，其中的喷泉、庭院、雕塑等等，都超过了凡尔赛宫。

普希金博物馆　位于圣彼得堡城郊的小型博物馆，是由文豪普希金曾经就读的院校改造而成。普希金使用过的教室、宿舍、书桌、生活用品以及他的作品原稿都被很好地保存了下来。

普希金村的叶卡捷琳娜宫　位于普希金博物馆隔壁的宫殿，游客们在这里能够近距离感受到沙皇奢华的生活。

1. 俄罗斯的教堂中规模最大，世界排名第二的圣以撒大教堂。　2. 位于圣彼得堡城郊，普希金村的叶卡捷琳娜宫。

向欧洲敞开的俄罗斯之窗
圣彼得堡

　　圣彼得堡坐落在涅瓦河与芬兰交汇的湿地上,面向世界的它被称为"俄罗斯之窗"。这座城市使俄罗斯走向了真正的大国之路,因而它才得此殊荣。1712 年,被誉为俄罗斯历史上最具艺术气息的圣彼得堡成为首都,直到 1918 年迁都莫斯科为止,圣彼得堡一直担任着俄罗斯的政治、经济中心的角色,而且它还是诞生了许多伟大思想家、文学家、艺术家的文化之都。

　　圣彼得堡的发源地是扎亚奇岛,那里坐落着曾被用作政府大厅的 12 座建筑物,以及圣彼得－圣帕维尔教堂。曾经作为大学使用的扎亚奇岛的名胜,就是历经 21 年建造的圣彼得－圣帕维尔教堂与曾经的海军本部大楼。

　　教堂内,巨大的吊灯、木制雕塑和金箔构成了美妙的画卷。可惜当时下令建造教堂的彼

建在涅夫斯基大道上的基督教复活教堂，比圣彼得堡的任何一座教堂都美丽。

1. 过去作为海军城建筑物使用,是圣彼得堡众多历史悠久的建筑物之一。　　2. 向欧洲敞开的俄罗斯门户——圣彼得堡港口。

得大帝未能看到教堂竣工的那一天,但他的遗体却被埋在了这里,迎接来往的旅客。静静凝视着涅瓦河和芬兰旧海军本部的金色尖塔让人不禁联想起了长矛,美丽的雕塑更是将其装饰效果提升了一个档次。

提到圣彼得堡,脑海中最先浮现出的景象就是蓝天下高耸的宗教建筑物。

其中圣以撒大教堂、基督教复活教堂、斯莫尔尼女子修道院都是不容错过的景点。矗立在十二月党人广场、凝视着涅瓦河的圣以撒大教堂,是圣彼得堡宗教建筑中规模最大的。这座世界排名第二的教堂是由 112 种石块堆砌而成,可以同时容纳 14000 名礼拜者。圣以撒大教堂最独特的地方,就是那座能够一眼望遍整座城市的展望台。登上圣以撒大教堂的展望台,就能看到镀上黄金的巨型雕塑,以及融合了巴洛克风格与古典主义风格的圣彼得堡。另外,建立在亚历山大二世遇难地的基督教复活教堂是采用黄金、大理石、砖块建造而成,外观相当华丽,并且不乏个性。而作为城市象征之一的斯莫尔尼女子修道院是座纯木质建筑,彰显着独特的对称之美。

圣彼得堡的名胜中,最耀眼的当属冬宫。这座有着华丽巴洛克风格的建筑,在 1711 年竣工的时候并不是现在的面貌。在征服欧洲大陆的过程中,受到荷兰文化和建筑风格巨大冲击的彼得大帝选择了完全实用主义。他重点强调了实用性和方便性,而不是华丽性,因此宫殿最初的外形显得多少有些平淡。后来,彼得大帝的女儿伊利莎白对其进行改造。历经 10 年的工期,焕然一新的冬宫如今变成了我们眼前的巴洛克式建筑。这座被誉为巴洛克风格建筑代表作的冬宫,其室内的 1050 个各具特色的房间同样让旅客们流连忘返。

3

4

2

5

1. 在圣彼得堡涅夫斯基公园等待着新主人的俄罗斯传统玩具。　2. 被无数广告牌围绕的涅夫斯基大道和来来往往的行人们。　3. 世界三大美术馆之一的古根汉美术馆，过去曾是沙皇居住的冬宫。　4. 华丽的喷泉与建筑物相融合的夏宫。　5. 古根汉美术馆展示着沙皇曾驾驶过的黄金马车。

1. 圣彼得堡众多宗教建筑中最美丽的斯莫尔尼女子修道院屋顶。　2. 销售演出门票、报纸、杂志的圣彼得堡城区杂货店。　3. 华丽的花卉与雄壮的建筑物完美结合的民俗博物馆。

　　冬宫现在作为国立古根汉美术馆对外开放,收藏的作品超过 270 万件。冬宫前有一片广场,四周围绕着优雅的建筑。以高达 50 米的亚历山大纪念塔为中心,坐落着旧军人参谋本部、米哈伊洛夫斯基宫殿、亚历山大斯基剧场等重现希腊罗马建筑的古典主义建筑,格外引人注目。

　　城区外坐落着庞大的夏宫。夏宫又称彼得宫,是彼得大帝下旨建造的、仅次于法国凡尔赛宫的建筑,其中包括由 7 层台阶组成的瀑布和 64 个喷泉,以及用黄金镀成的雕塑与装饰品。其面积超过 800 公顷。夏宫的喷泉景观是近代新建成的,采用了感应系统,只要有人经过就会喷水,令旅客们感到新奇不已。

　　俄罗斯是艺术家与音乐家辈出的艺术大国。世界著名文学家普希金与陀思妥耶夫斯基,音乐巨匠柴可夫斯基与穆索尔斯基等,都是从俄罗斯开始登上世界舞台的。在圣彼得堡,普希金与陀思妥耶夫斯基曾居住过的房屋、访问过的场所、作品演出的舞台都得到了完好的保留,旅客们在此可以感受到伟大艺术家的气息。其中最具代表性的地方就是涅夫斯基大道。它长达 4.5 公里,从旧海军本部一直延伸到亚历山大涅夫斯基修道院。走在这条大道上,能见

1. 华丽的冬宫内部，现在为古根汉美术馆。

2. 穿戴沙皇与王后服装、出现在夏宫的男女。

到无数咖啡厅和餐馆、文学作品中经常出现的广场与建筑物、喀山大教堂、米哈伊洛夫广场、墓地等等。

矗立着普希金铜像的米哈伊洛夫广场本身就非常美丽而迷人，但周边散落的大小名胜同样吸引着众多旅客的目光。米哈伊洛夫广场周边的俄罗斯博物馆、芭蕾舞剧场、交响乐剧场，以及个性十足的咖啡厅等都非常有名，据说当时普希金、陀思妥耶夫斯基和果戈理等人经常会来这里闲逛。

来到古根汉美术馆的旅客们欣赏图画的景象。

俄罗斯东正教修道士。

展示各种雕刻、图画、遗物的古根汉美术馆。

爱沙尼亚塔林

 07:00　塔林港口入港 ●●●●　　　15:00　塔林港口离港 ●●●●

　　优雅的塔林市与芬兰的赫尔辛基，两地中间隔着波罗的海遥遥相望，主要景点都集中在旧城区内部，选择自由游览再适合不过了。如果想要仔细看看城市的每个角落的话，可以在自费观光项目结束后自行游览。另外，塔林与哥本哈根有1个小时的时差，因此要以凌晨2点为界，将手表调慢1个小时。

06:50-07:00 准备下船。

07:00-14:30 游览当地风光。

14:30-14:50 前往港口，登上游船。

17:00-18:00 可以在客房休息，或逛游轮内部的商场。如果有相中的商品，最好先记下，等最后打折活动的时候再去购买。

19:00-20:00，20:45-21:45 欣赏综艺节目。脱口秀和滑稽剧可能有点儿令人乏味，但百老汇和综艺节目、拉斯维加斯表演都能让观众大饱眼福。

22:30-00:30 为 50~60 岁的旅客准备的舞蹈盛宴。

用餐

06:00-06:50 早餐 ▶▶ 如果是要参加停靠港观光的旅客，就要尽快用完早餐，准备前往停靠港。

12:00-13:00 午餐 ▶▶ 留在游船上的旅客可以在餐厅用餐，参加停靠港观光的旅客要在塔林解决午餐。

18:15-20:00 或 20:30-21:15 晚餐 ▶▶ 服装要求为 Informal，除了牛仔裤与短裤之外的其他服装均可，主餐厅和自助餐厅自由选择。

▶▶ 旅行信息

游览城市的时间有限，所以要事先计划好想去的景点。如果是第一次到访塔林的旅客，适合参加自费观光项目；如果有过观光经验，就可以到自己喜欢的目的地尽情游览。也可以同时结合自费观光项目与自由游览，但如果滞留时间太短，效果可能不会理想。

观光

自费观光 ▶▶ Tallinn Walking Tour 推荐 （塔林徒步游）跟着专业导游徒步游览城区历史名胜的路线（成人 42 美元，儿童 22 美元 / 需要 4 个小时）。

推荐 Tallinn Highlights （塔林名胜）参观塔林拥有悠久历史的名胜的路线，适合第一次到访塔林的旅客参加（成人 42 美元，儿童 22 美元 / 需要 4 个小时）。

自由观光 ▶▶ 09:00-09:30 下船，前往座堂山。

09:30-12:00 参观位于座堂山周边的城堡、教堂和寺院。

12:00-13:00 在座堂山或广场享用午餐，之后前往城市中心区小巷或教堂。

13:00-14:30 转一转教堂或小巷，返回港口。

15:00 从塔林港口离港。

信仰的乐园
塔林

再没有什么地方比爱沙尼亚首都塔林更适合体验中世纪的生活和文化了。象征信仰的城堡、教堂为海上航行的渔夫们点亮了指引航线的灯塔，为了抵御敌军而建成的城堡和狭窄的小巷、住宅、建筑物每天都接待着大量的旅客。

塔林是一座将中世纪与近现代建筑风格完美融合的城市。在 13 世纪、汉萨同盟掌握欧洲上层社会经济的时期，塔林与卑尔根、斯德哥尔摩一起，共同代表了当时北欧商业的繁华。

每一个来到这里的旅行者都会向着城市中心——座堂山加快脚步。从港口通往座堂山的马路和小巷两侧有着无数的商店、露天咖啡厅、餐馆和漂亮的小住宅，但暂时不要在这里流连，一路向座堂山行进就好。

1. 在塔林的露天咖啡厅休息的人们。　　　2. 由家庭住宅改造而成的咖啡厅。　　　3. 来到座堂山的旅客们游览周边的景色。

　　登上座堂山,一眼就能看到"丹麦之城"——塔林的全景。
　　被城墙围住的座堂山上矗立着由粉红色国会议事堂和雄壮的瞭望塔组成的座堂山城堡,还有以此为中心集结着的亚历山大涅夫斯基大教堂、旧市政大厅建筑物等让人兴趣盎然的遗址。与一般的军用城堡相比,座堂山城堡更像一座王宫。粉红色的国会议事堂主体与用红砖砌成的瞭望塔形成了鲜明的对比。山中央有一座俄罗斯东正教风格的教堂——亚历山大涅夫斯基大教堂。虽然从高度上没办法和哥特样式的教堂相比,但从占地面积和华丽的室内装潢来讲,其他教堂很难与之媲美。以圆顶为中心、四方相连的屋檐和拱形窗户,与莫斯科的克里姆林宫中的建筑风格如出一辙。在中世纪与近代建筑风格交相辉映的座堂山上,听着导游的讲解慢慢游览固然不错,但独自在这里享受悠闲的时光也十分惬意。

1. 神秘的塔林小巷风光。　2. 塔林一角给人一种仿佛时间静止的感觉。　3. 将塔林的城墙当成画布的街头画家。
4. 通向座堂山的路口的露天咖啡厅。

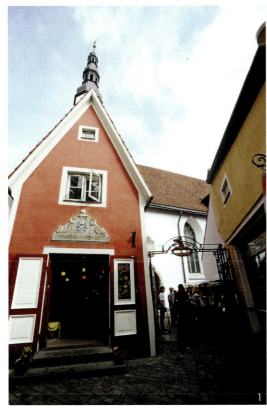

1. 无论走到哪里都能见到个性十足的商店和建筑物的塔林小巷。　2. 矗立在座堂山上的亚历山大涅夫斯基大教堂，每天吸引着大批当地居民和旅客。

　　在欣赏完座堂山之后，沿着紧凑排列的石板路走下去，就能看到游人聚集的展望台。

　　站在城墙瞭望塔与住宅之间的展望台上，一眼就能看到下面的街巷、教堂以及一片红色屋檐相连的塔林全景。从这座展望台看到的塔林非常寂静，简直让人无法想象这是一座拥有40万居民的首都，好像站在连时间都静止的城市之巅。欣赏着寂静而古风犹存的塔林风光，仿佛回到了中世纪一般。

　　从展望台出发，沿着石板路走下去就能看到浪漫、精致的咖啡厅与餐馆。以浅绿、紫红、蔚蓝、橘黄色建筑为背景铺设的马路两侧，排列着大大小小的店铺。

　　这里不仅仅是提供香气扑鼻的咖啡与美味料理的地方，同时也是展现塔林文化遗迹和自由的空间。

1. 画在咖啡厅窗户上的图画。　　2. 穿着中世纪传统服饰迎宾的服务人员。　　3. 沿着崭新的住宅小区散步的人们。

在旧城区的小巷中，能看到很多个性十足的住宅，用漂亮盆栽装饰的住宅能够让你体会到塔林居民们的纯朴。住宅街的浪漫小巷之间，矗立着的教堂吸引着旅客们的视线。位于城内的宏伟教堂共有十几处之多，都保留着建造初期的面貌。大部分教堂都设有能够观望周边景色的展望台。走上展望台，旧城区、城墙、波罗的海共同交织的美妙风光就会映入眼帘，这幻想一般的景象不知迷倒了多少游人。一般来说，提到尖塔之城就会想起布拉格，但走上塔林的教堂，欣赏着美丽的地平线，不禁会陷入沉思，真正的尖塔之城难道不是塔林吗？

10day

FOLIO: 43026569
STATEROOM: 6350

KT #: 0000010

KT #: 0000010

NSB1

IV

全天海上航行

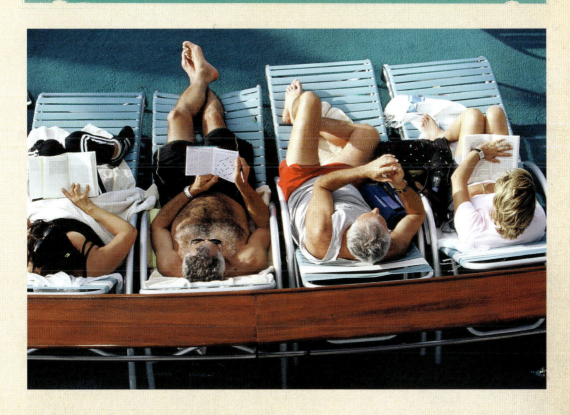

　　从爱沙尼亚到丹麦哥本哈根的全天海上航行，会让你感受到旅途的浪漫。早晨起床之后出门散散步，欣赏北欧的海上风光，在游轮上悠闲地休息或适度运动一下。全天海上航行当天，游轮上会举行八十多项活动，直到第二天的凌晨。因此要事先确认送到客房的《精致游轮日报》中列出的活动安排，并记下自己想要参加的活动。另外不要忘记，有关下一个目的地的信息也要一并整理。

10day

▶▶ **主要日程与活动**

09:00-11:00 参观船长工作的船长室,也可以参加当天举行的购物活动。全天海上航行期间基本上都会有商品折扣活动。

09:30-14:00 观赏电影或参加有关哥本哈根与阿姆斯特丹的观光说明会（11:30-12:00）。

13:00-15:00 接受高尔夫球培训课程或做一些简单的运动。

17:30-18:30,19:30-20:30 参加特别的卡拉OK比赛。

20:45-22:45 参加舞蹈盛典。

用餐

08:00-09:00 早餐 ▶▶ 可以在比较自由的自助餐厅,或是服务精致的主餐厅用餐。

12:00-13:00 午餐 ▶▶ 全天海上航行期间可以拥有充裕的时间在主餐厅享受周到的服务。

18:15-20:00 或 20:30-22:15 晚餐 ▶▶ 半正装,基本上除了牛仔裤和短裤以外皆可,可以前往主餐厅享用晚餐,如果想度过更自由的晚餐时光,则可以选择自助餐厅或烧烤吧。

11day

FOLIO: 43026569
STATEROOM: 6350

KT #: 0000010

KT #: 00000010

NSB1

NW

丹麦哥本哈根

● 09:00　哥本哈根港口入港 ••••▶　　● 17:00　哥本哈根港口离港 ••••▶

　　主要的名胜聚集在连接港口到市政大厅的大道与广场周边，可以在一天之内逛完。但若想游览以北欧海盗之城闻名的罗斯基勒，以及莎士比亚的名作《哈姆雷特》的真实舞台——埃尔西诺，则最好参加自费观光项目。想要更好地游览哥本哈根周边，最好方法就是合理结合自费观光项目与自由游览。

11day

▶▶ 主要日程与活动

09:00-16:30 在停靠港进行观光。

16:30-16:50 返回港口，登上游轮。

17:40-18:10 参加船长主持的晚宴之前先换好正装，拍纪念照。尽可能在多个地方拍摄，选取效果最好的照片。

19:00-20:00，20:45-21:45 欣赏表演。这些表演所有旅客都能够欣赏，适合和家人、朋友、恋人一起观赏。

20:45-21:45 参加家族舞会活动（以家庭为单位参加的迪斯科舞会）。

21:30-22:30 观赏电影。

23:00-00:00 可以转转拉斯维加斯夜总会和酒吧。

用餐

08:00-08:40 早餐 ▶▶ 可以在自助餐厅或主餐厅享用早餐。

12:30-14:00 午餐 ▶▶ 参加停靠港观光的旅客时间不是很充裕，因此要在附近的餐馆解决午餐，留在游船上的旅客可以在餐厅用餐。想要尝尝特别的料理，就可以到位于中央广场的日内瓦酒店的餐厅试试当地的特色套餐。

18:15-20:00 或 20:30-21:15 晚餐 ▶▶ 船长主持的晚宴，服装要求为 Formal。男性要穿戴领带和正装，女性要穿礼服或正装。民族服装也属于正装的范畴。

▶▶ 旅行信息

想在有限的时间内完成旅行，要尽量缩短路线，才能提高游览质量。如果是第一次到访的旅客，适合参加游览多个景点的自费观光项目；如果先前曾经造访，则可以自行选择喜欢的景点或探索新的路线。

观光

自费观光 ▶▶ City of Copenhagen （哥本哈根城）乘着巴士前往城区的名胜景点，听着导游的解说游览哥本哈根，最适合初次到访此地的旅客参加（成人 48 美元，儿童 26 美元 / 需要 3 个小时）。

推荐 Walking Tour of Copenhagen （哥本哈根徒步游）徒步游览哥本哈根城区主要名胜的路线，可以参观市政大厅、斯特略大街和哈芬地区等景点的路线（成人 40 美元，儿童 22 美元 / 需要 3 个小时）。

自费观光 ▶▶ 若选择自行游览，可以只看看哥本哈根的城区，想要游览更多的地方，就最好先转转郊区景点，再前往城市中心地区。

▶▶ 旅行名胜

安徒生铜像　位于市政大厅一旁的头戴魔法帽的安徒生雕像。不仅是喜欢童话的人,只要是到访哥本哈根的旅客就一定会拍照留念。

人鱼公主铜像　城市的象征,位于哥本哈根港口的小雕像。每年都会有数以百万计的旅客为了一睹这尊雕像来到哥本哈根。

蒂沃利公园　位于哥本哈根车站一旁的公园,拥有优美的环境和丰富多样的娱乐设施。

斯特罗盖特步行街　意为"行走"的斯特罗盖特大街,是欧洲首屈一指的步行街。这里汇集着各式各样的商店、食品店、咖啡厅等,是哥本哈根最繁华的地段。

阿美琳堡　在丹麦女王的住所——阿美琳堡宫殿前举行的卫兵交接仪式。

哈芬港口　曾经的港口地区,现在有很多到访哥本哈根的水手和旅客们来到这里品尝啤酒,畅所欲言。周边陈列着很多历史悠久的古董店。

▶▶ 近郊名胜

水晶宫　在中央车站乘坐 S-tog E 线,到终点下车,徒步行走 15 分钟就能见到这座丛林与湖水完美融合的城堡。

罗斯基勒　从哥本哈根中央车站出发,搭乘洛克列车 25 分钟就能到达这座北欧海盗之城,这里有很多看点,如典雅的港口与大教堂、北欧海盗博物馆等。

1. 搭乘马车游览城市风光的旅客们。　　2. 丹麦女王居住的阿美琳堡。

童话王国
哥本哈根

　　全世界各地家喻户晓的人鱼公主、安徒生、北欧海盗、嘉士伯、蒂沃利公园都汇聚在哥本哈根。走进这座城市,最先映入眼帘的就是独特的道路。有轨电车穿梭的道路、给人悠闲感觉的车道、夹在人行道与汽车道之间的自行车道、比其他任何地方都宽的人行道等能为游客带来别具一格的感觉。

　　哥本哈根之旅,通常是从城市中最高建筑物——市政大厅的广场开始,但如果是搭乘游轮入港,顺序就要变成从港口地区开始游览,再到市政大厅广场。港口附近坐落着丹麦神话中登场的杰芬喷泉,迎接到访的旅客。在欣赏完巨大雕像上喷出的泉水之后就要沿着山坡路前往城市的象征——人鱼公主铜像所在的地方。

1. 骑着自行车从哥本哈根市政大厅前驶过的市民们。

2. 斯特罗盖特步行街上，到访的旅客们安逸游览的景象。

3. 蒂沃利公园墙壁上装饰的壁画。

    1913年，嘉士伯啤酒公司第二任总裁卡尔·雅各布森在国立剧场观赏芭蕾舞《人鱼公主》之后突然得到灵感，创作了这尊铜像。这座备受全世界各地人民爱戴的人鱼公主铜像并不算大，只有80厘米高，也不是童话中的主人公，而是由设计师艾瑞克森仿造丹麦国立剧场女主角的外形所创作的。女模特儿与雕塑家在工作过程中渐渐坠入爱河，最后众望所归地走到了一起。

    在看完人鱼公主铜像之后，可以悠闲地逛逛，享受哥本哈根的真正魅力。首先，沿着寂静的街头走向哈芬地区，王宫就坐落在铜像所在的港口与哈芬地区的中间。丹麦女王居住的宫殿每天都会进行卫兵交接仪式，停下脚步观赏仪式也是一种享受。哈芬地区和挪威卑尔根地区，都是北欧浪漫场所的代表。

1. 游轮停泊的港口和城市的标志——人鱼公主铜像。　　　3. 在哥本哈根市政广场的长椅上享受惬意时光的市民们。

2. 位于哥本哈根近郊埃尔西诺的古城，曾经是莎士比亚名作《哈姆雷特》的舞台。

　　很多旅客为了搭乘游船而来到哈芬地区，这里的建筑就像被波罗的海海水染过一般，旅客们会不由自主地发出赞叹。

　　只有童话故事和小说中才会出现的小船舶咖啡厅，沿着狭窄的马路建成的露天咖啡厅，为了出海做准备的渔夫们，骑着自行车来来往往的市民与旅客等等，哈芬地区的看点还有很多很多。其中绝对不能错过的，就是安徒生的故居。热爱哈芬地区的安徒生在此地拥有三处住宅。其中的一处随着城市的开发渐渐消失在了历史的舞台上，其余两处都成为了纪念馆。

　　这里陈列着他生前使用过的生活用品，主要的原稿和资料都保存在安徒生博物馆中。

　　连接哈芬大街和市政广场的是北欧最初的专用步行街——斯特罗盖特步行街。大街的入口处是阿麦广场，14岁时移居到哥本哈根的安徒生在此度过了他的一生。每当面临困境时，

哥本哈根市政大厅门口坐落的安徒生铜像，和以此为背景拍照留念的旅客们。

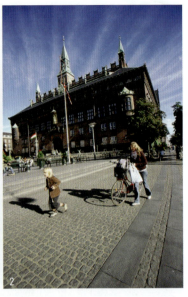

1. 蒂沃利公园中的湖泊与建筑周围郁郁苍苍的树木。 2. 整个城市里最高的建筑物——哥本哈根市政大厅，和推着
自行车走路的市民。

安徒生就到这里的尼古拉斯教堂寻求慰藉。现在，每天都会有很多市民和旅客来往于斯特罗盖特步行街，这里汇集着各种现代咖啡厅和古风犹存的商店，经常是一派热闹非凡的景象。

商店里销售各种哥本哈根当地生产的特色茶杯、积木玩具、超豪华的私人生活用品、精致的手工巧克力等，到处洋溢着幸福的味道。

斯特罗盖特步行街的终点就是市政广场。站在市政广场仰望城市最高建筑物，106 米高的塔楼上方有一尊戴着魔法帽、挂着拐杖的和蔼老人铜像。这正是童话之父——安徒生老年时的形象。在观赏完铜像之后，穿过大道就能看到 1843 年开放至今的哥本哈根的骄傲——蒂沃利公园。蒂沃利公园的中心地带是由树林和鲜花组成的休息空间，周围能看到海盗船、旋转木马等各种娱乐设施和不定期举行的演出。融合了大型舞台、餐馆和咖啡厅的蒂沃利公园，无论是谁都能够度过一段幸福惬意的时光。

12day

FOLIO: 43026569
STATEROOM: 6350

KT #: 0000010

NSB1

NV

KT #: 0000010

全天海上航行

　　往返北欧和俄罗斯的长距离游轮旅行即将结束时，旅客们应该会觉得全天海上航行带来的负担已经没有开始时那么沉重了。之前忙着到处观光的旅客，和到达阿姆斯特丹后需要立刻前往机场的旅客，建议还是好好休息一下。如果不想在阿姆斯特丹或相邻的城市继续旅行的话，则可以在船上继续参加各种有趣的活动。

12day

▶▶ **主要日程与活动**

10:30-12:00 购买纪念品。

14:00-15:00 观赏游泳池举行的音乐演出，或在水疗中心放松疲惫的身体。

15:30-16:30 因为是本次旅行的最后机会了，所以可以玩玩宾果游戏，或去赌场碰碰运气。

16:30-17:30 整理行李。不同的游轮都有些差异，但如果是很早到达港口的游船，就必须在头天晚上的10点之前将行李放到客房通道中。事先整理好的话，到时候就不会出现混乱的情况。

20:00-20:30 前往照片展厅取回旅行期间所拍的照片。

20:45-22:15，23:00-00:30 欣赏百老汇演出。在此之前千万不要忘记，将整理好的行李放到客房通道处。

用餐

08:00-09:30 **早餐** ▶▶ 可以在自助餐厅或主餐厅享用早餐。

12:00-14:00 **午餐** ▶▶ 对参加停靠港观光的旅客来说时间不是很充裕，因此要在附近的餐馆解决午餐，留在游船上的旅客可以在餐厅用餐。想要尝尝特别的料理，就可以到位于中央广场的日内瓦酒店的餐厅试试当地的特色套餐。

18:15-20:00 或 20:30-22:15 **晚餐** ▶▶ 船长主持的晚宴，服装要求为Formal。男性要穿戴领带和正装，女性要穿礼服或正装。民族服装也属于正装的范畴。

▶▶ **在阿姆斯特丹登陆所需的主要信息**

1.确认在游船上的所有消费记录

消费账单会派送到每间客房，上面记录着在游船上参加的自费观光项目、购物、各种小费金额等内容。如果确认没有错误的话，保管好收据就可以。万一实际消费与账单上的内容有出入的话，可以前往接待处确认和修正错误的部分。

2.支付小费

一般旅行过程中会随时随地支付小费，但游轮旅行中则要在到达最终停靠港之前统一支付。另外，请尽可能地使用现金支付。

3. 申请地面服务

　　想要参加停靠港的简单观光的话，可以申请自费观光项目。阿姆斯特丹是个看点十足的城市。

4. 整理行李

　　在游轮旅行过程中只要整理一次行李就可以。完成旅行的前一天下午会有行李单配送到客房，将其附着在需要托运的行李上，放到客房通道就可以。在第二天下船之后，前往阿姆斯特丹港口的行李处理点取回即可。生活必备品和贵重物品最好随身携带。

13day

FOLIO: 43026569
STATEROOM: 6350

KT #: 00000010

NSB1

KT #: 00000010

NV

荷兰阿姆斯特丹登陆

05:00 阿姆斯特丹港口登陆 ►►►

　　每艘游轮最终到达目的地的时间都不同，因此要事先参考一下《精致游轮日报》。当游轮停靠到阿姆斯特丹港口，便可以按照顺序下船。配送到客房的行李单颜色决定旅客下船的顺序。想要前往火车站的旅客可以步行；如果要到机场，最好去车站乘坐火车，既快捷又方便。如果行李过多的话，也可以搭乘出租车。

▶▶ 早餐

根据到达最终目的地的时间不同,提供的早餐服务也会有差异。一般来说,计划 5 点到港的阿姆斯特丹游轮会从 4 点开始供应早餐。这个时间段提供餐饮服务的一般都是自助餐厅。

▶▶ 下船步骤

按照行李单上的颜色有序下船即可。

▶▶ 通过出入境管理局与海关

从阿姆斯特丹出发,重新返回阿姆斯特丹的游船在最终登陆时会跳过出入境检查。海关也不会为难旅客,但需要注意,不能购买规定范围以外的免税商品。

▶▶ 取回行李

到阿姆斯特丹港口之后,可以到行李保管处取回行李。

▶▶ 从港口出发前往下一个目的地

从港口到火车站需要 10 分钟的路程;乘坐火车到机场的话需要 15 分钟;搭乘出租车则需要 30 分钟。

▶▶ 阿姆斯特丹的旅游信息

如果在结束游轮旅行之后还想继续游览阿姆斯特丹,可以多停留 3 天,游览名胜与美术馆等景点。阿姆斯特丹的中心地区住宿比较紧张,因此要提前预约好酒店。

CRUISETRAVEL4

Caribbean
Cruise

提到巡游旅行，首先脑海中浮现的是充分的休息、欣赏华丽的演出、参加各种活动、享受各种精致的美食。想要享受旅行本身的乐趣，再没有比加勒比路线更合适的了。在体验过加勒比强烈的日光浴之后，喝一杯冰爽的饮料，在水下的珊瑚礁之间玩耍，或者悠闲地散步。像这样摆脱生活中所有的烦恼，毫无顾虑地休息和消遣正是加勒比海巡游的最大特点。当然，如果感到无趣，也可以到停靠港体会异地的风光；或是去市集、咖啡馆逛逛；搭乘吉普车在丛林中探险，寻找玛雅人的遗址。

皇家加勒比旅行者号游轮
西部加勒比 8 天 7 夜游

1day   美国迈阿密起航

2day   全天海上航行

3day   海地共和国拉巴地

4day   牙买加欧裘里欧斯

5day   大开曼岛乔治城

      （因风浪缘故，全天海上航行）

6day   墨西哥科苏梅尔

7day   全天海上航行

8day   美国迈阿密登陆

•• 嘉年华游轮
    西部加勒比 8 天 7 夜游
1 day   美国迈阿密起航
2 day   全天海上航行
3 day   墨西哥科斯塔玛雅
4 day   全天海上航行
5 day   大开曼群岛乔治城
6 day   牙买加欧裘里欧
7 day   全天海上航行
8 day   美国迈阿密登陆

•• 皇家加勒比游轮
    西部加勒比 0 天 5 夜游
1 day   美国迈阿密起航
2 day   美国基韦斯特
3 day   墨西哥科苏梅尔
4 day   伯利兹伯利兹城
5 day   全天海上航行
6 day   美国迈阿密登陆

•• 皇家加勒比游轮
    西部加勒比 6 天 5 夜游
1 day   美国迈阿密起航
2 day   美国基韦斯特
3 day   墨西哥科苏梅尔
4 day   全天海上航行
5 day   美国迈阿密登陆

关于皇家加勒比旅行者号

1. 在出发之前不会有迈阿密的自费游览项目，返回迈阿密后才会组织自费游览。

2. 皇家加勒比旅行者号采取单独支付小费的方式，如果要求房间服务，就要单独支付一定金额的小费。

3. 游船和客房内部提供的所有酒精饮料与碳酸饮料都需要收费。

4. 参加船长主持的晚宴时，不管男女原则上都要穿正装。

5. 无论客房级别的高低，主餐厅等所有设施均对每一位旅客开放。

6. 潜水培训、水疗、按摩等部分附带设施都是有偿使用。

7. 主要日程有可能和预约时提供的资料略有差异，因此要时时参考介绍手册《游轮大本营》。

1day

美国迈阿密起航

17:00 从迈阿密卡纳维拉尔港口起航 ••••▶

　　游览世界级度假胜地迈阿密的方法有很多，但最好在搭乘游轮之前腾出足够的时间个别游览，或选择游轮上相关的旅游套餐。至于哪一种方法更合适是无法衡量的，但如果时间上允许的话，出发之前最好先游览迈阿密与附近的景点。

▶▶ 从机场或住所前往港口

到卡纳维拉尔港口的方法分为两类:一是从迈阿密机场直接前往;二是从住所前往。从迈阿密机场到游轮停靠的卡纳维拉尔港口需要一个小时的车程,从城区则需要30~40分钟。如果是从机场直接前往港口的话,出租车比较方便;如果是提前几天到达迈阿密,自行游览之后搭乘游船的旅客,可以租车前往港口,到达目的地之后还车即可。

▶▶ 从办理手续到登船

办理行李托运　将事先提供的行李单附着在行李上,到托运办理点交给工作人员就可以。托运的行李会通过安检最终配送到客房入口处(正式办理手续时间为13:00-16:00,但一般来说11:00开始就可以办理手续)。

登船手续　在办理完行李托运之后,随身携带预约确认书、护照、信用卡等前往登记台办理手续。在办理手续时会发放海上通行证(seapass, ID卡),此时拿到的海上通行证既是客房钥匙卡,也是身份证明,同时又有信用卡功能,因此要小心保管。西部加勒比海巡游路线中,所有游轮都会先收集旅客的护照,统一保管,直到到达最后的停靠港的前一天晚上才会归还给旅客。

通过安检和出入境管理局　在完成登船手续之后要接受简单的安检才能前往游船。在美国,出境时虽然不需要接受出入境管理局检查,但在入境时必须通过出入境管理局。旅客必须要拥有有效期长于6个月的护照和签证,才能进入迈阿密境内(以2008年4月为准)。

搭乘游船　在完成登船手续之后可以在游船台阶的中间拍照留念。而且在游船入口处,为了确认海上通行证和旅客的身份,会有为旅客拍照的程序。这是为了保障旅客安全的做法,因此每位旅客都要参加。纪念照的拍摄费用按照片大小收取,收费在10~20美元左右。

前往客房　在登上游船之后可以直接前往客房休息,或先在游船内部自由参观。

▶▶ 安全指导

参加巡游旅行的所有旅客都必须在指定时间内接受安全指导。旅行者号会在出发的同时进行安全指导,根据具体情况,进行安全指导的时间也可能不同。安全指导一般会持续20分钟,内容为熟悉紧急情况发生时的集结场所、确认紧急出口的位置、学会救生衣的使用方法和如何求救等。

▶▶ 申请自费游览

　　游客须参考配送到各个客房的介绍手册，选择自己希望参加的自费游览，然后递交给咨询台。票据不会在自费游览当天提供，而是会提前一天或两天送到客房，旅客需要凭票据在指定时间及指定场所集结。关于自费游览所需要的费用，工作人员会在巡游旅行结束前一天，或登陆前将消费相关的收据送到客房。此时，如果发现出错的部分就可以及时到咨询台纠正。部分自费游览项目人气很高，有可能抢不到名额，因此要尽早确认自己想参加的自费游览项目的情况。

▶▶ 主要日程与活动

　　旅行者号第一天举行的活动有四十多项。据我两次搭乘旅行者号的经验，旅客们最好参考《游轮大本营》的第一页中央部分的"游轮焦点栏"，以便决定参加哪些活动。

　　18:00 22:30 搭乘游轮参加的第一次欢迎晚宴。

　　19:45 21:00 可以参加剧场和音乐厅举行的音乐会和宾果游戏。

　　21:00-22:00 参加晚宴的旅客可以在空中客车上享受悠闲时光。

　　22:00-23:00 用餐较晚的旅客可以到空中酒吧或其他酒吧欣赏音乐，与其他旅客交谈，以此作为一天的结束。

> **用餐**
>
> 13:00-15:00　午餐 ▶▶ 在完成登船手续之后，旅客可以前往自助餐厅享用美食。
>
> 18:00-20:00 或 20:30-22:30　晚餐 ▶▶ 服装要求为 Casual，因此旅客可以穿着舒适方便的服装享用晚餐。
>
> ※ 旅行者号为超大型游轮，所有旅客不可能在同一时间享受晚餐服务，因此分为两组。一般主餐厅会分为两组：A组的主宴（Main Seating）时间为18:00-20:00；B组的副宴（Second Seating）时间为20:30-22:30，在预约游轮时可以根据自己需要决定时间段。提供服务的时间会随着季节和游船公司而变化，有30~60分钟的差别。如果在主餐厅用晚餐的话必须要按照服装要求穿戴，每天的服装要求可以通过《游轮大本营》了解。如果是船长主持的晚宴或当天服装要求为Formal，可以穿戴民族服装。

▶▶ 旅行信息

　　迈阿密是美国东南部的旅游胜地。如果你想要体验游泳和日光浴的乐趣，就要前往世界著名的迈阿密海滩享受充足的时光，如果对大自然有独特的喜爱，就可到大沼泽国立公园。如果和孩子们一起旅行，则可以租车前往奥兰多迪斯尼乐园。

自费观光 ▶▶ 出发地兼终点的迈阿密不包含在巡游公司组织的自费游览中，因此只能进行自由观光。

自由观光 ▶▶ 在搭乘游船之前要多腾出时间游览大沼泽国立公园、迈阿密海滩、迪斯尼乐园、迈阿密城区等地方。

▶▶ 旅行名胜

迈阿密海滩　与夏威夷的威基海滩共同被称为"美国海滩浴场的代表"，能够让旅客进行游泳、日光浴、休息、冲浪、沙滩排球等各种活动的场所。

迈阿密水族馆　迈阿密最大的水族馆。旅客在这里能够看到海豚、海豹、鲨鱼等各种表演，最适合家庭旅游。

大沼泽国立公园　距迈阿密一个小时车程的自然生态系统宝库。乘坐能在湖面上飞快驰骋的小快艇，游览各种野生动物栖息的湖水与草丛。或者搭乘汽车到自己喜欢的地方进行生态系统的探险。这里是为旅客提供多种乐趣的世界级自然保护区。

比斯坎湾　沿着海边坐落的高级宾馆、别墅、住宅所在的区域，私人禁止游览，只有参加搭乘小船游览的旅游套餐才可以参观。

2　3

1. 在海浪上等待绝佳时机的冲浪者。　　　3. 旅客在迈阿密海滩冲浪的景象。
2. 各种树木与浮游植物、鸟类、爬虫类栖息的大沼泽国立公园。

加勒比海巡游的关口
迈阿密

　　世界上最大的游轮停靠港——迈阿密是美国著名的疗养胜地。不仅是美国人，只要是热爱大海的人都会梦想到此一游，迈阿密可谓是游轮旅行的发源地。在这里，不管走到哪个地方都不乏看点，还可以享受惬意的闲暇时光，来到这座城市的旅客们都会不约而同地走向白色沙滩和蔚蓝海洋相交汇的海边。之所以男女老少都会选择迈阿密海滩作为度假场所，是因为这里一年四季都可以享受游泳和日光浴的乐趣。除此之外，体验沙滩排球、冲浪等活动，每天晚上参加海边咖啡馆举行的各种有趣的活动也相当不错。

　　别说夏季的 5 月到 10 月，就连冬季的 11 月到转年的 3 月份也挤满了人。

　　访客中除了当地居民，更多的还是因迈阿密海滩慕名而来的旅客。这些人之所以会特意

1. 以蓝色的海洋为背景，耸立在佛罗里达的主要城市——迈阿密。　　2. 从游轮上可以看到加勒比沿岸的迈阿密港口。
3. 在迈阿密海滩享受日光浴的旅客。　　4. 一年四季都可以体验游泳和冲浪乐趣的迈阿密海滩。

来到这条南北悠长的海岸线，不仅是因为它的名声，更多是出自对健康与美丽的崇尚之情。展现健美的身材、裸身享受日光浴的人们、无视他人的眼光、只专心用自己的方式表达爱意的恋人们……迈阿密吸引着无数旅客，让他们在不知不觉间停下脚步。

　　如果日照强烈的白天是旅客们展现健美身材的时段，那么当太阳落到基维斯特方向时，就是人们在迈阿密海滩地区享受惬意和热情气氛的时光。沿着被海浪冲刷过、并被路灯照得闪闪发光的海滩携手漫步的年轻情侣，随着咖啡馆里的音乐而尽情摇摆的人们，在优雅的餐厅里从容地享受晚餐的男男女女们，共同装点着这个地方。尤其到了星期二、星期三和星期四的晚上，就会有很多人来到海边，欣赏穿着比基尼的性感女郎们打沙滩排球，整个沙滩与海边都充满了年轻人的热情。

　　如果说迈阿密的沙滩和城市能够让人体验浪漫并得到充分的休息，那么位于郊区的大沼泽国立公园就是一座能够让人走进自然生态系统的公园。乘坐在湖面上飞驰的快艇，就能一览四周的湿地，看到处处准备捕食的鳄鱼，以及成群结队飞翔的火烈鸟和篦鹭，茂密的红树林装饰着的大沼泽国立公园，这一番景象足以让人们感受到：这里就是动物的天堂。

1. 在迈阿密海滩每年都会举行的世界冲浪大赛，图为享受冲浪乐趣的人们。　　2. 寻找大沼泽国立公园自然遗产地区时，旅客们游览公园所乘坐的小快艇。　　3. 位于迈阿密海滩的小餐馆。城区和海滩有很多能够品尝到美味料理的高级餐厅。　　4. 在迈阿密水族馆表演水上演出的海豚。

　　奔驰在广阔无垠的田园间，不知不觉就来到了方圆 2500 平方公里的大沼泽国立公园。在由芦苇和湿地组成的上游地区里，无论到哪里都能看到鳄鱼。

　　旅客们乘坐小快艇向芦苇丛区驰骋。首先迎接访客的动物就是鳄鱼。有在芦苇丛茂密的地面上享受日光浴的鳄鱼；有把身体掩藏在水中，露着双眼静候食物的鳄鱼；还有寻找某个东西到处爬来爬去的鳄鱼。

　　从长度不到 1 米的小鳄鱼到巨大的密西西比凯门鳄，旅客们在这里可以亲眼见到各种鳄鱼，而且它们都非常温顺。国立公园的工作人员就可以证明这一点。他们将小快艇停泊在湖边，用小塑料棒等道具吸引鳄鱼。将塑料棒错当成食物的鳄鱼就会渐渐向快艇周围靠近，服务人员在毫无保护措施的条件下亲手抚摸鳄鱼的头部和身体。如果是体积庞大的鳄鱼需要格外小心，但一般情况下，被工作人员抚摸的小巧鳄鱼就像可爱的小狗一样，在一旁观看的游客都会为之捏一把汗。

　　最开始被指定为国立公园时，有大批密西西比凯门鳄在此栖息。但因无节制地捕猎，90%以上的凯门鳄都消失了，甚至一度濒临灭绝的边缘。

1. 在迈阿密的大街上一边享受日光浴，一边认真读报的男子。　2. 大沼泽国立公园的工作人员抓着小鳄鱼的头部和嘴巴的情景。

　　意识到鳄鱼灭绝危机的佛罗里达州政府下令禁止捕猎鳄鱼，才让鳄鱼的数量开始渐渐恢复，现在到哪里都能看到它们。

　　如果说上游地区是鳄鱼的天堂，那么淡水湖与加勒比海相遇的下游区域，就是各种植物群落与动物和谐相处的生态系统宝库。在大沼泽地区被认定为国立公园的初期，这里能看到地球上一万多种罕见的植物，但现在却只剩下了一千多种。

　　下游大体上分为湿地和干燥地，虽然是同一个地带，却呈现着不同的生态面貌。海水入侵较多的湿地分布着桃花心木和澳大利亚产的白千层属灌木等；而干燥地区的针叶树上会长出奇妙的落叶，另外还有独特的落叶松、金钟柏、松树等。蕨类植物、湿原植物、附生植物等也有很多，而这些植物也形成了独立的生态系统。

　　在一个地区生活着种类繁多的动物和鱼类，但能亲眼见到的却不是很多。根据联合国教科文组织的资料，栖息在大沼泽国立公园自然保护区的动物就有七百多种，包括佛罗里达猎豹、白尾鹿、玳瑁乌龟、老鹰、以鱼类为主食的水蛇、被称为狩猎之王的绿鹭和众多鱼类。在 10年以前，这里还曾生活着佛罗里达黑豹，但现在已经绝迹。白尾鹿、鱼鹰、螺鸢、白琵鹭等动物也都很鲜见，非常可惜。

2day

FOLIO: 43026569
STATEROOM: 6350

KT #: 0000010

NSB1

KT #: 0000010

NV

全天海上航行

　　无论是对巡游旅行感到熟悉还是陌生，在游船上度过一整天都不是件容易的事情。除了部分曾有过数次巡游旅行经历的旅客之外，大家都面临相同的处境。因文化上的差异，东西方人在游船上选择的活动也有很大不同。所以如果参加了巡游旅行，就不要忙于准备自己的娱乐活动所需要的物品，而是要最大程度地利用好海上的时间。如果没有做好在海上度过闲暇时间的准备，就要先保证充足的睡眠，享受游泳和日光浴的乐趣，再参加自己感兴趣的活动来消磨时间。在游船上怎样度过一整天的航行时间直接影响着整个旅行的质量，所以千万不能让自己感到无聊乏味。

▶▶ 主要日程与活动

　　就算旅行路线和日程相同,游船上举办的活动也会有很大差异。同一家游轮公司开设的航线也会因季节而有所变化,所以每一艘游轮都会在前一天下午公布准确的日程表。如前文中所提及的那样,加勒比巡游中可以体会到比任何巡游都丰富多彩的活动,旅行者号上开展的活动大概在80项左右。

　　10:00-12:00　参加停靠港观光说明会,或舞蹈培训班、宾果游戏等活动。

　　13:00-14:00　参观图画展。游客可在用完午餐之后参加中央大厅举行的图画与照片竞拍活动。

　　14:00-16:00　运动或休息。可以在室内外的游泳池游泳或享受日光浴,篮球、乒乓球等轻型运动。想要尝试攀岩的旅客可以挑战一下船上的人工岩壁。

　　16:00-17:00　准备晚餐。船长会会主持晚宴,之前要做好准备,充分休息。

　　19:00-20:00　拍纪念照。在结束了船长主持的欢迎晚宴之后前往自己喜欢的场所拍照留念,留下巡游旅行美丽的回忆。收取的费用与照片的尺寸有关,大约为10-20美元。

　　21:00-22:30,22:45-00:15　欣赏欢迎演出。在晚餐后,会分两次上演官方准备的节目。

用餐

08:00-09:30　早餐 ▶▶ 可以在主餐厅用餐,如果觉得麻烦,那就去自助餐厅用餐。

12:00-13:00　午餐 ▶▶ 到自己喜欢的餐厅用餐即可。

18:00-20:00 或 20:30-22:30　晚餐(晚宴) ▶▶ 船长主持的欢迎晚宴,服装要求为 Formal,不管男女都要穿正装,也可以穿着民族服装。

3day

FOLIO: 43026569
STATEROOM: 6350

KT #: 0000010

NSB1

KT #: 0000010

IV

海地共和国拉巴地

08:00 拉巴地港口入港 ••••▶   **17:00** 拉巴地港口离港 ••••▶

    位于海地共和国南部的拉巴地是归皇家加勒比游轮公司所有的私人景点。原生态风貌保存完好的拉巴地拥有干净的海滩、陡峭的岩壁和茂密的丛林。如果参加了其他公司的巡游旅行，则无法游览这一景点。

3day

▶▶ 主要日程与活动

08:00-08:30　搭乘小快艇从游船出发，前往拉巴地海岸。

08:30-12:00　在拉巴地海岸体验各种海洋运动，如香蕉船、潜水、皮船等等。还可以参加附近的丛林旅行。

13:30-16:30　在海滩享受游泳或日光浴，或参观图画市场，购买纪念品。

16:30-17:45　搭乘游船。

19:00-20:00，22:30-23:30　观赏冰上演出。在晚餐时间前后观赏冰上演出。

21:00-22:15，22:45-23:00　脱口秀。分两个时段的脱口秀，如果不精通英语，很难听懂。所以在观赏完冰上演出之后，最好去酒吧或夜总会打发时间。

用餐

06:50-07:40　早餐 ▶▶ 欣赏海上日出，稍事休息之后，可以前往自己喜欢的餐厅用餐。

12:00-13:30　午餐 ▶▶ 可以在拉巴地海岸品尝当地的烧烤与蔬菜、海鲜料理等。

※ 如果到了停靠港，则推荐在当地的餐厅用餐。如果不参加停靠港观光，留在游船上休息或全天海上航行时，则可以到船上的任何餐厅享用午餐。

18:00-20:00 或 20:30-22:30　晚餐 ▶▶ 服装要求为 Casual，尽量穿着方便舒适的服装在主餐厅或自助餐厅享用晚餐。

▶▶ 旅行信息

　　想要体验海洋运动的话，可以参加自己喜欢的自费游览；如果渴望享受惬意的休息，则可以在优雅的海边享受游泳或日光浴，或者前往手工市场购买名画和当地特产。

观光

自费观光 ▶▶ 乘坐皮船、橡皮艇、水上摩托艇在茫茫大海中驰骋，或者潜到海中和鱼儿们戏耍，多种旅游套餐可供旅客选择。

Sea Trek Kayak Adventure （小皮船之旅）利用小皮船欣赏美丽的拉巴地海岸与奇形怪状的岩石的旅游套餐，适合喜欢运动的旅客（成人 38 美元，儿童 32 美元 / 需要 1 个小时 30 分钟）。

Labadee Historic Walking Tour （拉巴地历史地区徒步旅游）游览历史地区的路线，对历史有兴趣的旅客可以选择该项目（成人 15 美元，儿童 10 美元 / 需要 1 个小时）。

自费观光 ▶▶ 拉巴地的所有景点都聚集在同一个地方，在停靠港自行观光并不会遇到很大问题，休息和散步皆可。能够买到当地特产的市集也坐落在海边。

▶▶ 旅行名胜

　　拉巴地海岸　这个地方是拉巴地最引以为豪的景点，不仅能够享受游泳和日光浴，还能体验各种海洋运动。

　　手工市场　只有游轮停靠当天才营业的工艺品市场，让人联想到综合美术馆和画匠们的手工作坊。

1. 拉巴地岛上运营的观光大巴，由拖拉机改造而成。

2. 在拉巴地海滩享受日光浴的访客们。

3. 在拉巴地海滩悠闲读书的旅客。

充满原生态神秘感的休养胜地
拉巴地

踏上黄金之地的哥伦布曾经在风景如画的海地共和国停脚歇息。这里有刺眼的阳光、蔚蓝的大海与茂密的丛林相融合的极致风光，以及散发着原始魅力的当地居民。海地共和国所演绎的风景让人联想起梦幻中的原生态图画。

小时候印象深刻的，就是海地的名字总会出现在国外头条消息上。除此之外，这个位于加勒比海地区的海地共和国对大部分亚洲人来说无疑是一个陌生的国家。海地——按照当地人的说法为"多山的地方"，这座小岛国经常会因政局不稳等因素登上报纸，然而在美国人和欧洲人眼里，这里就是能够让人在美丽、干净的大自然中享受惬意休息的休养胜地。

海地的政治、经济和交通中心虽然是首都太子港，但休息和观光的中心却是拉巴地岛。

1. 在拉巴地海边乘坐橡皮艇等待出发的旅客们。

2. 商人们一边包装商品，一边和旅客交谈的情景。

3. 来到拉巴地海边的酒吧喝茶聊天的女性。

这是哥伦布航海旅程中所发现的第一座岛屿，它及时为哥伦布一行人提供了一个停脚休息的地方，也是他们为加勒比与中南美建造的最著名的殖民地港口。现在的拉巴地早已丧失了原本的功能，只是作为著名的休养胜地吸引全世界各地的旅客。

　　拉巴地海岸的风景可谓是多彩缤纷。这里能够容纳数千人休息，同时也能让游客体验各种海洋运动。在拉巴地海边上可以看到形形色色的人——一丝不挂享受加勒比强烈的阳光的男女，炫耀着诱人的曲线在海滩漫步的情侣，躺在靠椅上沉浸在书海中的旅客，坐在小皮船上滑向某个目的地的青少年，乘坐橡皮艇驰骋在蔚蓝色海洋的冒险者……

　　就算对水上运动不擅长的旅客也没有必要担心，这里有无论男女老少都能享受戏水乐趣

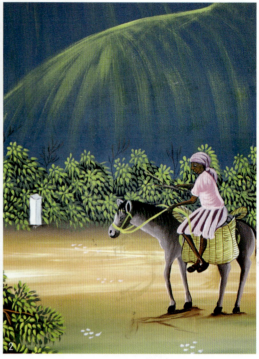

1. 停放在水上乐园的水上摩托艇。　　　　　　2. 骑着毛驴前行的妇人。

的水上乐园,旅客们可以用简单的护目镜和鸭脚板一览海中的美丽风光。除此之外,拉巴地还有短短几个小时内便游遍神秘海洋的潜水项目,以及乘坐水上交通工具和游艇驰骋于凉爽海面的水上乐园和各式各样的水上娱乐设施,真可谓是戏水的天堂。

　　拉巴地最有名的景点虽然是海边,但腾出点儿时间在茂密的丛林中散散步也颇感惬意。沿着热带丛林铺开的步行路漫步与在中南美的雨林中探险不同,谁都可以在这里放心地享受休闲时光。当然,旅客行走的散步通道与居民们生活的地区有相当大的差异,但这条适合漫步的路,能让人亲身体会到什么叫真正的悠闲和惬意。

　　如果觉得戏水和散步无聊了,就可以前往树木茂盛的内陆地区,寻找聚集着餐馆、咖啡馆、商店的村庄。

　　各式各样的贸易场所中最引人注目的就是被称为"手工市场(Artisan's Market)"的工艺品市场。这座市场以两座大型建筑物为中心,坐落在周围的工艺品商店有数十家之多。有些店会把数百个作品挂在店铺的里里外外来进行贩卖,而有些店就只挂着几十件作品。手工艺

讨价还价的旅客和商人，当地的所有画作和木刻作品都能还价。

品商人和当地特产的商店汇集到一起而组成的"手工市场"只会在游轮停靠的当天开门营业。

从亲手作画销售的画家，到用布料或木板现场制作土著人偶与工艺品的居民们，这座工艺品市场与其说是单纯的市集，不如说是综合美术馆或者画匠们的工作场所，被堆在陈列场和地面的画作和雕塑品多得让人无法想象。

交易各种艺术品的图画市场摆脱了一成不变的风格，其最大特征为鲜艳的色彩和单纯的拼接，其华丽程度超过了高更的后印象主义画作。这里的作品大部分都呈现出生活在加勒比海与周围密林中当地土著人的生活。

筐里装着男人们刚刚抓来的海鲜，妇人们交谈的声音仿佛响在耳边。绘制着骑着毛驴走在茂密丛林中的女性的画作，表现出了热带地区女性的生活状态以及劳动的辛苦。

看到在用艳丽的色彩描绘出的小房子前度过欢乐时光的一家人的画作，到访的旅客也会美慕他们的幸福生活。

就像为立体派画家与雕塑家提供美术新流派灵感的非洲原始艺术一样，这些图画中流淌

以居民生活为题材勾勒出的强烈色彩画。

无瑕的天空与一望无际的大海融合而成的美丽的拉巴地海岸。

着海地人的血液,代表着海地人的非洲情结。虽然只需 50～100 美元的低廉价格就能买到一幅画,但就像在纽约喧哗大街上活动的现代画家的作品一样,这些由简单图形拼接的画作,不仅呈现出了鲜艳的色彩,还体现出绝妙意境。

在拉巴地还有一种绝对不容错过的当地特产,那就是用布料做成的传统人偶与利用薄金属做成的各种首饰及木刻工艺品。

头顶独特发型、身着彩色服装的传统人偶是代表海地的特产,只要是来到海地的旅客肯定都会带走一个。年迈的老夫妻和带着孩子的一家人索性手里拿满了人偶回到游船上,这样的情景时常会发生。

这里盛产的咖啡所散发出的浓浓香气刺激着他乡人的嗅觉器官。同当地色彩鲜艳的原生态画作一样,作为海地的主要输出商品之一的咖啡,有着强烈的野生味道和香气。因此这里的咖啡和法国白兰地一并被称为欧洲首屈一指的佳品。

4day

FOLIO: 43026569
STATEROOM: 6350

KT #: 0000010

KT #: 0000010

NSB1

W

牙买加欧裘里欧斯

 09:00 欧裘里欧斯入港 ▸▸▸▸   **17:00** 欧裘里欧斯离港 ▸▸▸▸

　　牙买加的欧裘里欧斯是富有众多看点的停靠港。游客们可以在海边和露天咖啡馆享受闲情逸致，或到商店大街享受购物乐趣，另外还能在欧裘里欧斯最知名的八条河瀑布欣赏绝佳胜景。当然，想要游览农场和遗址的话可以参加自费游览。但从港口出入丛林或山间地区的时候要特别注意安全。

4day

▶▶ 主要日程与活动

07:00-07:30　走到甲板上欣赏梦幻般的加勒比海风景。

08:50-09:00　准备参加前往欧裘里欧斯的自费游览和自由观光。

09:00-16:30　参加自费游览或自由观光。

16:30-16:50　搭乘游船。

17:00-18:00　在甲板上休息，欣赏欧裘里欧斯与加勒比海的日落美景。

19:00-20:00，22:30-23:30　欣赏冰上演出。

21:00-22:00，22:45-23:45　欣赏老少咸宜的魔术表演。

23:00-02:00　舞蹈派对。喜欢跳舞的旅客可以参加这项有趣的活动。

用餐

07:50-08:50 **早餐** ▶▶ 从容地享用完早餐之后准备向停靠港出发。

12:30-13:30 **午餐** ▶▶ 参加自费游览和自由观光的旅客可以前往位于欧裘里欧斯城镇的咖啡馆和餐馆来享用午餐。

18:00-20:00 或 20:30-22:30 **晚餐** ▶▶ 服装要求为 Casual，因此可以穿着舒适的服装前往主餐厅。

▶▶ 旅行信息

　　这里对自由观光来说有一定的限制，所以最好选择能够游览自己喜欢的目的地的自费旅游套餐。欧裘里欧斯自费观光套餐包括潜水、海上钓鱼、乘坐快艇游览海边的路线和室内购物路线。

观光

自费观光 ▶▶ Dunn's River Express **推荐**（八条河徒步游）地面上最为独特的瀑布，亲自徒步游览长达 600 米的八条河瀑布，随后可以在周边休息或购物（成人 64 美元，儿童 64 美元 / 需要 5 个小时 30 分钟）。

Dunn's River Falls Tour（八条河瀑布游）可以沿着八条河瀑布悠闲游览的路线，适合渴望享受悠闲时光的旅客们（成人 78 美元，儿童 65 美元 / 需要 7 个小时 30 分钟）。

The Best of Jamaica（牙买加名胜）游览欧裘里欧斯地区农场和牙买加主要历史区域的路线，对历史感兴趣的旅客们可以选择这条路线（成人 119 美元，儿童 119 美元 / 需要 7 个小时）。

自由观光 ▶▶ 想要在欧裘里欧斯自由自在地游览，就会有若干限制。在游览完八条河瀑布之后前往海边休息，或到城里的咖啡馆、大街、商场逛逛，其他就没有什么特别的了。

▶▶ 旅行名胜

　　种植香蕉、可可、咖啡等的热带农场　让人联想起热带雨林的农场，乘坐观光拖拉机游览一番就能知道这里是个多么富饶的地方。

　　八条河瀑布　长达 600 米的八条河瀑布是唯一一个人类能够徒步逆行而上的台阶式瀑布。

　　泰姬陵购物中心　欧裘里欧斯的顶级购物商场，可以买到钻石制品、高级手表、蓝山咖啡等各种商品。

1. 旅客们搭乘由拖拉机改造而成的游览车进行自费游览。　3. 停泊在牙买加欧裘里欧斯港口的旅行者号。

2. 郁郁苍苍的丛林中的牙买加农家住宅。

比蓝山咖啡的香气更具魅力
欧裘里欧斯

　　游轮在蓝绿相融的加勒比海航行一夜，重新停靠的地方就是意为"八条河"的海岸城市——牙买加的欧裘里欧斯。咖啡爱好者们很早就知道这个咖啡之乡，但一般人并不容易靠近这片土地。

　　日本旅行者协会推荐的极品咖啡——蓝山咖啡，其原产地之一的牙买加海岸，就位于加勒比海地区散落的岛屿中。对于旅行者来说，没有什么地方比这里的风景更美。

　　如果是多次到访过这里的旅客，可以自行前往自己喜欢的景点。但我是第一次游览这个地区，因此决定参加游船上组织的自费观光项目。虽然有些不自由，但也只能和同行者们搭乘巴士前往第一个目的地——农场。从港口出发的大巴刚驶进公路，就看到了在游轮甲板上

1. 在牙买加香蕉农场工作的伙计。   2. 凉爽的大海与雪白的沙滩组成的牙买加海岸风景。

3. 欧裘里欧斯大街一角散落着精致的小建筑，不管走到哪里都能感到清闲自在。

无法看到的异域风光，独特的街道和商店映入人们的眼帘。强烈的异域风格建筑物所组成的大街能够让你从头到脚体验加勒比海的氛围，这别具一格的景象美得让人简直找不到恰当的语言形容。

　　乘着大巴在路上行驶了 20~30 分钟，就能看到规模巨大的农场。走进拥有惊人规模的欧裘里欧斯农场，就看到了由拖拉机改造的观光车正在迎接着访客。到访农场的人都会坐上这辆有些搞笑的拖拉机，观赏数不胜数的农作物。

　　穿过丛林，越过山丘就可以看到著名的咖啡农场、满是新鲜诱人香蕉的香蕉农场，还有光看就能让人流口水的椰子农场，这些都能让人充分感受到欧裘里欧斯的富饶。在这些让人联想起热带雨林的农场中，会为旅客们提供简单的采摘示范。这不是什么精心设计的动作或是带有旋律的演出，而是真正体会农场生活，教人如何摘椰子和香蕉。当地人像猴子般灵活地爬上树摘下果子，看着这幅场景，肯定会让人想起小时候和伙伴们爬树的情景。

1. 店主在销售当地特产和生活必需品的商店门口等待着旅客。 2. 欧裘里欧斯大街上最常见的、能够上网的咖啡馆和其上悬挂的广告牌。 3. 为了摘椰子而爬树的当地原住民。

　　不过，最能代表欧裘里欧斯的名胜就是八条河瀑布。从山坡连到大海的八条河瀑布是地球上唯一能够让人徒步行走的瀑布。在亲眼看到之前，很难想象人怎么可以徒步走在这条长达 600 米的瀑布上方，但体验这种奇特的景观也并非难事。

　　观赏八条河瀑布的方法有两种：从海滩所在的下游出发沿着瀑布走到上游；或者从上游出发，顺着水流走到海岸。但无论选择哪一种方法，都会经过主要名胜景点。不过相比之下，第一个方法更安全一些。每个人的体力与观赏方法都不同，但一般用 1~2 个小时也就足够了。

　　即便我在 20 年来走访了一百二十多个国家，看过无数大大小小、千奇百怪的瀑布，但一想到这个不需要走旁边的山间小路就能沿着长达 600 米的瀑布逆流而上的景点，也会心潮澎湃。

　　一面抑制着这种兴奋的心情，一面连呼几口大气，沿着过膝盖的瀑布逆流而上，就能看到平坦的小池塘。在瀑布流淌的范围内足足有十多个这种平坦地带，不仅能让人稍事休息，还能为旅客提供戏水的环境。

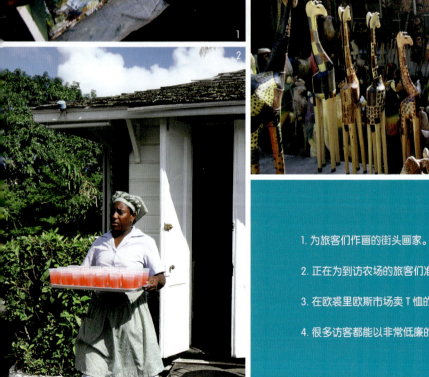

1. 为旅客们作画的街头画家。

2. 正在为到访农场的旅客们准备饮料的妇女。

3. 在欧裘里欧斯市场卖 T 恤的商人正在等待旅客。

4. 很多访客都能以非常低廉的价格买到的木刻制品。

1. 在街头卖椰子饮料的商人。　　2. 牙买加最具代表性的特产——蓝山咖啡豆。　　3. 在农场销售的竹制工艺品。

　　走在八条河瀑布中,还能看到丛林中的鸟儿在瀑布上方盘旋的壮观场景。要想用相机捕捉这一瞬间,并不是件难事。

　　如果想顺利通过八条河瀑布,就必须事先做好准备:那就是准备一双能让你在表面光滑的岩石上行走的踏水鞋。因为常年被流水冲刷,河里的石头表面非常光滑,比起一般的运动鞋或登山鞋,更适合选择舒适、安全的踏水鞋。

　　欧裘里欧斯港口地区的大道两侧坐落着商店、咖啡馆和作坊。打造牙买加特有发型的美容院、利用国旗的纹样设计T恤的商店、钻石专卖店等,每个商店都彰显着独特的个性,在这条街上慢慢走着,肯定能遇到让人印象深刻的店铺。

　　这里还有让旅客可以亲自尝试用木材制作雕刻品的跳蚤市场以及流淌着拉丁音乐与爵士乐相融合的个性旋律的咖啡馆。跳蚤市场中交易的商品和加勒比海沿岸的所有市场中销售的物品差不多,但在这里的优点是,可以用更低的价格买到商人们亲手制作的物品。另外,你还能买到价格低廉但做工精致的各种木刻制品与首饰,这甚至会让你怀疑,这些东西是不是工匠们亲手做的。

从钻石到咖啡，销售各种商品的欧裘里欧斯最大的购物商场——泰姬陵购物中心。

由台阶所组成的长达 600 米的八条河瀑布，人们在它尽头休息。

　　跳蚤市场与港口之间坐落着高级购物商场——泰姬陵购物中心和各种小店。从钻石制品和高级手表，到蓝山咖啡，销售各种商品的欧裘里欧斯，让旅客看到了它不同的一面。另外，绝对不能错过的地方就是咖啡馆。用色彩强烈的壁画与独特的雕刻装饰而成的露天咖啡馆能让旅客们深深沉浸在牙买加旋律之中，享受一杯浓浓的蓝山咖啡，让人过后只要闭上眼就能回想起那咖啡的余香。

5day

FOLIO: 43026569
STATEROOM: 6350

KT #: 0000010
KT #: 0000010

NSB1

NV

大开曼岛乔治城

08:00 乔治城入港 ••••▶   **16:00** 乔治城离港 ••••▶

　　因为乔治城所在的大开曼岛地区风浪较大，所以停靠日程有所变化。取消了原定的计划，改为全天海上航行。当由于大自然的原因，不得不改变行程时，船长需要对局势进行准确的判断，一旦决定的话，旅客们必须一律服从。巡游旅行中，如果不是发生紧急事态，基本不会有改变航线的情况。但如果遇到飓风等自然灾害的话，航线就必须重新修正。

5day

我参加过 7 次海上游轮旅行，也是第一次碰到这种情况。大开曼岛乔治城的停靠计划取消的原因只有一个——由于风力过强导致海浪过高，游船无法停靠在港口。就算相当于 15 层楼高的巨型游船，在大自然面前也束手无策。因天灾而突然改变日程，最苦恼的不是无法下船游览的旅客，而是需要重新制定服务计划的乘务人员。

1503 年踏上西印度路线的哥伦布将大开曼岛展现在全世界面前，这座岛由位于古巴南部和牙买加北部的三座岛屿组成。以首都大开曼岛为中心，开曼布拉克岛与小开曼岛构成了隶属英国管辖范围内的开曼群岛，梦幻一般的沙滩沿着喀斯特地形铺开。哥伦布最开始将这个地方取名为"拉斯托鲁加斯（las torugas）"，意为"乌龟"，那是因为在这里能看到各种各样的乌龟和饲养乌龟的农场，还有大型黄貂鱼也经常出现在人们的视线中，这两个是当地的名产。搭乘游轮来开曼群岛旅游的游客们主要也是希望能够见到饲养黄貂鱼、乌龟的海滩以及别样的农场风光。

▶▶ 旅行信息

在乔治城所在的大开曼岛上，人们可以尽情享受海上运动的乐趣，度过休闲时光。每个人都有特别的感受，想从旅行中体会的快乐也不同，但在这里一般都会在自费游览完成之后在海边享受日光浴和游泳，进行充分的休息。

观光

自费观光 ▶▶ Grand Cayman Highlights & Turtle Farm （大开曼岛名胜 & 乌龟农场）在大开曼岛游览完城市之后前往乌龟农场的路线，可以看到从刚出壳的小乌龟到巨型海龟（成人 30 美元，儿童 22 美元 / 需要 2 个小时）。

Seaworld Explorer Glassbottom Boat （透明底快艇游）乘坐能够看到海底的快艇，欣赏各种海洋生物和美丽的珊瑚礁的路线（成人 37 美元，儿童 28 美元 / 需要 1 个小时）。

Atlantis Submarine （亚特兰大潜水艇）乘坐潜水艇下降到水下 30.5 米，欣赏加勒比海中鱼类的路线，这条线路的人气颇高（成人 94 美元，儿童 49 美元 / 需要 1 个小时 30 分钟）。

Stingray City Adventure （魔鬼鱼城探险） 在黄貂鱼岛与黄貂鱼共度时光的路线，在自费游览中具有最高的人气（成人 45 美元，儿童 45 美元 / 需要 2 个小时）。

自费观光 ▶▶ Aquaboats & Snorkel Adventure （快艇＆通气管探险）乘坐小船游览大开曼岛的路线，适合欣赏美丽的加勒比海边的项目（成人 89 美元，儿童 89 美元 / 需要 3 个小时）。

Beach Break & Stingray City Combo （海滩休闲＆通气管之城双重游）穿戴潜水装备在海边与黄貂鱼共度美好的时光，之后游览乔治城的路线（成人 74 美元，儿童 74 美元 / 需要 4 个小时 30 分钟）。

自由观光 ▶▶ 正常停靠在乔治城的话，早上 7 点前往海边享受充分的休息或参加海洋运动。然后可以到当地的餐馆和咖啡馆享用午餐，下午去位于乔治城内的跳蚤市场、农场等地参观，或者乘坐快艇或潜水游览海洋的美景。

▶▶ 旅行名胜

7 英里海岸　乔治城最受欢迎的名胜，在超过 11 公里的海边沙滩上享受日光浴或游泳的乐趣，也可以悠闲地休息。另外，沙滩与海洋交汇的地方能够见到自然界中原生态的海龟与黄貂鱼。

蝴蝶农场　位于乔治城附近的蝴蝶农场，在那里能够欣赏加勒比海沿岸栖息的各种蝴蝶。

海洋公园　能够欣赏加勒比海沿岸栖息的各种鱼类的人工海洋公园。这里拥有大开曼岛上随处可见的海龟、各种热带鱼和鲨鱼等。

乔治城跳蚤市场与商店　位于乔治城各个角落的商店和跳蚤市场贩卖各种美丽的雕塑和古代西班牙制造的硬币，能给人带来别具一格的乐趣和体验。

在农场与海边巡回游览　在乔治城租一辆自行车转转海上公园、蝴蝶农场和黄貂鱼农场，另外海龟农场也是个不错的选择。

乔治城城内　城内有密密麻麻、销售独特雕刻品的商店和咖啡馆，展现着当地居民的生活。

▶▶ 主要日程与活动

如果停靠港日程取消，改为全天海上航行的话，游船上举办的活动就会有很大变化。这样一来，就会安排比原先更多的活动，所以要时时刻刻注意客房的电视机和广播，选择自己喜欢的活动。

08:30　日程变化通知。通知旅客，因海浪的影响，预定的乔治城停靠日程会有所改变。

09:00-10:00　在游船内散步。放松心情去看看之前未能腾出时间游览的游船上的角落。

09:00-22:00　游船内商家特卖会。预期之外的活动，从满足旅客参观无法实现的失落心态的角度出发而举办的商品打折活动，销售各种首饰和纪念品。

09:30-11:00　潜水培训。针对渴望在科苏梅尔享受海洋运动的旅客举办的潜水培训,可亲身体验潜水的乐趣。这项潜水培训是在室外游泳池进行的收费活动。

10:00-12:00　在室内游泳池或酒吧休息。如果之前享受了足够的室外游泳和日光浴,就可以在室内游泳池里打发时间。

10:30-12:00　参加宾果游戏。临时开设的宾果游戏,优胜者能够得到在游船上购买商品,或在特定时间使用的商品优惠券。

10:30-12:00　参加卡拉OK比赛。旅客可以参加为全体旅客举办的卡拉OK比赛。平时只会提供简单的纪念品,但这一天会为旅客们发放相当金额的商品券和礼物。

14:00-16:00　参加攀岩、迷你高尔夫球、乒乓球、篮球等休闲运动。接受专业攀岩运动员的指导尝试攀岩,或者参加能够热身的休闲活动打发时间。

16:00-17:30　参加或观赏游船上举行的模拟赛马游戏。同样是临时举办的活动,但因为是难以体验的游戏,尝试一下未尝不可。即使当个旁观者,这款游戏也会给人带来很大的乐趣。

21:00-22:00, 22:45-23:45　观看百老汇音乐剧表演。由专业音乐剧演员和工作人员组成的百老汇表演,足以填补旅客们未能参加停靠港观光而产生的失落感。如果身体不劳累的话,建议一定要参加一次。

22:30-23:30　爵士音乐演出。天空酒吧会举办爵士音乐演出,对爵士乐有兴趣的游客可以尽情沉浸在美妙的旋律之中。

用餐

07:30-08:30 早餐 ▶▶ 可以在主餐厅或自助餐厅享用早餐。

12:00-14:00 午餐 ▶▶ 不做停靠的全天海上航行中,可以到主餐厅享受极致的服务,从容地享用午餐。

18:15-20:15 或 20:45-22:45 晚餐(国际晚宴) ▶▶ 船长主持的晚宴,以"国际晚餐"为主题,向旅客提供各个国家的美味料理。除了晚餐之外,还可以观赏顶级厨师和餐厅服务员们的音乐演出和游行活动。服装要求为Formal,所有旅客都需要穿正装,也可以穿民族服装参加。

6day

FOLIO: 43026569
STATEROOM: 6350

KT #: 0000010
KT #: 0000010

NSB1

NV

墨西哥科苏梅尔

10:00 科苏梅尔的圣米格尔入港 ••••▶   **19:00** 科苏梅尔的圣米格尔离港 ••••▶

　　位于墨西哥尤卡坦半岛东部的科苏梅尔为人们展示着各种看点——从玛雅人的遗迹到浪漫的咖啡和海边，以及充满个性的度假胜地和当地居民的生活。科苏梅尔与坎昆地区共同作为墨西哥最安全的休养胜地而著称，因此单独旅行也不会有障碍。

▶▶ 主要日程与活动

09:00-09:50　休息及准备在停靠港进行观光。

10:00-18:30　在停靠港观光。可以通过游轮组织的自费游览或自由观光来游览科苏梅尔的名胜景点，或享受海洋运动的乐趣。在体验当地旅行社和体育中心组织的潜水等海洋运动的乐趣之后，千万别忘了先去游览一下玛雅遗址，再到城区转转。

18:30-18:40　搭乘游船。

21:00-22:00，22:45-23:45　观看滑稽剧表演。不精通英语的旅客可能难以理解。

22:30-23:30　成人表演，可以欣赏拉斯维加斯水准的成人表演，只有18岁以上的旅客才能参加。

23:00-00:30　50~60岁年龄段舞蹈派对。为年龄段为50~60岁的旅客准备的活动。

用餐

07:30-09:00　早餐 ▶▶ 可以在自己喜欢的时间段享用早餐，之后准备停靠港旅行相关事宜。

13:00-14:00　午餐 ▶▶ 参加科苏梅尔观光的游客最好到当地的餐馆用餐。墨西哥有很多以清淡的料理和以海产品料理为主的餐馆，到哪里都能享尽口福。

18:00-20:00 或 20:30-22:30　晚餐 ▶▶ 服装要求为 Casual，尽可能穿着舒适的服装。

▶▶ 旅行信息

与首尔面积大小相仿的科苏梅尔具有悠久的历史，所以不太可能在短时间内游遍整座城市。所以要事先确定自己想要游览的景点，再选择参加自费游览，或是在圣米格尔地区租汽车或摩托车游览。想要游览玛雅遗址或参加海洋运动的话最好申请自费游览，但如果想在海边享受悠闲的休息或在咖啡馆欣赏音乐或购物的话则推荐自由观光。

观光

自费观光 ▶▶ Tulum Mayan Ruinu & Xel Ha（玛雅遗址 & 希尔哈生态园）在游览完玛雅遗址之后在海边享受潜水和休息的旅游套餐（成人109美元，儿童79美元 / 需要8个小时）。

Xcaret with Dolphins（与海豚亲密接触）在碧蓝的海中佩戴潜水装备与海豚共度时光的旅游套餐，适合那些渴望获得不一样体验的旅客（成人169美元，儿童169美元 / 需要8个小时）。

自费观光 ▶▶ Scuba Diver Certification Course（潜水培训）佩戴潜水装备游览加勒比海岸的神秘海底风光的旅游套餐，对喜欢海洋运动的访客来说，再理想不过了（成人 249 美元，儿童 249 美元／需要 4 个小时 30 分钟）。

自由观光 ▶▶ 利用自行车、小摩托车或租车游览目的地是最有效的方法。

10:00-10:30	下船后办理租车业务。
10:30-11:00	前往玛雅遗址——圣日耳瓦西奥地区。
11:00-13:00	游览圣赫瓦西奥遗址和圣道遗迹。
13:00-14:00	在圣日耳瓦西奥遗址或附近的海边餐馆用餐。
14:00-16:00	前往并参观皇家卡斯蒂略遗址。
16:00-18:00	前往圣米格尔港口之前在海边休息或参观小村庄。
18:00-18:30	前往圣米格尔港口，归还车辆。
18:30-19:00	搭乘游船，离开科苏梅尔。

▶▶ 旅行名胜

圣日耳瓦西奥遗址与圣塔莉卡遗址　位于北部的玛雅遗址，包括过去为神灵祭祀准备的祭坛与玛雅人生活过的住宅等在内的主要建筑物都完好地保存了下来。

厄西周遗址 （El Cedral）位于南部的遗址，能够同时接触到玛雅文化与西班牙文化。还有一个好处就是能够体验当地居民的生活。

科苏梅尔博物馆　展现科苏梅尔历史与文化，以及居民们的生活的博物馆。

科苏梅尔城区　沿着海岸排列的各种商店和咖啡馆都能为旅客提供良好的休闲场所，位于城区的海洋运动中心也为旅客提供了各种海洋运动的体验机会。

科苏梅尔海岸　乘坐计程车、租赁车、小摩托车离开城区的话就能来到科苏梅尔海岸，这片僻静的地方仿佛就是为恋人们准备的。

加勒比巡游之花
科苏梅尔

　　科苏梅尔是西加勒比海中最美丽的地方之一。要想拜访科苏梅尔,圣米格尔港口是必经之地。相当于岛屿大门的圣米格尔既是科苏梅尔的重要城市,也是商业地区,这里居住着科苏梅尔的大部分居民。

　　沿着海岸线分布的港口停靠着来自各个地方的游轮,包括美国、墨西哥、巴拿马和大西洋彼岸的各个国家,不同国家的旅客为这座港口带来了无尽的人气和多样的看点。

　　因多样的看点让访客们不知从何看起的圣米格尔与其他地方有着明显的区别。能将这座城市与其他地区区别开来的一个最大特点就是:装饰城市的壁画与街头的艺术家联袂演出的自由氛围。

1

2 3

1. 游览科苏梅尔的旅客们悠闲地在圣米格尔港口散步。

2. 当地的特产商店，以及吸引旅客脚步和目光的装饰品。

3. 广阔无垠的白色沙滩与翡翠色海水相融合的科苏梅尔海岸。

1. 用壁画将整个建筑物立柱装饰起来的圣米格尔咖啡馆。　　2. 销售各种当地特产的科苏梅尔商店。　　3. 为参加潜水的人实施安全指导的讲师。

　　销售耀眼的宝石与当地特产的店铺和其他地方一样多,但装饰商店和咖啡馆外观的壁画却更能够吸引旅客们的目光。不仅是商店和咖啡馆密集的大道,甚至连狭窄的小巷住宅也能看到壁画,使人不禁忙着按下快门。不过,这些华丽的壁画大多都不超过十个年头。居住在岛上的居民为了在不破坏自然景观的前提下将城市打扮得更漂亮一些,就想出了用壁画装饰建筑物这个方法。商店入口与周边摆放着美丽的地毯和瓷器,其功用也和壁画一样。

　　除此之外,谈到圣米格尔绝对不能漏掉街头的艺术家。在浪漫氛围浓厚的港口,海边演奏乐器和唱歌的街头乐师的水平都达到了一定境界,"街头乐师"这个称号早就难以体现这些艺术家的水平了。当他们展现自己才华时肯定会招来众多旅客,人头攒动的购物商场或广场周边总能看到跳传统舞蹈的舞者们。科苏梅尔的形象之城——圣米格尔,让人觉得仿佛整座城市就是一个动态的文化空间。

1. 在科苏梅尔港口演奏乐器的乐师们。　　2. 位于圣米格尔海岸的商店外墙上的巨大壁画。

　　以如此魅力四射的圣米格尔为中心,沿着名画一般的海岸铺开的科苏梅尔的形状让人不禁联想到巨型的扇子。科苏梅尔的海岸非常广阔,围绕岛屿的海岸线长度能够达到120公里。像水晶一般无瑕的大海颜色从透明的玉色到深蓝色,各式各样的奇观和千奇百怪的热带鱼在珊瑚礁中穿梭的场景让旅客们不停地拍摄。这个海岸的最大特点就是利用了伟大自然的最原始形象。如果说位于附近的坎昆是一片设施齐全的安乐休养胜地的话,那么科苏梅尔虽然在精致方面略逊一筹,却是一片没有被过度开发的天然休养胜地。

　　虽然科苏梅尔岛整体由海岸组成,但最具代表性的海岸就是高级休养胜地汇集的西南部海边与东北部海边。科苏梅尔有二十多处度假天堂,但没有一处是以损毁自然为代价而建成的。当然,道路和各种人工设施所占据的空间并不能被忽视掉,但这些区域加起来也只不过是冰山一角。这种休养胜地,可以称得上是自然环境保存完好的地区。

　　被雪白的沙滩装饰着的海岸,每个角落都美丽得让人只能赞叹。身处在这些远古神秘氛围保存完好的旷野、丛林和翡翠色的海边,无论是谁,都能以自己喜欢的方式自由自在地休息。在享受完日光浴之后可以在凉爽的树荫下休息,或前往玛雅遗址静心冥想一番。

　　但身处科苏梅尔海边的真正好处就是能够享受各式各样的运动。潜水和冲浪都非常有名,但最有人气的当属深海潜水。一年四季能够享受深海潜水的路线就多达数十处,潜水点

1. 承载旅客的马车经过圣米格尔大街。

2. 热带丛林和沙滩完美融合的科苏梅尔海岸。

3. 四处散落着各种神殿和建筑物的圣日耳瓦西奥遗址。

4. 望着海边惬意休息的旅客。

1. 在商店门口用树叶编帽子的当地居民。　　2. 看到在商店卖东西的营业员刚要照相，就用帽子遮住自己的青年。

正是将无数的潜水迷吸引到科苏梅尔岛的原动力。在前文中已经对其透明的海水描述了一番，但具体说来，视力正常的人在水中视距 30 米完全不成问题。这种上天赋予的能力允许任何人在接受专业讲师的 3~4 个小时培训之后，就能在水中接触热带鱼、海龟以及其他连名字都叫不上来的多种海洋生物。

科苏梅尔在玛雅人的语言中有"燕子岛"的意思，因其酷似燕子外形的地形而得名。打开介绍科苏梅尔的观光地图，这座岛从上空看来仿佛一只灵巧的燕子落在树梢上。玛雅人将这个地方当成富饶女神兼月亮女神阿耳忒弥斯的圣地，因此也叫作"传说之岛"。

公元前 4 世纪玛雅人居住的科苏梅尔虽然是一座岛屿，但它是一座不比墨西哥任何城市差的古都。古代遗址与现代休养胜地融合而成的独特氛围为访客们带来了奇妙的期待感。

科苏梅尔的神秘玛雅遗址分布在多个地方。在科苏梅尔被西班牙军队占领之前，因中介贸易的繁华，这里成为加勒比海域最富饶的岛屿。但随着西班牙人的殖民统治，岛屿的美丽瞬间落幕。让沉睡了 500 年的科苏梅尔重新出现在人们视野中的契机就是游轮的入港。

科苏梅尔有四处规模较大的玛雅遗址。过去整座岛屿能够称得上是一个大型遗址，但现在最具代表性的就只有位于岛屿中央的圣日耳瓦西奥遗址、圣塔莉卡遗址、东北部的皇家卡斯蒂略遗址以及西南部的厄西周遗址。

1. 在科苏梅尔露天咖啡馆喝茶休息的人们。　　2. 四处散落着各种神殿和建筑物的圣日耳瓦西奥遗址。

在圣米格尔大街边的商店参观的旅客。

在密林地区形成的圣日耳瓦西奥遗址是除了附近的玛雅最大遗址"奇琴伊察"之外最大规模的遗址，据说众多玛雅人为了向富饶女神祈求丰年而献上祭祀品的地方就是这里。

但遭西班牙军队破坏之后，现在剩下的就只有以祭坛为中心的几个广场和建筑物了。位于圣日耳瓦西奥遗址对面的圣塔莉卡遗址留有埃及金字塔形状的天文设施、仓库群等，光是看看这些就能大概了解当时科苏梅尔对玛雅人来说是个多么重要的地方。

岛屿东北部的皇家卡斯蒂略遗址位于一般人难以靠近的热带雨林中。因西班牙军队的攻击，大部分已经遭到破坏。现在只剩下几座代表遗址的建筑物，见证着曾经灿烂一时的文明。在这片自然生态保存完好的遗址中可以看到篦鹭、燕鸥、加拉帕戈斯军舰鸟、虎皮鹦鹉等多种鸟类和热带植物、蕨类植物以及附生植物。

很久之前作为宗教和文明的中心地，同时也作为中介贸易繁华都市的小岛，记录这些历史的就是散落在密林中的巨大岩石和遗址。不过以清澈透明的海水和美丽的风光为背景的科苏梅尔却不会改变，作为世界巡游旅行人气最高的休养胜地，依旧散发着各种魅力。正是因为生活在这里的玛雅人后裔和大自然的和谐相处，才保留住了这份魅力。

7day

FOLIO: 43026569
STATEROOM: 6350

KT #: 00000010

KT #: 00000010

NSB1

NV

全天海上航行

超大型船舶旅行者号在全天海上航行的时候，会为旅客们准备其他任何游船上都体验不到的多彩活动。和其他中型超豪华游船的服务相比，虽然在精致程度上多少有些不及，但却有很多只有在大型船舶上才能获得的体验。其中最具代表意义的活动就是冰上演出和攀岩，以及在大型剧场观看演出。在旅行者号这种超大型游船上度过全天海上航行时最需要解决的问题就是提前分配好时间，体验或观赏自己喜欢的活动和演出。

7day

▶▶ 主要日程与活动

　　根据游轮公司和船舶规模的差异,船上的活动不尽相同。像旅行者号这种超大型游船,其航行当天会安排80~100项活动。不同的时间段会有三四种活动同时举行,因此旅客不可能参加所有的活动,所以要按照自己喜欢的顺序先整理好活动安排。

　　09:00-10:30　参加迷你高尔夫球、篮球、排球、乒乓球等休闲运动或在甲板上散步。

　　09:00-10:30　女性可以参加瑜伽课程,并体验水疗与按摩——它们能有助于复原在加勒比强烈阳光下受损的皮肤。瑜伽、水疗、按摩等都需要支付一定费用。

　　09:00-19:00　搜集有关下一个旅行地的信息,参加旅行商品的特卖会。参加有关下一个旅行地的说明会,或前往预约活动举行的现场听取建议或提出疑问。

　　10:30-12:00　参加宾果游戏。

　　12:30-13:30　参加艺术品竞拍。游船上举行的最后一次竞拍会,能够以比较低廉的价格购买尚未出售的艺术品。

　　13:00-04:00　皇家赌场开门营业。当游船远离停靠港,在海上航行的时候,皇家赌场就会营业。不过能够享受赌桌的乐趣的时间是因游船而异的,旅行者号上会从13:00开始营业,在游船航行的过程中始终接待客人。

　　15:30-17:00　参加宾果游戏。

　　16:00-17:00　参加攀岩活动。这次活动是在旅行者号上体验攀岩乐趣的最后一次机会,所以一次都没有参加过的旅客建议去挑战一下。

　　17:00-18:00　参加商品特卖会。

　　17:20-17:40　欣赏日落。想要欣赏加勒比海日落的旅客可以前往甲板。

　　19:00-20:15,20:45-21:45　欣赏滑稽剧表演。只有精通英语的人才能听懂,英语一般的旅客也可以去凑凑热闹。

　　22:30-00:00　参加卡拉OK比赛或休息。

用餐

07:30-09:00 早餐 ▶▶ 可以在自助餐厅或主餐厅从容地享受早餐。

12:00-14:00 午餐 ▶▶ 可以到自己喜欢的餐厅用餐。

18:00-20:00 或 20:30-22:30 晚餐 ▶ 服装要求为Informal,可以在主餐厅享用晚餐。赴宴的旅客们最好提前将行李打包,再在晚餐之后将行李放到客房通道中。

▶▶ 在迈阿密登陆所需的主要信息

1. 确认在游船上的所有消费记录

确认旅行期间在游船上的花费，包括自费游览、购物，以及各种服务相关的内容，游轮方面会将记录各消费内容的账单送到客房。账单中的内容和实际的消费若不一致，可到咨询台确认并修改错误的部分。

2. 支付小费

巡游旅行中要对提供过服务的人员支付小费。一般来说，小费不是随时随地支付的，而是要在下船之前统一支付。支付的方法因游船而异，但大体上都是按照指定的金额支付现金。

3 申请地面服务

想要在停靠港继续观光的旅客可以先确认自费游览的有关的内容，再进行申请。另外，也可以事先到咨询台申请从港口前往机场或城市中心区的收费班车的车票。

4 整理行李

行李托运手续很简单，旅行结束前一天，会有行李单送到客房，把它贴到需要托运的行李上，放到客房通道就可以。放到客房通道的行李可以在第二天下船之后到行李寄存处取回。整理行李时最好将第二天要使用到的护照、贵重物品、生活用品等单独拿出来并随身携带。如果第二天要乘坐飞机或火车的话，就最好不要将行李放到走廊，等游船靠岸之后随身携带，以便节省时间。

8day

FOLIO: 43026569
STATEROOM: 6350

KT #: 0000010

KT #: 0000010

NSB1

NV

美国迈阿密登陆

07:00 迈阿密卡纳维拉尔港口登陆 •••▶

　　不同游船，不同季节到达最终目的地的时间略有差异，为了以防万一，必须事先确认《游轮大本营》中记录的停靠港服务内容。登陆时需遵循广播和乘务员的指示。另外，想要进入迈阿密市内的话，需要有效期长于 6 个月的护照和美国签证。

▶▶ 早餐

不同游船到达最终目的地的时间都有差异，但旅行者号的自助餐厅会从5:30 开始供应早餐。如果时间充裕的旅客可以在主餐厅从容地享受早餐，然后按照自己的顺序下船，再前往自己想去的目的地。

▶▶ 下船步骤

按照行李单上的颜色有序下船即可。登陆迈阿密的旅客需按照行李单的颜色顺序下船。再强调一次，如果是搭乘早晨的飞机或火车的旅客，最好随身携带行李下船，以便节省时间。

▶▶ 通过出入境管理局与海关

进入美国的所有旅客都需要接受美国的入境检查。通过海关时，免税范围内的物品(香烟、酒水等)和现金不超过 1 万美元的旅客就不会有问题。但在加勒比海岸购买的植物或药草有可能被认为是违禁品，因此最好注意一下。

▶▶ 取回行李

在游轮专用的行李寄存处，取回前一天晚上放到客房通道的行李即可。一般来说，出入境手续会消耗一些时间，所以大部分行李会先到达。就算晚几分钟，也不会遗失，因此不用担心。

▶▶ 从港口出发前往下一个目的地

前往下一个目的地的交通工具，原则上是由个人选择，可先考虑旅途距离再选择交通工具。从港口到机场会有专门的收费班车，但如果同行者超过 4 人，可选择省时方便的出租车。

> **观光**
>
> 自费观光 ▶▶ 每一家游轮公司都不同，但基本上会设有 2~3 个城市的旅游路线。
> 自由观光 ▶▶ 在结束游轮之旅之后，前往自己喜欢的地方即可。

CRUISETRAVELS

Alaska Cruise

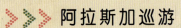

　　在白令海居住的阿留申人语言中，"阿拉斯加"这个词意为"广阔的大地"。这里是乘坐小木舟捕鱼狩猎的阿留申人居住的地方，有很多能让人感到心旷神怡的景点。在远古风貌保留完好的广阔大地上，即便乘坐直升机飞行许久，仍然会发现身处万年冰雪的上空。旅客还能看到为了捕捉大马哈鱼在河边观望的狗熊，为了寻找猎物翱翔在高空的黑鹰，在皮船和摩托艇之间游来游去的海洋动物……难以用言语形容眼前这片大地的庄严和美丽。

皇家加勒比光辉号游轮
阿拉斯加南部旅行 8 天 7 夜游

1day　美国阿拉斯加西沃德起航

2day　全天海上航行（哈勃冰川）

3day　美国阿拉斯加首府——朱诺

4day　美国阿拉斯加斯凯威

5day　美国阿拉斯加锡特卡

6day　美国阿拉斯加凯奇坎

7day　全天海上航行

8day　加拿大温哥华登陆

美国精致游轮公司巡游
阿拉斯加，温哥华往返 8 天 7 夜游

1 day　加拿大温哥华起航

2 day　全天海上航行（内陆）

3 day　美国阿拉斯加首府——朱诺

4 day　美国阿拉斯加凯威

5 day　全天海上航行（哈勃冰川）

7 day　全天海上航行（内陆）

8 day　加拿大温哥华登陆

瑞金特七季游轮
阿拉斯加南部旅行 8 天 7 夜游

1 day　美国阿拉斯加西沃德起航

2 day　全天海上航行（哈勃冰川）

3 day　美国阿拉斯加锡特卡

4 day　美国阿拉斯加首府——朱诺

5 day　美国阿拉斯加斯凯威

6 day　美国阿拉斯加凯奇坎

7 day　全天海上航行

8 day　加拿大温哥华登陆

嘉年华游轮
阿拉斯加北部旅行 8 天 7 夜游

1 day　加拿大温哥华起航

2 day　全天海上航行（哈勃冰川）

3 day　美国阿拉斯加凯奇坎

4 day　美国阿拉斯加首府——朱诺

5 day　美国阿拉斯加斯凯威

6 day　美国阿拉斯加凯奇坎

7 day　全天海上航行（哈勃冰川）

8 day　美国阿拉斯加西沃德登陆

皇家加勒比光辉号的特征

1. 出发之前并未安排安克雷奇和西沃德的自费游览项目。

2. 光辉号为高级游船，需要向每个领域的服务人员支付一定金额的小费。最好以现金方式表达谢意。

3. 客房、酒吧、餐厅、室外游泳池等场所提供的酒精饮料与碳酸饮料需要收费。

4. 参加船长主持的欢迎和欢送晚宴，或参加其他晚餐而进入主餐厅（Main Dining）时需要按照指定的服装要求穿戴。民族服装也属于 Formal 范畴。

5. 自助餐厅和快餐店可以自由用餐，但主餐厅中需要坐在指定的坐席用餐。如果有同行者的话，可以事先和餐厅经理打招呼，调整坐席。

6. 光辉号的旅客在餐厅、酒吧等地方所享受到的服务都是一样的，与客房级别无关。

7. 按摩、水疗、皮肤护理等部分服务需要个别支付费用。

8. 皇家加勒比游轮公司的所有游船都禁止携带酒类。

1day

FOLIO: 43026569
STATEROOM: 6350

KT #: 0000010

KT #: 0000010

NSB1

美国阿拉斯加西沃德起航

21:00 从阿拉斯加西沃德港口起航 ••••▶

　　阿拉斯加巡游路线，其开放时间段从 5 月份持续到同年 9 月份，大概持续 5 个月左右。一般来说，阿拉斯加巡游前后可以租车游览北美最高山峰麦金利山上的丹奈利国家公园，或去游览被幻想出来的海岸所环绕的基奈半岛。安克雷奇虽然是一座有 30 万人口的大城市，但治安情况并不理想，所以自由旅行相对来说不太安全。

1day

▶▶ 从机场或住处前往港口

从安克雷奇机场或城市中心前往西沃德港口可以搭乘出租车或班车,也可以拼车。其中最方便的方法就是搭乘从机场或城市主要宾馆行驶到港口的收费班车。

▶▶ 从办理手续到登船

办理行李托运　将事先拿到手的行李单贴在需要托运的行李上,交给服务台行李托运点的工作人员。之前没有拿到行李单的旅客可以凭借预约确认书办理相关手续(不同季节和航班的办理时间略有差异,但一般在13:00-19:00之间办理即可)。

登船手续　在处理完行李之后,携带护照和预约确认书前往登记处。提交信用卡的话,就会拿到含有客房序号和姓名的海上通行证(Sea Pass, ID卡),到此所有登船手续就算完成。如果没有特别的变动事项,就可以进入之前预约的客房。

通过安检和出入境管理局　在完成手续之后需要接受简单的安全检查之后才能登上游船。此时必须要经过的地方就是出入境管理局。从美国到加拿大的区间却需要接受出入境管理局的出入境检查。

搭乘游船　一般来说,旅客们会在港口以游船为背景或在游船入口处拍照留念。纪念照可以在照片展厅拿到,价格因游船而异,一般会收取10~15美元。搭乘阿拉斯加游轮的所有旅客都要在游船入口处的安检台前拍证明照,以确认身份。这个步骤是为搭乘游船的旅客的安全着想的,因此必须参加。

前往客房　在登上游轮之后,可以参观船内或者前往客房休息。

▶▶ 安全指导

所有旅客必须参加安全指导,光辉号会在出发的同时实施这一项活动。整个过程约花费20分钟,具体内容包括紧急情况的应对方法、紧急集合场所和紧急出口位置、救生衣的穿戴方法、求救的方法等。

▶▶ 申请自费游览

搭乘游船之后,首先要做的事情就是填写要申请的自费游览文件。一般来说,以到达停靠港的前3~4天作为截止日期,但一旦定下目的地,就最好尽快进行申请。前文中也提到过,人气高的旅行路线非常抢手,有可能抢不到名额。如果有国内的导游同行,则可以先咨询自费游览有关的信息,再做决定。

▶▶ 主要日程与活动

　　皇家加勒比游轮公司下属的光辉号会在每天发放的介绍册《游轮大本营》中加入很多重要信息，因此需要实时确认。这本介绍册会在活动举办前一天的下午印出，并送往各个客房。就算事先掌握了一定信息，为了以防万一，也要先确认介绍册里的内容后再决定。就算是同一般游轮，各种服务和活动也会根据季节和出发地及特殊情况等发生变化。

　　20:00　观赏欢迎表演。不同季节和航线所演出的节目略有差异，但都是一些能让观众们身心愉快的舞蹈和音乐节目。

用餐

14:00-21:00　午餐 ▶▶ 在办理完手续之后，可以到自己喜欢的自助餐厅享用午餐。

18:00　20:00 或 20:45　22:30　晚餐 ▶▶ 服装要求为 Casual，旅客们穿着舒适的服装即可。

※ 主餐厅由于空间有限，无法让所有旅客同时享用午餐，因此分为主餐（A 组）和副餐（B 组）两组提供服务。配送到客房中的介绍册会有具体的时间和坐席安排，旅客要提前确认与自己相关的信息，在指定的时间前往指定的坐席用餐即可。如果与团体或亲朋好友共同旅行的边，可以向餐厅经理提出要求，调整到同一张餐桌。

▶▶ 旅行信息

　　从安克雷奇南部西沃德港口出发的游轮不会组织自费游览，因此想要游览周边的话，就只能单独行动。

观光

自费观光 ▶▶ 一般来说不会有自费游览，但如果想游览主要名胜的话，可以联系当地的旅行社，申请相应的旅游路线。

自由观光 ▶▶ 在搭乘游轮之前，可租车自驾游览安克雷奇和周边名胜，之后再上游船。

▶▶ 旅行名胜

　　安克雷奇博物馆　阿拉斯加最大规模的博物馆，在这里能欣赏到棕熊、驼鹿、海狮等的标本及体现当地居民生活气息的作品。

　　库克船长公园　为了纪念英国探险家詹姆斯·库克船长 1778 年停靠在安克雷奇，当地于 1978 年建造的优雅公园。

　　胡德湖　以湖水为中心，聚集着数千架轻型飞机和水上飞机。主要为参观麦金利山脉和冰川的旅客们而准备。

通往未知大陆的通道
安克雷奇

　　到访神秘的阿拉斯加的旅客肯定会途经安克雷奇，尽管不是什么著名的旅游胜地，但因其保存完好的原生态风貌，可以称之为"通往未知大陆的通道"。阿拉斯加的人口中有40%的人居住在安克雷奇，但事实上，这里值得一看的地方并不多。虽然不像纽约和西雅图，没有浪漫的街道，也没有豪华的购物商场，但在清爽的天空下呼吸着新鲜空气，度过悠闲的时光，在大自然的怀抱中去高尔夫球场一展球技，在湖边钓鱼，或体验激流勇进的刺激，都能给人们带来很多的乐趣。

　　无论是谁，都能在著名景点库克船长公园中享受悠闲的时光。这当中，最具魅力的就属公园日落时的美景。在游轮航行的夏季，想要欣赏安克雷奇的晚霞必须等到晚上11点。沿

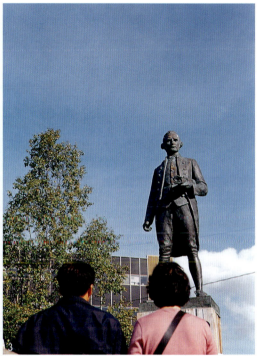

1. 位于安克雷奇郊外的机场，阿拉斯加主要的交通工具是飞机。　　2. 安克雷奇博物馆中展出的面具，是由当地土著居民雕刻木头做成的。　　3. 位于安克雷奇市内的英国探险家詹姆斯·库克船长的铜像。

着雄壮的山脉，夕阳缓缓西下，整片天空都被染成了鲜艳的红色，见到这样壮观的景色便不难明白，人们为何把这个地方称为"通往未知大陆的通道"了。

安克雷奇周边有很多地方能让旅客欣赏到大自然的美景。位于城郭的胡德湖景色分外壮观。到达胡德湖，最先映入眼帘的就是大大小小的私人飞机。这里的面积相当于朝鲜半岛的 1 倍，但人口密度却小得多。安克雷奇四面都被山脉和大海围绕，道路通畅的地方并不多，就算有路也会消耗很长时间，所有居住在这里的人们都会将私人飞机当作汽车使用。

在胡德湖静候的私人飞机是随着季节而变化的。一般来说，在巡游航线通行的夏季，这座湖边会汇集 8000～9000 架私人飞机，而在冬天最多也只有 5000 架。停留在胡德湖边的私

1. 居民们最常使用的轻型飞机。　　2. 聚集在安克雷奇海岸的海鸥。　　3. 在阿拉斯加沿岸航行的私人帆船。

人飞机至少可以搭载 2 个人,而最多可以搭载十多个人的轻型飞机同时也是这里的主流机型。另外,部分飞机是为他人租赁准备的,像租车一样,只要有飞机驾驶许可证,在合同上签完字,就可以飞往任何想去的地方。

　　比起"湖岸",胡德湖岸更适合被当作"机场",在这里停靠的轻型飞机独特的外观会不知不觉吸引旅客的视线。整个机身没有轮子,取而代之的是可以在水上滑行的装置。之所以胡德湖周边的轻型飞机会有这样的设计,是考虑到了险峻的自然环境,让飞机随时可以自由降落在湖水、冰川、海面上。

2day

FOLIO: 43026569
STATEROOM: 6350

KT #: 0000010

NSB1

KT #: 0000010

NV

全天海上航行（哈勃冰川）

　　全天海上航行与其他旅行的最大区别，就是可以一整天都在船上享受优质的服务。至于旅客能度过充满意义的一天还是无聊乏味的一天，就要看其选择参加的活动是否中意。所以说，在全天海上航行的前一天最好先翻翻送到客房的《游轮大本营》，或者通过电视机、广播了解并确认自己希望参加的活动。

2day

▶▶ 主要日程与活动

　　每一艘游轮都有差异,而光辉号这样的大型游轮在全天海上航行当天会举办 80-90 项活动。在船上举行的活动大致会从 7:00 开始,但也不必过于急切地参观。

　　10:00-12:30 参加迷你高尔夫球、篮球、排球、乒乓球等运动。

　　10:30-11:30 参加下一个停靠港的观光说明会,或享受购物的乐趣。

　　11:15-12:00 参加宾果游戏,或欣赏美妙的音乐。

　　13:30-15:30 在甲板上欣赏冰川的美景。能够在阿拉斯加游轮上欣赏各式各样的冰川,其中最有名的当属哈勃冰川,如果天气不好的话,就不能接近了。

　　15:30-17:00 在室外游泳池享受游泳和日光浴的乐趣。

　　17:00-18:00 准备参加船长主持的晚宴。

　　20:30-21:00 在甲板上欣赏日落。

　　22:00-24:00 观赏电影,或在酒吧和夜总会享受余兴。

用餐

08:00-09:30 早餐 ▶▶ 因为是一整天在海上航行的日子,因此可以在主餐厅悠闲自得地享用早餐。

12:00-13:00 午餐 ▶▶ 选择自己喜欢的船内餐厅来享用美食。

18:00-20:00 或 20:30-22:30 晚餐 ▶▶ 船长主持的晚宴,能够体验巡游旅行的闲情逸致和极致周到的服务。服装要求为 Formal,男性需要穿正装打领带,女性要穿着礼服或正装。有民族服装的旅客也可尽情展示一番。

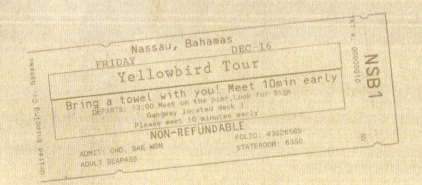

3day

FOLIO: 43026569
STATEROOM: 6350

KT #: 00000010

NSB1

KT #: 00000010

美国阿拉斯加首府——朱诺

10:00 朱诺入港 ••••▶   **12:00** 朱诺离港 ••••▶

　　阿拉斯加首府——朱诺，其人口数量仅次于安克雷奇。1904 年，人们将州的首府从锡特卡改成了朱诺。当时这里还是非常有名的黄金之都，但现在演变成了阿拉斯加少见的不冻港，当地居民主要以从事旅游业、商业、林业为经济来源。朱诺的治安良好，可以选择单独行动进行游览。

3day

▶▶ 主要日程与活动

09:30-09:50 参加自费游览和自由观光的旅客准备下船。

10:00-19:30 旅客可以选择参加自费游览或自由观光。留在游船上休息的旅客,参加船上的活动即可。

19:30-19:45 搭乘游船。

22:00-00:00 参加各种有趣的活动,留下美好的回忆。

用餐

08:30-09:30 早餐 ▶▶ 旅客可以从容地用完早餐后再做停靠港观光准备。

12:00-14:00 午餐 ▶▶ 参加自费游览或自由观光的访客可以到朱诺城内或位于海边的餐厅品尝阿拉斯加的著名料理——大马哈鱼。

18:00-20:00 或 20:30-22:30 晚餐 ▶▶ 在完成朱诺观光之后到主餐厅享受晚餐。服装要求为 Casual,可以穿着舒适的服装用餐。

▶▶ 旅行信息

如果想在毫不考虑花费的前提下体验阿拉斯加的大自然,可以参加自费游览。旅客可以搭乘直升机游览冰川地区,或者乘坐小船游向大海,寻找千奇百怪的海洋动物。如果有 4~8 个人同行,就要联系在港口的当地旅行社工作人员。

观光

自费观光 ▶▶ Mendenhall Glacier & Salmon Hatchery (门登霍尔冰川和鲑鱼孵化场) 游览门登霍尔冰川和大马哈鱼养殖场的路线,在大马哈鱼养殖场可以看到鱼的孵化过程,适合希望在城区度过大部分时光的旅客 (成人 45 美元,儿童 28 美元 / 需要 2 个小时 30 分钟)。

推荐 Helicopter Glacier Walkabout (直升机冰川巡游) 旅客在直升机驾驶员的陪同下游览朱诺附近各种冰川地区,之后在冰川上行走 1 个小时,欣赏冰川风景。这种套餐能让你体验到真正的阿拉斯加风情 (成人 349 美元,儿童 349 美元 / 需要 3 个小时 15 分钟)。

推荐 Whale Watching & Wildlife Cruise (观鲸与野生动物巡游) 乘坐小船前往海峡,寻找鲸和野生动物的旅游套餐。除了阿拉斯加,在世界上任何地方,你都无法目睹这一切 (成人 132 美元,儿童 79 美元 / 需要 4 个小时 15 分钟)。

推荐 Mendenhall Glacier & Whale Watching (赏鲸路线与门登霍尔冰川路线的综合选择) 可以在短时间内游览多个名胜景点 (成人 154 美元,儿童 89 美元 / 需要 5 个小时 30 分钟)。

自费观光 ▶▶ 因为停靠港是比较小的城市，不太适合独自游览。最好先选择赏鲸路线，再游览门登霍尔冰川和城市中心区。

10:00-10:30 与港口和当地旅行社的工作人员商量希望游览的地点，再选择适当的旅游套餐。

10:30-15:00 自行选择喜欢的观光路线，如赏鲸路线。

15:00-15:30 前往门登霍尔冰川地区。

15:30-18:00 参观门登霍尔冰川地区。

18:00-18:30 从门登霍尔冰川地区前往朱诺。

18:30-22:00 游览朱诺城区之后登上游轮，准备起航。

▶▶ **旅行名胜**

阿拉斯加州立博物馆　能够了解阿拉斯加的自然、历史、文化、生活景象的博物馆。

门登霍尔冰川　冰川面积达 50 平方公里，在这里可以安全放心地观赏冰川。

加斯蒂诺海峡　能够看到鲸、海狮、黑鹰等野生动物的地方。加斯蒂诺海峡不允许旅客们自行靠近，一定要由专门的导游陪同前往。

1. 门登霍尔冰川地区。　2. 朱诺与阿拉斯加地区最常见的交通工具——水上飞机。　3. 位于门登霍尔冰川入口的自然生态介绍牌。　4. 在海边休息的海狮。　5. 通往朱诺城区的观光列车。

自然、动物、人类和睦相处的
朱诺

　　代表阿拉斯加的不冻港口朱诺，虽然没有安克雷奇那么大，却也颇具规模。沿着与神秘的哈勃冰川相反的方向航行，一天就能到达朱诺了。进入朱诺港口后看到的风光，让人不禁联想起一部大自然的纪录片。天气晴朗时，可以一眼望见姿态雄伟的冰川湾、万年雪山和冰川，还有沿着海岸山脉铺开的壮观大自然。

　　若是在欧洲或地中海的巡游停靠港，旅客们可以单独前往自己喜欢的景点。但在这里，若只有一个人，则很难独自处理从租船到雇佣导游等所有事项，所以只能参加自费旅游，和其他旅客一同乘坐小船观赏鲸和其他野生动物。

　　寻鲸之旅的游船能够容纳二百多名旅客。从朱诺出发，前往冰川湾，没过多久就会靠近

阿拉斯加州首府朱诺的壁画，象征着因纽特人和印第安人。

自然公园，各种鸟类会首先迎接旅客。旅客们看着在高空中翱翔的鸟儿，在庄严的大自然面前发出感叹。大家用急速旋转着的眼球，在静逸的海面上观察鲸留下的波纹。寻找鲸的游戏正式开始了。在连续 3 个小时的航行中，旅客们能亲眼看到虎鲸、黑背鲸等各种鲸，也能看到海狮、海豹和大大小小的鱼类。

　　在结束了观鲸游览回到朱诺之后，旅客们便可以自由地游览门登霍尔冰川和城区。门登霍尔冰川离朱诺只有 10 分钟的车程，在接下来的 1 个小时里，旅客们可以尽情地体验阿拉斯加的精华所在。门登霍尔冰川由一百多条徒步路线组成，无论选择哪一条路线，都能体验双脚走在巨大冰川上的刺激和一种无法形容的神秘感。不过要记住，就算是夏天，冰川上也会

1. 朱诺商店门口准备的椅子，人们在这里稍事休息。　　2. 阿拉斯加州首府，同时也为主要渔业港口的朱诺街市。
3. 小巧而神秘感十足的朱诺城区景观。

非常寒冷。

　　朱诺虽然要比安克雷奇小得多，但却是阿拉斯加的行政首府，也是山岳国立公园所在的城市。一进入城区就能看到除了游轮上的旅客之外，还有很多人行走在大街上。其中有背着重重行囊的背包客，还有开着房车来旅游的一家人。所以说，这里除了大自然的礼物——美丽的风光之外，还有很多津津乐道的看点。其中最能刺激旅客们好奇心的就是能够一览因纽特人与印第安人生活的阿拉斯加州立博物馆以及沿着市集散落的商店。

　　阿拉斯加州立博物馆虽然有着十分现代和典雅的外观，内部却展示着阿拉斯加的前任主人因纽特人和印第安人的古老遗物，可以深入了解他们当时的生活和文化。再加上销售因纽特人与印第安人的传统首饰和当地特产的商店比比皆是，每一家都能吸引旅客的目光以及他们口袋里的钱包。

4day

FOLIO: 43026569
STATEROOM: 6350

KT #: 0000010

KT #: 0000010

NSB1

美国阿拉斯加斯凯威

 07:00 斯凯威入港 ••••▶

 20:30 斯凯威离港 ••••▶

在诸多阿拉斯加巡游停靠港中，能够给人带来最大感动的地方当属斯凯威，这里的人口只有两千多人。当初催生这座城市兴建的金矿早已消失，旅客们只需要2~3个小时就能在斯凯威找到关于黄金的故事。不过若想要一睹红洋葱酒吧（Red Onion Saloon）和周边散落的巨大冰川、古代金矿的遗迹，可就得花上一整天了。

4day

▶▶ 主要日程与活动

07:30-07:50 准备参加斯凯威自费游览或自由观光。

07:50-08:00 参加自费游览或自由观光的旅客下船。

08:00-19:40 参加自费游览和自由观光。

19:40-20:00 登上游船。

20:00-21:00 在甲板上欣赏日落和斯凯威港口的风光。

21:00-22:15, 22:45-00:00 观赏魔术表演。

用餐

06:30-07:20 **早餐** ▶▶ 想要参加自费游览或自由观光的游客，最好在自助餐厅迅速解决早餐。

12:00-13:30 **午餐** ▶▶ 参加停靠港观光的旅客，最好在当地品尝各种美食。不参加停靠港观光，留在游船上休息时，或全天海上航行时可以在指定的时间前往自己喜欢的餐厅用餐。

20:30-22:00 **晚餐** ▶▶ 可以在主餐厅或自助餐厅等场所享用晚餐，服装要求为 Casual，可以穿着休闲的服装。

▶▶ 旅行信息

　　斯凯威虽然是一座小城市，但想要仔细游览一番，一天的时间可远远不够。想要高效地游览斯凯威和周边的名胜，最好结合自费游览和自由观光这两种方式。可选择乘坐火车游览旧淘金热发源地的矿山或搭乘直升机游览冰川。如果在斯凯威同行的旅客有 4~8 个人，可以联系当地的旅行社安排旅游路线，无论从时间上还是从价格上应该都是较为合适的选择。斯凯威治安良好，因此游客可以放心地游玩。

观光

自费观光 ▶▶ 想要游览冰川、旧金矿，或是寻找鲸，享受钓鱼、乘坐皮船的乐趣的话，就最好参加游轮公司或当地旅行社组织的旅游活动。

推荐 White Pass Railway & Historic City Highlights（白色铁轨＆古城名胜）乘坐火车，前往旧淘金热的遗址，游览金矿和周边城市的旅游套餐（成人 132 美元，儿童 69 美元／需要 4 个小时 30 分钟）。

White Pass Scenic Railway（白色风景铁路）乘坐火车游览阿拉斯加和位于加拿大育空地区的雄伟自然的旅游套餐。运气好的话，还可以见到棕熊、驼鹿等珍贵野生动物（成人 110 美元，儿童 55 美元／需要 3 个小时 30 分钟）。

推荐 **Glacier Discovery by Helicopter** （直升机冰川游）乘坐直升机游览远古风貌犹存的冰川，还能亲自在上面行走的旅游套餐，适合旅客近距离体验阿拉斯加风情（成人 265 美元，儿童 265 美元 / 需要 2 个小时）。

Dog Sledding & Glacier Flightseeing （雪橇＆空中冰山风光）乘坐轻型飞机游览冰川地区，之后搭乘哈士奇雪橇在冰川上驰骋的旅游套餐，旅客能够体验动感十足的阿拉斯加风情（成人 460 美元，儿童 460 美元 / 需要 5 个小时 30 分钟）。

自费观光 ▶▶ 无论想游览阿拉斯加的哪个地区都不大能够轻易到达，所以最好先参加自费游览，再自行前往其他目的地。

07:30-13:00 自费游览，在上午的时间参加自己喜欢的自费游览，下午再自行游览其他景点。

13:00-14:00 在游船或斯凯威百老汇的餐厅享用午餐。

14:00-19:40 游览沿斯凯威百老汇所在地坐落着的主要博物馆和纪念馆，随后在红洋葱酒吧或露天咖啡馆休息，也可以参加其他旅行路线。

20:00 斯凯威离港。

▶▶ 旅行名胜

　　红洋葱酒吧 斯凯威最有名的景点，总是挤满当地的居民和旅客。因为在这里能够切实地感受淘金热时期的氛围。

　　淘金热中心 这里是向旅客展示淘金热时期，矿工们为了发现和挖掘金矿使用过的各种工具，以及当时挖掘出的黄金等陈列品的博物馆，旅客们能够了解当时矿工和居民们的生活。

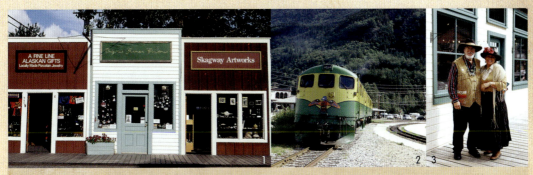

1. 出售当地居民亲手制作的工艺品和首饰的斯凯威商店。光列车为旅客提供服务。　3. 身着淘金热时期服装的夫妇。　2. 淘金热时期主要往返矿区的列车，现在作为观

梦想与浪漫的黄金之都
斯凯威

　　虽然挖掘黄金的矿场已经废弃了一个世纪,但在仍然保留着原有淘金热时期风貌的斯凯威,可充分体验到穿梭时间的快感。斯凯威仍为旅客们呈现着一百多年前西部淘金热时代的风光。至今,斯凯威还有一些怀揣着掘金梦的人。在这里,旅客们可以悠闲自得地坐在马车上欣赏街区的风光,口渴了就到小酒馆喝杯美酒,化身为西部电影的主人公。

　　从朱诺到斯凯威的旅程中,欣赏到的迷人风光肯定让人赞叹不已。在海上盘旋的海鸥和黑鹰;还有无法辨别出哪里是山,哪里是丛林的绝妙风景;万年冰雪融化而成的幻想峡湾谷……眼前的种种美景让人过目难忘。不知不觉就进入了斯凯威境内,坐落在巨大的山峰之间的小木雕,以及与大陆肩并肩奔驰着的蒸汽火车和只能在西部电影中看到的马车等别样风

一百多年来游客不断的红洋葱酒吧。

光会依次映入眼帘。

　　斯凯威是以狩猎为生的印第安人的摇篮,这里由于金矿而变得闻名于世。19世纪90年代后期是淘金热的鼎盛时期,当时为了追寻黄金而来到北极点的探险家和金矿工就达数千人,现在的斯凯威城里的建筑物也都是在那个时期建造的。

　　沿着掘金气息犹存的斯凯威百老汇走去,周围的小酒馆和以独特的形式装饰而成的商店,让人觉得仿佛自己就走在西部电影的场景中。以旅客为对象经营的观光马车与巴士主人索性就穿着淘金热时期的服装、佩戴当时的饰物迎接客人。

　　在斯凯威,最能为这种淘金热氛围增添色彩的就是代表性地标——淘金热中心、红洋葱

用美丽的花朵装饰的露天咖啡馆和喝茶聊天的客人们。

酒吧以及科伦蒂奇矿区。淘金热中心在斯凯威享有最高人气，那里摆放的照片展示着当时发现的金矿数量、所动员的矿工人数等数据，还有斯凯威市民们日常生活的情景。另外还能看到采矿时所用到的工具、器械和安全装备等，只要在这里转一圈就能了解当时矿工们的生活和文化。

　　位于淘金热中心的红洋葱酒吧于1898年首次营业，至今经营了一百多年。到今天为止保存完好的红洋葱酒吧仍然以刚建成时的方式运营着。穿着淘金热时期流行服装的员工们在店里忙个不停，为顾客点餐、收取小费，甚至连收小费的方式也都保留了原来的风格。

　　催生出斯凯威的科伦蒂奇矿区很久以前就变成了废弃的矿场，因此禁止旅客进入，只能乘坐汽车游览周边的景色。曾几何时，一度作为美洲大陆最大黄金产地的科伦蒂奇矿山，它的美丽风光让旅客们感觉到阿拉斯加就是大自然的宝库。带着出生不久的幼崽爬过陡峭山壁的山羊，在丛林和田野间觅食的驯鹿，在河边静候大马哈鱼的阿拉斯加棕熊会逐个出现在

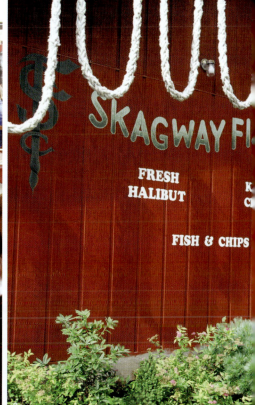

1. 当游轮停靠的时候，人们就会不约而同地聚集到红洋葱酒吧。　　　　　2. 销售食品的斯凯威店铺的招牌。

视线中。在通往旧矿山的路口处，为旅客设计了各种徒步路线，包括采沙金和钓大马哈鱼等，能够让旅客们亲身体验到阿拉斯加的自然风光。

如果说斯凯威是象征淘金热的场所，那么围绕着这个地方的广阔大自然才是真正的阿拉斯加风光。连接着朱诺和斯凯威的冰川地区，还有北美洲的最高峰麦金利山，都是代表阿拉斯加的经典自然景观。以长度超过 100 公里的冰川湾为起点，门登霍尔、哈勃、朱诺、约翰霍普金斯、凯斯曼等大大小小的 16 处冰河群相连接的美景让阿拉斯加成了一幅奇特的风景画。

阿拉斯加的冰川地区很容易靠近，不仅可以亲眼一览美景，还能亲身体验在冰川上行进的乐趣。

有三种方法能让你近距离欣赏冰川：第一，乘坐游轮或快艇接近位于海平面的冰川，在船上可以看到巨大的冰山，同时可以听到它漂浮在海面上所发出的声音。第二，可以乘坐直升机降落到冰川中央。旅客可以徒步在冰川上行走，也可以在空中欣赏冰川与阿拉斯加大自

参加直升机路线的旅客们亲身经历在冰面上行走的情景。

然的美妙造化。第三,直接参加冰川徒步路线,可以亲眼目睹冰河融化和破裂的宏伟景观。

　　在斯凯威体验的自然探险中,绝对不能错过的就是乘坐小快艇寻找各种海洋生物的游览路线。在不同的季节能够看到不同的物种,如小须鲸、虎鲸、海狮和海豹等等,这条路线的真正乐趣在于体验阿拉斯加原生态的风光。提到游览路线,最著名的就是位于斯凯威与朱诺之间的冰川湾。虽然每天出没的次数不同,但在冰川湾和附近的海域总会看到鲸。另外,在位于冰川湾的小岛屿上经常能近距离看到数百只海豹和海狮在海边休息的景象。

5day

FOLIO: 43026569
STATEROOM: 6350

KT #: 00000010

NSB1

KT #: 00000010

NV

美国阿拉斯加锡特卡

 07:00　锡特卡入港 •••• 　　16:00　锡特卡离港 ••••

　　锡特卡是印第安文化与俄罗斯文化共存的地方。这里有延续传统的工匠们制作的当地特产，也有印第安文化的精髓——巨型图腾公园，还有凝视海洋的埃奇克姆火山，这些都是在其他地方无法欣赏到的独特风景。另外，在巨大丛林中穿梭的河流里盛产的大马哈鱼和在河岸边生活的朴素居民，更能让旅客们充分体验到阿拉斯加渔村的风情。

5day

▶▶ 主要日程与活动

07:30-08:00 做好踏上旅程的准备,乘坐小型船只前往锡特卡。

08:00-15:00 参加当地的观光。

15:00-15:30 乘坐小型船只返回游船。

17:00-18:00 参观游船举办的图画与照片竞拍会。

19:00-20:00,21:00-22:00 欣赏脱口秀。

19:30-20:30 在游船上购物。

21:00-22:30 去酒吧或夜总会消遣。

用餐

06:20-07:10 早餐 ▶▶ 旅客最好尽早用完早餐,准备参加自费游览或自由观光。

12:00-13:00 午餐 ▶▶ 参加停靠港观光的旅客可以品尝锡特卡著名的海鲜和肉类料理。

18:00-20:00 或 20:30-22:30 晚餐(晚宴)▶ 船长主持的晚宴,基本服装要求为 Formal,所有旅客都应该穿着正装。有民族服装的旅客也可穿民族服装。

▶▶ 旅行信息

　　想要游览位于锡特卡附近的国立公园和城区的工匠作坊的旅客可以先自费游览参观国立公园和历史地区,之后自行前往锡特卡市区。锡特卡的治安良好,可以自由自在地享受旅行的乐趣。

观光

自费观光 ▶▶ Historic Russian America Tour （美洲俄罗斯旧址观光）游览残留在锡特卡城市中的俄罗斯文化遗址与名胜的路线（成人 44 美元、儿童 29 美元 / 需要 2 个小时 45 分钟）。

推荐 Sitka Historic & Nature Walk （锡特卡历史 & 自然徒步旅行）能够同时游览锡特卡历史与大自然的旅游套餐（成人 52 美元、儿童 31 美元 / 需要 3 个小时）。

自由观光 ▶▶ 这里是阿拉斯加巡游停靠港中唯一支持自由旅行的地方。可以选择特别期望参加的自费游览线路,但自由旅行也不错。

07:00-09:00 下船之后游览市区,前往国立历史公园。

09:00-12:00 参观国立历史公园和周边丛林之后前往城区。

12:00-13:00 在城区参观或在游船上享用午餐。

14:00-15:30 参观位于城区的圣迈克尔大教堂、博物馆、画廊等。

16:00 自锡特卡离港。

1. 位于锡特卡市政大厅广场的图腾造型物，象征着印第安人的历史文化。　2. 锡特卡市政大厅门口的一座图腾雕塑，高达 20 米。　3. 随车携带小皮船的巴士。　4. 体现城市历史的猎人铜像。　5. 远古风貌保存良好的锡特卡原始森林。

▶▶ 旅行名胜

　　国立历史公园　将印第安文化完好地保存下来的公园，位于锡特卡城区。能够体验多样的图腾与印第安文化的地方。

　　圣迈克尔大教堂　锡特卡的标志性建筑，于 1844 年建造的美国最初的俄罗斯东正教建筑。辉煌的中央圆顶和十字架非常迷人。

　　谢尔顿杰克逊博物馆　博物馆中展出了各种文物，让旅客能够体验到阿拉斯加土著居民的生活。

印第安大陆的另一个俄罗斯
迈阿密锡特卡

　　与构成阿拉斯加的其他地方不同，与其说这里是美洲，倒不如说锡特卡更接近于俄罗斯风格。这是因为美洲的印第安居民的象征——巨大的图腾雕刻与俄罗斯东正教建筑物并存的独特风光就在这里。刚到达锡特卡，就会看到城中心矗立的黄金圆顶和十字架放射着耀眼的光芒。

　　能够在印第安人的大陆上体会到风格迥异的俄罗斯氛围，其原因要追溯到几个世纪前。在这座被小岛围绕的天然要塞里，此地的印第安居民本来是靠狩猎享受着宁静的生活，但因为俄罗斯毛皮商人的到来，使锡特卡登上了世界的舞台。锡特卡在印第安的语言里意为"此地"，自从俄罗斯的船舶圣保罗号登上这片大陆，充满欲望和贪念的俄罗斯商人和军队为了将

更多的毛皮输出到国外，就到处盗猎野生动物，以此获得巨额的财富，甚至一度将这里的印第安人驱至死亡的边缘。经济上的富裕将锡特卡的影响力延伸到了北美。

可以说，锡特卡是建在阿拉斯加的另一个俄罗斯，很久以前就成为城市象征的圣迈克尔大教堂和周边的商店和住宅仿佛是圣彼得堡和莫斯科的缩影。即使美国以720万美元的低价买下阿拉斯加的所有权已有160年的时间，锡特卡仍然保持着俄罗斯城市的风貌，其最大原因就是——当时俄罗斯人在完完全全破坏了印第安居民的村庄之后，重新建设了自己的城市。

不过当旅客踏入锡特卡港口的瞬间，就能知道不同的文化和生活相互结合得有多么融洽。雄壮的俄罗斯风格建筑物和稀有图腾雕刻的完美融合；金发美女与印第安后裔共同办公的办公室；同时摆出并销售用动物骨头制作的工艺品和精美首饰的商店，映入眼帘的一切都能形成绝妙的融合。

想要在锡特卡体验当地印第安居民的生活，最适合的地方莫过于城市北部的国立历史公园。在巨大图腾矗立的历史公园前，迎接旅客们的就是继承传统的印第安居民。生活在锡特卡的印第安人大多从事渔业，部分从事旅游业，还有一部分人则以制作各种手工艺品为生。印第安艺术家制作的雕塑就像毕加索和米罗的作品，看似复杂，却又充满了简单之美。历史公园中也有很多怪异的雕塑，甚至会让我们这些不懂艺术的普通人觉得好笑。

在国立历史公园和市政大厅之间的马路两侧坐落的作坊和商店中也能见到印第安人的美丽艺术品。无论是雕刻工艺品的印第安工匠，还是经营商店的商人，他们都是出色的艺术家。他们在作坊或商店里用刀在动物骨架或木头上轻轻划几道，再用毛笔点几下，一件漂亮的艺术品便横空出世了。

到访锡特卡的旅客们最不能错过的一个景点就是大自然。国立历史公园的周边有着保存完好的丛林和海岸，尽显原始气息。游客们可以自由地出入此地，随意散步的路上就能看到令人难以置信的奇特景象——沿着入海河水逆流而上的大马哈鱼群。无数的大马哈鱼会沿着宽只有3~5米，深20~30厘米的小溪游动，数量之庞大，让人根本分辨不清每条鱼的具体模样。

6day

FOLIO: 43026569
STATEROOM: 6350

KT #: 0000010

KT #: 0000010

NSB1

N.Y

美国阿拉斯加凯奇坎

09:00 凯奇坎入港 •••• **19:00** 凯奇坎离港 ••••

　　凯奇坎是阿拉斯加唯一一座土著居民占多数的城市，虽然是一座人口不到1万人的小城市，但却登上了美国100大艺术地区的名单。这是由于该城市中旧式传统艺术保存得非常完好。在凯奇坎，特林吉特印第安人、海达印第安人和奇姆什安印第安人的后裔都在继续传承着他们的文明。

6day

08:40-09:00 旅客可以准备下船和观光。

09:00-18:30 准备出席晚宴。

18:30-18:40 搭乘游船。

20:00-22:00,23:00-01:00 观赏电影。

20:30-00:00 在酒吧、夜总会、皇家赌场度过美好的晚间时光。

用餐

07:30-08:30 早餐 ▶▶ 早早起床，在出门散步后从容地享受早餐。

12:00-13:00 午餐 ▶▶ 参加停靠港观光的旅客可以在凯奇坎的餐厅里品尝大马哈鱼料理。

18:00-20:00 或 20:30-22:30 晚餐 ▶▶ 服装要求为 Casual，穿着舒适的服装享用晚餐即可。

▶▶ 旅行信息

　　上午在远离凯奇坎的地方欣赏自然风光，或参加寻找野生动物的探险，下午前往城区参观风格独特的商店和浪漫的港口。

观光

自费观光 ▶▶ Saxman Native Village Tour 推荐（萨克斯曼民俗村观光）土著居民们亲自运营的民俗村，在这里能够看到制作当地特产的全过程，还能欣赏到传统音乐和舞蹈演出的旅游套餐（成人 52 美元，儿童 52 美元 / 需要 2 个小时 30 分钟）。

Costal Rainforest Sanctuary（海边热带雨林观光）游览原始风貌的丛林的路线，对树木和大自然的生态系统感兴趣的话可以选择该旅游套餐（成人 84 美元，儿童 84 美元 / 需要 2 个小时 30 分钟）。

Misty Fjords Seaplane Adventure（滑翔机之旅）搭乘水上飞机游览凯奇坎周边和峡湾地区的路线，能够让旅客们见到壮观的大自然（成人 250 美元，儿童 250 美元 / 需要 2 个小时）。

自由观光 ▶▶ 主要看点都聚集在港口周边，所以不会对自由旅行带来很大困难。但如果想造访位于郊区的萨克斯曼民俗村，最好参加自费游览，或者搭乘出租车到达景点。

09:30-12:30 参加自费游览，游览萨克斯曼民俗村等景点之后返回游船。

12:30-14:00 在游船上享用午餐，前往港口。

14:00-16:00 参观土著居民的文化中心和私人运营的画廊。

16:00-18:40 游览各种小店，在咖啡馆休息度过惬意的时光，或者选择当地旅行社的旅游套餐进行游览，最后返回游船。

19:00 自凯奇坎离港。

1. 来到凯奇坎的旅客们开心地拍着纪念照。　　2. 阿拉斯加地区常见的动物图画。　　3. 在凯奇坎的商店穿着淘金热时期流行的服装吸引访客的女性。　　4. 凯奇坎印第安工匠们亲手制作和销售的木刻制品。　　5. 居住在凯奇坎的原住民刻画木材的景象。

▶▶ 旅行名胜

　　土著居民文化中心　能够欣赏凯奇坎土著居民的生活和文化空间。

　　萨克斯曼民俗村　土著居民亲自运营的民俗村，制作并销售各种艺术品和生活用品。能够欣赏传统舞蹈和音乐的文化场所。

　　城区的商店　游船停靠的港口坐落着很多木雕小商店，在这里可以买到土著居民制作的纪念品。

　　统加族国有森林地区　阿拉斯加天然森林，最适合旅客度过悠闲的时光。

土著居民的喜怒哀乐之地
凯奇坎

　　凯奇坎在阿拉斯加地区属于古老痕迹保存最完好的城市。以出海打鱼和狩猎为生的特林吉特印第安人不知从什么时候开始，将自己的摇篮让给了现代化设备俱全的大型渔船，转型后便开始对旅客们宣传他们的传统文化。

　　进入凯奇坎，首先映入眼帘的景色如同画在雪白帆布上的水彩画一般。参天耸立的各种树木，分布在下方密密麻麻的粉红色木制建筑，每家每户独特的雕塑品……

　　沿着一望无际的公路驰骋，在巴士上欣赏着风景，不知不觉就来到被茂密的丛林围绕的萨克斯曼民俗村。在那里，最先迎接访客的就是十多个当地土著居民用来制作图腾雕刻的作业场所和建筑物，还有以访客为对象介绍民俗历史和传统文化的土著居民导游。跟着导游一

用木头建成的小住宅和商店所在的凯奇坎城区。

直走，就能进入仓库一般的巨大作业场所。在那里，土著居民们正在高达 10 米的巨大木块上刻画独特的传统纹样，也有些土著居民制作着精美的小首饰，各种手艺都能让人大开眼界。

这座建筑物旁边坐落着能够容纳 200 人的剧场。仿佛在证明这里是大马哈鱼的故乡和树木的盛产地一样，用树木建造的剧场中会上演土著居民的舞蹈和音乐，此时也会让访客们一同参与进来，欢度美好的时光。当鼓声响起时，活泼的儿童与少年，戴着老花镜的村民们会轮番上台展现他们的传统音乐和舞蹈。随后会请访客们上台，他们会随着传统的旋律扭摆身体，如果遇到特别活动的话，肯定能让你留下美好的回忆。

如果见到萨克斯曼民俗村的土著居民的话，你马上就能知道，他们的形象正是黑白电影

1. 古风犹存的凯奇坎商店和游览商店的旅客们。　　2. 在位于凯奇坎郊外的印第安村庄剧院中表演传统舞蹈的印第安人后裔。

中阿拉斯加土著居民的造型来源。不过在港口周边聚集的商店，居民们早已被现代文明所同化，从外形来看就有很大差异。所以说，想见识阿拉斯加土著居民真正面貌的话，最好去萨克斯曼民俗村看看。

　　虽然不像锡特卡的商店那样有很多个性十足的雕塑和图画，但凯奇坎的商店也有很多能够吸引访客视线的特色。尤其是建造在海边的立柱、建筑物、住宅、商店都像挂历上的风景一样美丽。

　　阿拉斯加有很多吸引访客的名胜景点。但如果有人让我推荐一个阿拉斯加必看之地的话，我会毫不犹豫地让他去位于阿拉斯加南部海岸的凯奇坎——特林吉特印第安人的摇篮。虽然没有远古风貌犹存的雄壮冰川和万年积雪的高山，但轻柔的旋律和单纯的肢体语言会让到访凯奇坎的人深深沉浸在其魅力之中。

7day

FOLIO: 43026569
STATEROOM: 6350

KT #: 00000010

KT #: 00000010

NSB1

NY

全天海上航行

　　全天海上航行的时候，要先从送到各个客房的《游轮大本营》里，或者通过电视了解和决定自己想参加的活动。能够参加符合自己兴趣和个性的活动固然很好，但每种活动的体验机会都很少，所以最好尽量多参加不同的活动。

7day

▶▶ **主要日程与活动**

07:00-07:30 可以在起床之后出门散散步。

10:00-12:30 参加迷你高尔夫球、篮球、排球、乒乓球等休闲运动。

10:30-11:30 参加下一个停靠港的说明会，或体验购物的乐趣。

11:15-12:00 参加宾果游戏，或者欣赏音乐。

13:30-15:30 在甲板上欣赏风景。

15:30-17:00 在室外游泳池享受游泳和日光浴的乐趣。

17:00-18:00 准备参加晚宴。

20:30-21:00 在甲板上欣赏日落。就算都是夏季，每天日落的时间也有很大差异。一般来说，夏季的日落时间为 20:00-22:00 范围内。

22:00-00:00 观赏电影，或前往酒吧或夜总会欣赏音乐。

用餐

08:00-09:30　早餐 ▶▶ 先在甲板上散步，随后到自助餐厅简单用餐。

12:00-13:30　午餐 ▶▶ 建议到之前没去过的餐厅从容地享用午餐。

18:00-20:00 或 20:30-22:30　晚餐（晚宴）▶▶ 船长主持的晚宴，所有旅客的服装要求为 Formal，需要穿着正装。

▶▶ **在温哥华登陆所需的主要信息：**

1. 确认在游船上的所有消费记录

在巡游旅行结束之前，服务人员会把账单送到各个客房，上面记载着旅行期间每个旅客参加过的自费游览项目、购物花费、各种小费等使用明细。如果发现实际消费和自己的账单内容不符，则可以到咨询台确认并进行修改。

2. 支付小费

在一般的旅行中，会随时随地支付小费，以表谢意。但在巡游旅行中会在最后的停靠港之前，统一支付小费。每一艘游轮上的支付方法都略有差异，但最好用现金方式来支付小费。

3. 申请地面服务

如果想在停靠港进行简单的观光，则可以先查阅有关自费游览的内容，之后递交申请。另外，港口中也为旅客准备了前往机场或城区的收费班车服务，可以事先向咨询台购买车票。

4. 整理行李

　　旅行结束的前一天下午,服务人员会将不同颜色的行李单送到客房,旅客只需要将其贴在需要托运的行李上,放到客房外的通道上即可。留在客房通道的行李可以在第二天下船之后,在温哥华港口行李寄存点取回。整理行李时最好将第二天要用到的护照、贵重物品、牙刷、牙膏等物品拿出来单独保管。如果是搭乘次日早晨的飞机或火车的旅客,就不要将行李放到客房通道上,最好在游船停靠之后随身携带下船,以便节省时间。

8day

FOLIO: 43026569
STATEROOM: 6350

KT #: 0000010

NSB1

NV

加拿大温哥华登陆

05:00 温哥华港口登陆 ▸▸▸▸

　　每一家游轮公司到达最终目的地的时间都不同，因此要事先查阅《游轮大本营》中的相关内容。当游船停靠到温哥华港口，就可以按照服务人员和广播的引导依次下船，下船的顺序是由之前配送到客房的行李单颜色而决定的。从温哥华港口到车站、机场、城区的主要宾馆需要 30~50 分钟的车程。

▶▶ 早餐

如果早晨 5:00 登陆，那么一般自助餐厅会从 4:00 或 4:30 开始提供早餐。

▶▶ 通过出入境管理局与海关

只要购买的商品不超过免税金额范围，就不会有问题。

▶▶ 从港口出发前往下一个目的地

如果从港口到机场、火车站、城区等的距离较远的地方，就可以搭乘游轮公司提供的收费班车。如果是比较近的目的地，搭乘出租车也可以。

▶▶ 旅行信息

如果是团体旅游，可以在导游的带领下前往目的地进行观光。如果是单独旅行的旅客，一般会在当地滞留 2~3 天。如果之前到访过温哥华，为了方便最好租一辆车，如果是初次到访的旅客，则可以搭乘公共交通工具参加当地旅行社组织的旅游项目。

观光

自费观光 ▶ 每一艘游船都不尽相同，但大体上会开设 2~3 个自费游览项目。

自由观光 ▶ 游轮的出发地兼终点站的温哥华非常适合单独旅行，可以自行游览自己想去的地方。

▶▶ 旅行名胜

海滨 这里有能够展望加拿大广场和城区的海港中心塔，充满个性的商店和古风氛围的盖士镇、蒸汽钟等。

史丹利公园 树龄长达 1000 年的古木和印第安人的象征——巨大的图腾柱都能让旅客享受悠闲难忘的时光。

格兰威尔岛 这里有由过去用作仓库的建筑物改造而成的独特商店、制作美丽艺术品的艺术家作坊，还有很多让人充满好奇心的空间。

布查花园 利用石灰石矿山组成的美丽庭院，能够欣赏到各个国家的多种花卉。

用各种看点吸引旅客的
温哥华

　　以连接凯奇坎和温哥华的让人赞叹不已的内陆水道为航线,一路航行的话就能看到温哥华的全景。每次来到温哥华,一定要去看看的地方就是盖士镇。这里的繁华中心就是从海滨车站到枫树广场的水街,只要是到温哥华的旅客就肯定会到这里游览一番,拍照留念,品尝各种美食,随后逛逛当地的购物街。

　　盖士镇完好地保存了西部拓荒时期的面貌,这里可以称得上是一座巨大的历史博物馆。虽然旅客们不断向自己喜欢的目的地前进,但每个人都会在 1870 年完工的稀有蒸汽钟前停下脚步。现存的蒸汽钟中,历史最悠久的就要数这座了。它每 15 分钟就会喷出带着鸣笛声的蒸汽,与港口城市温哥华的节奏非常搭调。虽然在大小上,这座钟无法和伦敦的大本钟或

1. 矗立在维多利亚港口的巨大图腾和演奏风笛的乐师。　　2. 印第安人的象征——史丹利公园图腾雕塑。　　3. 在温哥华港口航行的小游船。

东京银座和光百货商场里的钟表相提并论（直径相比约小 2 米），但旅客也绝对不会错过和温哥华的蒸汽钟合影留念的机会。

　　为盖士镇的建成做出了巨大贡献的杰克·丹顿的铜像坐落在枫树广场上，那里也是人们喜欢参观的名胜之一。以杰克·丹顿铜像为中心，广场的周边汇聚着建成初期的仓库和商店，而这些地方如今已经改建为咖啡馆和纪念品商店。每一家小店都洋溢着独特气息，无论男女老少都会千里迢迢汇聚在这里。

　　个人认为，温哥华最著名的景点应该是位于西北部的史丹利公园和将旧仓库改造为作坊的格兰威尔岛。

1. 多种作坊聚集在一起的格兰维尔岛上的商店。　　2. 温哥华的标志之一——不列颠哥鲁比亚议会。　　3. 来到布查花园的访客们欣赏美景的画面。

　　史丹利公园拥有 4 平方公里的巨大面积和数百年高龄的古木，还有沿着步行道充满自然风光的庭院、运动中心和能够欣赏周边风景的海岸瞭望台。不过，让这里具有独特风格的正是印第安人的代表艺术品——图腾柱。曾在太平洋沿岸生活的美洲印第安人精心打造的图腾柱高达 5~10 米，每一根都拥有独特的形象。

　　以前，格兰维尔小岛是经常能听到机械刺耳运转声的工厂地带。随着各种工厂被迁到郊区，这座小岛逐渐变成了"幽灵城"。而让这座"幽灵城"重新找回活力的契机，就是近年来涌入的一大批年轻艺术家们。因为能够以低廉的价格租到曾经的工厂厂房，所以贫困的艺术家们都开始聚到这里进行创作。多亏他们，各式各样的作坊和画廊才到了这个新世界，使这里逐渐变成一个景点。能在格兰维尔岛中见到的艺术品包括绘画、木刻制品、玻璃工艺品等多种类型。其中，最吸引旅客视线的，莫过于最能体现印第安人传统风格的纹样和符号所组成的图画和雕塑。

1. 位于议会堂前方的蜡像博物馆中展示的英国王室蜡像。

2. 1870 年建造的世界最初的蒸汽钟。

　　位于温哥华对面的维多利亚岛同样是一个独立景点。岛上有州议事堂、蜡像博物馆、布查花园等名胜，其中布查花园的美丽和辉煌让人赞叹不已。一年四季鲜花盛开的布查花园是布查夫妇用石灰石矿山改造而成的庭院。面积达 0.2 平方公里的巨大庭院，只允许旅客们徒步游览（另外也为行动不便的旅客准备了专用通道）。

　　布查花园的每一个角落都十分迷人，最值得向游人推荐的就是下沉花园和罗斯喷泉。站在能够看到下沉花园的瞭望台上，西面石灰石旧矿区就会映入眼帘。巧妙地用石灰石矿区改建而成的花园，拥有让人惊叹的壮观风景。从下沉花园再走一段就能看到罗斯喷泉。保存在石灰石矿区中的罗斯喷泉，以它自然与人工完美结合的样貌，使旅客驻足。

　　温哥华——加拿大最大的港口所在地、阿拉斯加游轮的停靠港——这里一年四季都会有各式各样的看点，其典雅和安逸的程度简直让人无法相信这是一座现代化的国际都市。

东南亚地区拥有淳朴的微笑和温暖心灵的氛围，这里比地球上的任何一个地方都更充满魅力。搭乘游船的旅客们大部分都是第一次踏上巡游旅行的人，虽然和其他地区的巡游相比，旅客会觉得缺少了一点儿规模，但和地中海或北欧巡游相比，在停靠港中遇到的当地人，却是更加的淳朴可亲。新加坡被誉为"东南亚巡游中心"，从那里出发的各游轮大体相似，但彼此间还是存在细微差异。从新加坡出发，途经槟城和普吉岛，最终返回新加坡的旅程，能够让人感受到安逸的休憩和独特的文化。从新加坡出发，途经泰国、柬埔寨、越南的路线，可以为旅客展现东南亚悠久的文化和淳朴的民风。而通向中国香港、中国大陆、越南的路线则能够让你体验地球村中最活泼的一片天地。

丽星游轮处女星号 4 天 3 夜游

1day　新加坡起航

2day　马来西亚槟城（乔治城）

3day　泰国普吉岛（巴东海滩）

4day　新加坡登陆

• 皇家加勒比游轮
4 天 3 夜游

1 day　新加坡起航

2 day　马来西亚吉隆坡

3 day　马来西亚槟城

4 day　日本鹿儿岛

5 day　新加坡登陆

• 歌诗达游轮
8 天 7 夜游

1 day　中国香港起航

2 day　全天海上航行

3 day　菲律宾马尼拉

4 day　全天海上航行

5 day　马来西亚亚庇

6 day　文莱斯里巴加湾

7 day　全天海上航行

8 day　新加坡登陆

丽星邮轮处女星号的特征

1. 出发之前不会为旅客准备游览新加坡的自费游览项目。

2. 费用中已经包含了小费，因此不需要单独支付小费。

3. 客房内提供的水是免费的。

4. 想要参加船长主持的晚宴的话，就要向咨询台申请。

5. 晚餐和晚宴中也可以穿着休闲服装参加。

6. 不同等级客房能够进入的餐厅是有限制的。阳台客房的旅客可以自由地进出所有餐厅，但海景房和内部客房的旅客如果想要使用邸宅、武士、华贵洋行等三处餐厅和水疗设施的话，需要支付额外的费用。

1day

FOLIO: 43026569
STATEROOM: 6350

KT #: 0000010

NSB1

KT #: 0000010

NV

新加坡起航

16:00 从新加坡港口起航 ••••▶

　　新加坡作为名副其实的东南亚巡游中心，一年四季不会发生台风或暴雨等自然灾害。选择从新加坡出发，途经马来西亚和泰国，最后返回新加坡的路线的游客，可以根据自身的情况选择提前或在巡游结束之后游览城市。

1day

▶▶ 从机场或住所前往港口

从新加坡机场或城区的住所前往港口,最方便的交通工具就是出租车。从机场到游船停靠的港口需要 30 分钟的车程,费用约 20 新加坡元(大约 100 元人民币)。从城区只需要 10~15 分钟的车程,车费在 10 新加坡元(大约 50 元人民币)左右。

▶▶ 从办理手续到登船

办理行李托运 携带预约确认书和护照在 1 层的行李管理处办理托运手续。行李单一定保管好(从 13:00 开始办理手续,于 15:00 完成登船)。

登船手续 办理完行李托运后,到 2 层办理登船手续,要随身携带护照和新加坡的签证,如果不发生意外,就可以到之前预约的客房休息。

通过安检和出入境管理局 需要先后通过安全检查和出入境管理局,再登上游轮。

搭乘游船 通过出入境管理局前往游船的中间地带会统一收取护照。在整个旅行的过程中护照会由游轮公司保管,结束旅行时可到 7 层的咨询台取回。在登船的过程中会拍摄乘船纪念照,在旅行结束前可以到照片展厅看看自己的照片,如果满意可以花钱购买。不同大小的照片价位不同,大体上在 10~20 新加坡元(大约 50~100 元人民币)。

前往客房 登船后,可以前往客房休息,或者游览船内的风光。

▶▶ 安全指导

参加巡游旅行的所有旅客必须在指定时间内接受安全指导。丽星邮轮公司的处女星号会在 15:30-15:50 进行大概 20 分钟左右的安全指导,地点在 7 层的甲板,旅客们需要穿上客房中的救生衣参加该指导。安全指导的内容包括紧急情况发生时的集合场所、紧急出口的位置、救生衣的使用方法、求救的方法等。

▶▶ 申请自费游览

先查阅送往客房的介绍册,定下自己喜欢的目的地,再前往 7 层的咨询台对面的自费游览申请点进行申请。自费游览的所有费用会在下船之前统一在咨询台结算。东南亚巡游中会遇到很多团体旅客,因此最好尽早申请人气较高的旅游套餐。

▶▶ 主要日程与活动

每天配送到客房的 2 页介绍册《丽星导航》中包含各种各样的信息。就算同一款巡游产品也会根据季节的不同而出现日程上的差异。因此要仔细确认,最终选择自己想要参加的活动。

16:30-17:45 欣赏音乐演出与游行。

20:30-22:30 参观街景。

21:15-22:00 处女星号上会有音乐表演。还有在非洲咖啡馆上演的节目，可以让旅客在晚餐之后边休息边欣赏。

21:15-00:50 可以参加音乐娱乐活动。

16:00 至次日 03:00 赌场会持续开放。赌场规模很大，从老虎机到 21 点，为旅客们提供各种游戏设施。

▶▶ **旅行信息**

新加坡的治安能够称得上是世界顶级水准，没有什么地方比这里更适合自由观光。这里没有自费游览项目，所以可以尽情游览各种名胜。观光路线很人性化，可以让人轻而易举地找到自己的目的地。主要景点都离城区很近，徒步或者搭乘出租车就可前往，交通费用也相对低廉。

用餐

13:00-15:00 **午餐** ▶▶ 在登船之后可以在任意时段前往自助餐厅自由享用午餐。

18:30-21:30 **晚餐** ▶▶ 处女星号中，不同等级客房能得到餐厅的使用权不尽相同。阳台客房的旅客可以使用所有的餐厅，但海景房和内部客房的旅客只能免费使用西方风格的"贝拉维斯特"、中国餐厅"圣庭院"、自助餐厅"维迪塔莱恩"。日本餐厅"武士"，意大利餐厅"邸宅"和中国餐厅"华贵洋行"等都需要支付额外的费用。

▶▶ **旅行名胜**

皇后广场 近代新加坡的发源地，能够看到国会议事堂和城市的象征物——鱼尾狮铜像。

克拉码头与驳船码头 新加坡的著名景点，有很多旅客专门来这里乘坐小船游览周边的美景，也有很多人是为了在这里享用晚餐和享受夜晚的余兴节目，可谓是人山人海。

珊顿大道 这条大道位于驳船码头区域的商业城。这里是世界著名银行与跨国企业坐落的密集地，足以向旅客证明：新加坡是名副其实的国际化大都市。

唐人街 能够体验中国特有文化氛围的地方，可以欣赏各式各样的建筑物，也可以用便宜的价格买到特产和工艺品。

乌节路 新加坡最繁华的购物街，拥有从世界各国的高价名牌到中低价商品，这里能够让旅客享受多样的购物乐趣。

圣陶沙岛 游乐场、高级度假村、高尔夫球场等各种休闲设施俱全的小岛，是适合带儿童同行的一家人休闲和休息的去处。

东南亚的中心
新加坡

　　新加坡与泰国、印度尼西亚共同充当着代表东南亚旅游大国的角色。虽然除了金融和贸易之外无其他支柱产业，但新加坡从很久以前开始就以旅游业作为国家的核心产业之一，其结果就是，即使在一年中最闷热的天气里，也会有无数的旅客来到这个娇小的"城市国家"——新加坡。

　　来到新加坡的旅客，都会寻找的景点就是鱼尾狮铜像所在的皇后广场。皇后广场既是新加坡的发源地，同时也是证明这片土地曾经是英国殖民地的象征。但好像除了鱼尾狮铜像之外就没有其他看点了，所以人们往往只是在这里拍几张照片，就急着去下一个目的地了。

　　不过这肯定是失误。如果不是团体旅行，而是和家人或朋友一起来的话，就最好在皇后

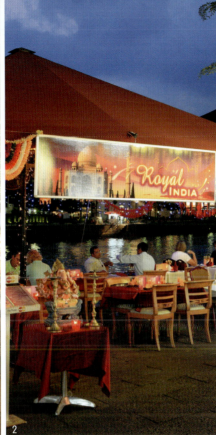

1. 以珊顿大道高楼为背景坐落的驳船码头小吃街。　　2. 在驳船码头餐厅用餐的市民与旅客。　　3. 在驳船码头的餐厅用作食材的各种海鲜。

广场拍照之后前往新加坡顶级宾馆之一——富尔顿酒店。就算不在富尔顿酒店过夜，也可以在那里的船库或咖啡馆享用美味的咖啡或茶，看看周边的风景，你就会发现皇后广场的确是一个惬意十足的地方。

　　背对着耸立在新加坡江河与大海交汇处的鱼尾狮，沿着河水逆流而上，就能看到新加坡最著名的商业区——珊顿大道。世界顶级的金融机构和密密麻麻的高楼大厦都有力地证明了这里就是亚洲金融的中心。楼群的一端坐落着 19 世纪建成的老房子——驳船码头。在岁月的洗礼中，这里依然不减当年的风貌，派翠西亚·舒兹在自己的旅行书《一生不可错过的1000 个地方》中也对驳船码头大加赞赏。

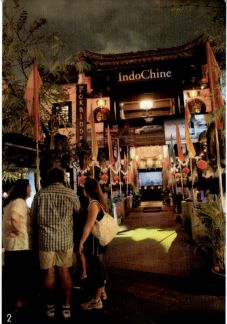

1

2

3

4

5

1. 以独特的外观与室内装潢吸引旅客的克拉码头。

2. 克拉码头的中国餐厅，洋溢着浓厚的中国风。

3. 来到唐人街的旅客们游览周边的景点。

4. 能够让旅客体验活力与激情的唐人街。

5. 在克拉码头欣赏夜景的市民。

新加坡是世界各级美食盛宴汇聚的饕餮天国，举行盛宴的地方就是驳船码头的各个小餐馆。在高级酒店和位于城区的餐厅中当然也能享受到新加坡的美食，但驳船码头才是最能代表新加坡风味的地方，也能够让你接触到更多样的佳肴。新加坡、中国、印度、泰国、韩国等多个国家的美食尽在其中，最值得推荐的莫过于龙虾等海鲜料理。

如果想在驳船码头享受美味，最好选择凉爽的夜晚。坐落在江边的高楼散发出光芒，透过椰子树之间的空隙能看到古风建筑物。在这样的背景下享用晚餐，然后再到附近的香蕉咖啡馆喝几杯凉爽的啤酒，这样的夜晚真是再惬意不过了。在这里并不只是单纯的吃喝玩乐，还能够欣赏浪漫的新加坡风光，这次旅行经历肯定会让你印象深刻。

与驳船码头相连的克拉码头（Clarke Quay）地区，是新加坡夜景文化的绝佳体验地。19世纪末，曾被贸易者们当作仓库和办公室的建筑物被重新改造成了餐馆、酒吧、夜总会、商店等，来这里游览的最佳时期也是夕阳西下之后的夜晚。克拉码头的氛围和驳船码头有些差异。咖啡馆、酒吧、夜总会和法国、意大利风格的餐厅比较多，是年轻人爱去的地方，这里总是充满着热闹的气氛，相当适合想体验夜晚文化的旅客。在别有风情的河边参观并用完午餐后，可以到喜欢的咖啡馆或酒吧转转，和各国的旅客们喝啤酒、聊人、打台球，各自以独特的姿态散发着青春的魅力。除此之外，每个星期日下午来到克拉码头的话，还可以体验到和路边的老商贩讨价还价的乐趣。

如果说代表新加坡浪漫风情的名胜是驳船码头和克拉码头，那么能够让旅客体验当地人生活的地方就是唐人街。沿着大路排开的饭馆，各种物品一应俱全的街头小摊，热情揽客的服务员……唐人街的特有氛围在这里体现得淋漓尽致。以红色和黄金色装饰的2层建筑的外观与用七彩斑斓的首饰点缀的室内装潢能够体现十足的中国风。

唐人街最有名的当属各种物美价廉的商品——从看似一无是处的古董到各式各样的工艺品、绸缎、装饰品、纪念品、杂七杂八的生活用品，还有闻所未闻的医疗保健用品等。而且这里的价格也是惊人的便宜，不仅是旅客，甚至连很多当地的市民也会到这里淘宝。如果对唐人街的历史与文化感兴趣的话，可以转转位于商街内部的遗产中心。

除此之外，高级购物商场、宾馆、咖啡馆、酒吧等汇聚的乌节路和能够同时享受高尔夫球和休息的圣陶沙岛，还有见证印度文化的"小印度"等都是吸引旅客们的有趣名胜。

2day

FOLIO: 43026569
STATEROOM: 6350

KT #: 0000010   NSB1   KT #: 0000010

马来西亚槟城（乔治城）

12:00 槟城（乔治城）入港 ••••→   **20:00** 槟城（乔治城）离港 ••••→

被誉为"东南亚珍珠"的槟城治安非常好，旅客可以放心地单独旅行。除了度假村之外的所有名胜都位于乔治城内或附近的区域，可以徒步或者乘坐出租车、三轮车（三轮自行车）游览。

2day

▶▶ 主要日程与活动

10:30-12:30 参加游轮公司组织的上午活动,之后享用午餐。
12:30 参加停靠港观光的旅客,按照广播的指示到指定地点集合。
13:00-19:00 旅客可以自行选择参加自费游览或自由观光。
19:00-20:00 返回游轮,欣赏槟城的夜景。
21:00-21:45 参加丽都剧场举行的宾果游戏,或休息。
22:00-22:45 在丽都剧场观赏百老汇表演。
23:00-00:00 在游船的各个酒吧和休息空间欣赏演奏会。

用餐

08:00-10:30 早餐 ▶▶ 最好先到甲板做些简单的运动或散散步,之后享用早餐。

12:00-14:00 午餐 ▶▶ 打算离开游船参加观光的旅客最好在自助餐厅解决午餐,之后准备下船进行游览;而打算留在游船上休息的旅客可以使用主餐厅。

18:30-21:00 (室外烧烤) 或 19:00-21:30 (主餐厅) 晚餐 ▶▶ 处女星号游轮会在室外的游泳池提供两次室外烧烤。在其他游轮上很难体验到这种经历,最好尝试一下。

▶▶ 旅行信息

槟城能够让旅客方便地游览自己喜欢的景点,既快捷又安全。主要名胜都聚集在乔治城和周边地区,因此自由观光要比公司组织的自费游览更有趣。

观光

自费观光 ▶▶Trishaw Ride & City Tour **推荐** (三轮车游 & 城市观光) 能够游览多个景点,例如参观为了抵御外敌而建造的康沃利斯要塞、龙山堂丘祠的旅游套餐 (成人 65 新加坡元 (大约 325 元人民币),儿童 60 新加坡元 (大约 300 人民币) / 需要 5 个小时)。

City Tour & Shopping (城市观光 & 购物) 游览槟城主要名胜与购物地区的旅游套餐,能够见到雄伟的卧佛像和跳蚤市场、商店等 (成人 50 新加坡元 (大约 250 元人民币),儿童 45 新加坡元 (大约 225 元人民币) / 需要 6 个小时)。

Temple Tour (寺庙观光) 游览马来西亚最大规模的极乐寺、蛇庙,之后在城区购物的观光路线,如果对佛教感兴趣的话,极力推荐该路线 (成人 30 新加坡元 (大约 150 元人民币),儿童 25 新加坡元 (大约 125 元人民币) / 需要 5 个小时)。

自由观光 ▶▶ 虽然在槟城的中心乔治城滞留的时间并不长，但主要的景点都聚集在离港口 10-30 分钟的路程范围内，因此可以徒步或搭乘出租车、三轮车等交通手段从容地游览。

13:00-14:00 走下游船，乘坐小船前往槟城港口。

14:00-18:30 游览槟城的主要名胜康沃利斯要塞、槟城博物馆、清真寺、观音寺和各种商场之后返回槟城港口。

18:30-19:00 从槟城港口返回游船。

20:00 自槟城乔治城离港。

▶▶ 旅行名胜

康沃利斯要塞　东印度公司船长弗朗西斯·莱特曾登陆过的地点坐落的要塞，能够了解槟城的历史。

灯塔　位于康沃利斯要塞前方的灯塔，在城区唯一能够瞭望乔治城和港口地区的地方。

回教堂　南印度商人们建造的教堂，是呈现传统印度莫卧儿风格的教堂，也是槟城所有宗教建筑物中最美丽的一座。

槟城博物馆　展示着槟城的历史和文化相关的各种资料的博物馆。

钟塔　位于康沃利斯要塞附近的钟塔，是槟城的标志性建筑。

如画中风景的的乔治城港口。

过去与现在并存的
槟城

　　到访被誉为"东方珍珠"的槟城的旅客大致分为两类。一类是渴望在度假村休息的旅客，另一类是希望游览乔治城遗址与市集的旅客。而搭乘游轮来到槟城的人，大多数都属于后者。

　　乔治城的名胜都集中在城市的东北部，这些在小城的各个角落都能见到的英伦风格建筑物，让人们知道这里曾经是英国的殖民地。徒步或搭乘三轮车游览这个古典与现代形成绝妙组合的地区，只需要半天的时间。乔治城的地标是港口附近的康沃利斯要塞。这座建筑建于1786年东印度公司的船长弗朗西斯·莱特登陆的地方，体现出了波澜壮阔的城市历史。

　　走过入口处的弗朗西斯·莱特铜像，向右走去就能碰到一个小建筑群。用混凝土建造的这些建筑物又名"画廊"，是英国统治槟城时期关押反抗英国的叛民和罪犯的地方。现在在这

1. 典型的欧洲风格，康沃利斯要塞的入口。　　2. 1801 年南印度贸易商人建设的清真寺。

些当时被用作监狱的建筑物中，完好地保存着当时槟城地区的生产资源和与贸易相关的历史
文书。不过康沃利斯画廊中保存的资料太少，多少让旅客们有些失望。

　　康沃利斯要塞附近，以城市的标志——钟塔为中心，坐落着灯塔、市政大厅、市立图书馆、
市议会、世界大战参战纪念碑等。要塞周边的看点中灯塔最吸引人，但只在上班时间（09:00-
17:00）对外开放。灯塔周边的景色非常浪漫，不仅如此，登上瞭望台还能看到槟城的中心地段
乔治城与附近的海峡。从高高的灯塔上俯视一望无际的马拉加海峡和美丽的槟城，就不难知
道为什么槟城被称作"东方的珍珠"了。

　　从要塞、灯塔、钟塔、市政大厅聚集的乔治城东南部向西走 10 分钟，就能见到罗马天主
教堂、英国圣公会教堂、佛教寺院、槟城博物馆等景点。对马来西亚文化和槟城有兴趣的话，
可以到由旧学校改造而成的槟城博物馆参观一下。槟城博物馆的收藏品水准并不高，虽然不
能和马来西亚博物馆或新加坡博物馆相提并论，但足以让旅客们了解槟城的文化和当地居民
的生活。

1. 乘坐三轮车游览跳蚤市场的巡游旅客们。　　2. 槟城的标志性建筑——乔治城钟塔。

　　从槟城博物馆再向西走10分钟左右就会到达乔治城中心区。现代风格的高层建筑与沧桑的2层小楼相融合，能够清晰地告诉人们，这里就是华侨与印度人的摇篮。乔治城的看点并不多，无非就是几家世界级连锁酒店、商业大楼和沿着狭窄的道路排列的商店。虽然不是典型的唐人街，却也包括了贩卖各种服装和生活用品的店铺。

　　从城中心原路返回港口，突然间停留在和之前看到的景象完全不同的清真寺门口。典型的莫卧儿风格的教堂，与乔治城中其他宗教建筑物的氛围完全不一样。这里每天对外开放，可以自由入场，但想要进入礼拜的房间就要得到教堂的允许。因禁止教外人士出入，所以无法仔细地参观，但教堂的外观和通过窗户偶尔看到的内部景象比乔治城中的任何宗教建筑物都华丽。

　　走出遍布清真寺地区的金银珠宝商店，朝港口方向走去，就能看到当地居民生活的旧住宅和跳蚤市场。出售各种生活必需品的跳蚤市场充满活力，在这里销售的商品有从海里打来的海鲜以及各式各样的服装、饼干、甘蔗、花草等。每个区域贩卖的商品种类被划分得非常明

印度语标牌和英文标牌共存的乔治城商店。

显。中国人所在的地方主要卖服装和食物，而印度人所在的地方主要卖香料和宝石。另外，马来西亚人汇聚的地方则大多都是咖啡馆和旅行社。除此之外，还有中国、印度、马来西亚各国商贩云集的交叉路，广场周边有很多露天餐馆。这些餐馆中有油炸热带水果、虾、螃蟹、鱿鱼等美食，价格十分公道，最适合填饱肚子。

　　简陋的商店中贩卖的商品虽然没什么特别的，但跳蚤市场却是乔治城极具特色的名胜和综合文化场所。那些乘坐三轮车排队来到市场的旅客们很好地证明了这一点，到处都有当地人和旅客在兴致勃勃地讨价还价。另外，乔治城的跳蚤市场还有很多与其他市场完全不同的咖啡馆、酒吧、餐厅、旅行社和廉价旅馆等等。

　　从跳蚤市场到港口步行不会超过 20 分钟，但乘坐槟城的特色三轮车，游览街边殖民地风格的住宅，也是非常不错的体验。

3day

FOLIO: 43026569
STATEROOM: 6350

KT #: 0000010

NSB1

KT #: 0000010

泰国普吉岛（巴东海滩）

08:00 普吉岛入港 ＞＞＞▶   18:00 普吉岛离港 ＞＞＞▶

　　普吉岛的巴东海滩曾是 2004 年巨大海啸的受灾地。直到今天，灾难的痕迹对巴东海滩还有一定的影响。倒是沿着海边排列的商店和酒店，却比以前更具活力，居民们也过着更富裕的生活。岛屿的中心地带，游轮停靠的巴东海滩肯定能让来到这里的旅客感到满足。

3day

▶▶ 主要日程与活动

08:00-17:00　在用完早餐之后,旅客可以选择参加自费游览或自由观光。

18:00-18:30　准备出席晚宴。

18:30-21:00　与船长拍纪念照。在 7 层的大厅与船长、副船长等人拍纪念照的活动,会让你拥有崭新的巡游旅行经历。

22:00-22:45　为成人准备的娱乐时光(fun time)。

23:30-00:10　观赏拉斯维加斯表演。美国拉斯维加斯经常能看到的表演,只有成人才能入场。

00:45-01:45　观赏处女星号乐队的演出。

用餐

07:00-10:00　**早餐** ▶▶ 在自助餐厅享用早餐, 之后准备下船。

12:00-14:00　**午餐** ▶▶ 参加自费游览和自由观光的旅客可以在当地的餐厅用餐, 留在游船上的旅客可以到自己喜欢的船内餐厅用餐。

19:00-21:00　**晚餐 (晚宴)** ▶▶ 船长主持的鸡尾酒派对和晚宴。处女星号的晚宴与其他高级游轮不同, 男性可以不打领带, 以 Semi-casual 服装入场, 女性也可以穿着 Casual 服装。不过想要体验巡游旅行的精髓的话, 不论男女最好穿正装。

▶▶ 旅行信息

　　日本旅行者协会认可的顶级休养胜地普吉岛治安非常好,可以安逸地享受休息和观光。停留在普吉岛上的时间只有一个白天,因此在炎炎烈日下享受日光浴和游泳,游览自己喜欢的地方或者购物在这个观光天国来说都是不错的选择。

观光

自费观光 ▶▶ Off-Shore Sightseeing　**推荐**　(近岸经典观光) 能够游览位于攀牙湾国立公园的皮皮岛, 攀牙湾度假村等普吉岛的各种美丽自然的旅游套餐 (成人 85 新加坡元 (大约 400 元人民币), 儿童 50 新加坡元 (大约 250 元人民币) / 需要 8 个小时)。

Off-Shores Adventure (近岸探险) 乘坐小船游览位于攀牙湾国立公园的洞穴的路线, 最适合那些渴望欣赏远古风貌大自然的旅客 (成人 140 新加坡元 (大约 700 元人民币), 儿童 110 新加坡元 (大约 550 元人民币) / 需要 8 个小时)。

Thai Massage (泰式按摩) 游览普吉岛城区的百货商场和海洋公园地区, 再享受传统的泰式按摩。看看当地居民的生活, 能够充分地帮助旅客缓解疲劳 (成人 88 新加坡元 (大约 440 元人民币), 儿童 88 新加坡元 (大约 440 元人民币) / 需要 7 个小时)。

自费观光 ▶▶ 想要自由游览普吉岛的话，需要事先制定游览计划。

09:00-10:00 从游船出发，乘坐前往巴东海滩的小船。

10:00-12:00 游览巴东地区的名胜班腊路和各式各样的商铺。

12:00-15:00 在巴东海滩享受游泳和休息的乐趣，可以在当地解决午餐。

15:00-16:50 在位于巴东海滩的按摩店享受按摩服务，解除疲劳。

17:00 乘坐返回游船的小船。

18:00 自普吉岛离港。

▶▶ 旅行名胜

皮皮岛 能够欣赏普吉岛自然风光的代表名胜，这里曾经是"007"系列电影的拍摄地。

巴东 象征普吉岛的观光中心地带。一年四季都可以享受游泳和日光浴，还会举行各式各样的活动，也适合购物。白天和黑夜彰显着截然不同的风光。

南部海岸 沿着南部海岸路线坐车兜风，欣赏那幻想一般的美景和壮观的日落。

中央普吉岛 普吉岛的市中心，能够接触各种购物中心和当地居民的生活景象，还有各式各样的市集。

旅行者的天国
普吉岛

　　每当凛冽的寒风来袭,欧洲各地的旅行社就会如期贴出"天国普吉岛"的海报。光是我亲眼看到的海报就有数十张之多。对我们来说,虽然是个平凡的休养地,但对于西方人,尤其是对于居住在北欧的人来说,肯定是一片天堂。

　　站在处女星号的甲板上向巴东海滩望去,就能看到无边的沙滩、各式各样的遮阳伞、大大小小的建筑物以及夹在蓝天和建筑物之间的丛林,这些景色和搭乘汽车从普吉岛机场出发时看到的完全不同。

　　因为水位过低,游轮只能停靠在离港口稍远的海域,旅客们需要乘坐辅助小船前往港口,这时就能看到"过度热情"的揽客者。这就是让人感觉到自己身处旅行者天堂的第一瞬间。

对于多次访问普吉岛的我来说，最值得推荐的休养地就是巴东海滩。这里有一望无际的白色沙滩、平静的波浪、耀眼的阳光、美丽的大自然，另外还有滑翔机、皮船、帆船等各种海洋运动，刺激旅客好奇心的咖啡馆，帮人消除疲劳的按摩院和水疗中心，还有能够观赏激烈泰拳的舞台等等，巴东海滩可以说汇聚了泰国的所有看点。

乘坐游轮来到巴东海滩的旅客无法长时间逗留在此地，可能没办法体会到这座城市的真正魅力，因此合理利用时间对于旅客来说至关重要。根据我多次到访巴东的经验，上午最好游览主要的街区，下午前往海边享受游泳和休息，之后返回游船。

先把目的地锁定在班腊路。将巴东的看点聚集在一起的班腊路能够让人体验到各种乐趣，从只能容纳一两个人的小首饰店，到数百人聚在一起、热血沸腾的泰拳擂台……各式各样的店非常多。但班腊路最有名的是那些彰显独特个性的咖啡馆。多达三百多家的巴东咖啡馆、酒吧、夜总会中有50~60家聚集在班腊路，这条大街足以称得上是咖啡馆、酒吧和夜总会的天堂。喝着啤酒和饮料，欣赏大街上门庭若市的平凡咖啡馆和演奏摇滚音乐的酒吧，以及人妖们在舞台上以绚烂的舞蹈诱惑旅客的夜总会，想要以自己的方式体验班腊路的真实面貌的话，最适合的时间当属晚上。因为游船的乘船时间限制，所以只能大致地游览一番，但只要走一遍班腊路，就会被魅力十足的氛围所感染。

在游览完班腊路之后，可以到腊乌提大街的商店购买纪念品或享用午餐。性价比颇高又别具一格的商店很多，让你想要随时随地打开钱包来"血拼"。如果想在氛围不错的餐厅从容地享用午餐，推荐你到悬崖上的悬崖餐厅伴随着优美的钢琴旋律品尝美味料理。

来到巴东有一个地方是必须要看的，那就是普吉岛最美丽的海边——巴东海滩。长达4公里的海边布满了千顶遮阳伞，享受游泳和日光浴的旅客们会挤爆这里。清澈的海水、缓和的斜坡、白色的沙滩……这些都能为人们带来无尽的快乐。

巴东海滩最大的魅力在于游客能同时体验游泳、日光浴和各种海洋运动。如果除了游泳和享受日光浴之外，还想体验刺激冒险的话，可以通过拖拽伞飞向蓝天，或者搭乘摩托艇在海岸驰骋。而且，体验这些海洋运动的费用也比在马尔代夫或塔希提岛便宜得多。潜水培训中心也坐落在这里，经过在周边接受简单的培训之后，游客在专业教练的指导下就可以游览海底风光。

如果对游泳或海洋运动没有什么兴趣的话，你可以租一艘小船游览充满幻想的小岛或洞穴。可以直接与小船的主人商量价钱，也可以前往海边的旅行社参加自己喜欢的旅行路线，不管选择何种方式，都不会有很大的经济负担。另外也可以租半天小轿车游览城区和海边的风光。

4day

FOLIO: 43026569
STATEROOM: 6350

KT #: 0000010

NSB1

NV

新加坡登陆

19:00 新加坡港口登陆 ▸▸▸

处女星号会在下午7点到达新加坡港口。这和一般早上到港的游轮不同，相当于游客得在游轮上多逗留一天。

4day

▶▶ 主要日程与活动

10:00-11:45 参加各种水果和蔬菜的雕刻示范或舞蹈派对等。

14:00-15:00 准备在新加坡到港。将自己的行李准备好,放到客房外的通道上。

15:00-16:00 费用结算,取回自己的护照。

18:30-19:00 想参加新加坡自费游览的人可以申请相关旅游项目。

用餐

08:00-10:00 早餐 ▶▶ 可以自由地在主餐厅或自助餐厅用餐。

12:00-14:00 午餐 ▶▶ 可以在主餐厅"贝拉维斯特"、中国餐厅"圣庭院"、自助餐厅、日本餐厅"武士"、意大利餐厅"邸宅"等餐厅用餐。

16:30-18:00 晚餐 ▶▶ 游轮提供的最后一次晚餐,无论是前往机场的旅客,还是在新加坡多逗留几天的旅客,都最好先在游轮上解决晚餐再启程。

▶▶ 在新加坡登陆所需的主要信息

所有旅客只有取回登船时委托游轮保管的护照，才能进入新加坡国境。

护照取回时间　随日程和季节变化会有着略微的变化，但大体上是 14:00-18:00。

取回地点　阳台客房的旅客到 7 层的咨询台，世界巡游的旅客到 7 层的丽都剧院取回护照。在那里还会有所有相关费用的结算，将之前发放的各种小费和自费游览费用账单拿到该处即可。

必须携带物品　海上通行证。

结算　信用卡和现金结算皆可。

其他文件确认　在领取护照时，必须要确认是否有通过新加坡机场入境时拿到的出境卡。

纪念照　一定要到照片展厅取回搭乘游船时拍摄的纪念照。

▶▶ 新加坡入境向导

在 19:00-20:00 进行新加坡入境向导活动，阳台客房旅客到 6 层的中央圣庭院等待下船，超级游轮旅客在丽都剧院等待下船。

连接东南亚和东北亚的巡游，其规模无法和欧洲或者美洲地区的巡游并论。但最近，到亚洲旅游的人数如同亚洲经济一样快速增长，追求各种旅游体验的亚洲游客的人数也开始激增，各游轮公司开始将目光投向亚洲市场。到处是黑头发、黑眼睛、黄皮肤的东方人，这样的东北亚巡游能让亚洲的游客倍感亲切。最具代表性的线路就是韩国、中国和日本。

皇家加勒比游轮公司 狂想曲号
中日韩 6 天 5 夜游

1day　韩国釜山起航

2day　韩国济州岛

3day　中国上海

4day　全天海上航行

5day　日本福冈

6day　韩国釜山登陆

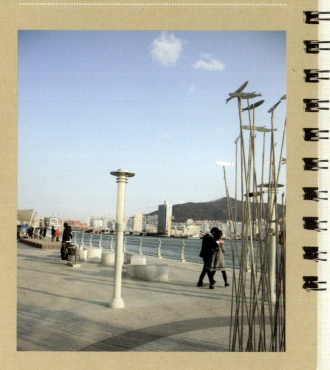

皇家加勒比狂想曲号的特征

以下内容为之前狂想曲号在东南亚地区提供的服务作为标准。

1. 第一天没有自费游览项目，但在游程结束返回的时候，可以进行自费游览。

2. 狂想曲号为大型游船，有多个餐厅和剧场，同时也配备赌场、攀岩等多种设施。

3. 狂想曲号为高级游船，需要对各个领域提供服务的工作人员支付一定金额的小费。

4. 客房、酒吧、餐厅、室外游泳池等处提供的酒精饮料与碳酸饮料需要收取一定费用。

5. 船长主持的晚宴需要穿着正装，晚上或中午如果在主餐厅用餐的话，原则上需要根据要求着装。

6. 在能够享受自助餐和简单料理的地方，可以坐在任意的位置享用，但在主餐厅会有专门指定的坐席供旅客使用。如果有同行者，可以事先向餐厅经理提出要求，适当调整坐席。

7. 所有旅客都会得到同等待遇的服务，与客房等级无关。

8. 按摩、水疗、皮肤护理等部分服务需要单独支付费用。

1day

FOLIO: 43026569
STATEROOM: 6350

KT #: 0000010

KT #: 0000010

NSB1

NV

韩国釜山起航

17:00 从韩国釜山游轮专用港口起航 ••••▶

　　作为游轮出发地的釜山是韩国最具代表性的港口，狂想曲号于 2008 年 4 月第一次以釜山为母港，开设途经中国、日本，最终返回釜山的航线。因此，以下内容中部分服务与活动可能有所出入，最好在旅行前多收集釜山和济州岛的相关实时信息。

1 day

▶▶ 从机场或住所前往港口

从釜山机场或釜山车站到游船出发的游轮专用港口,最方便的交通工具就是出租车,一般需要 30~50 分钟。居住在釜山或庆尚南道地区的旅客可以选择自驾车到港口,待旅行结束后,驱车返回即可。

▶▶ 从办理手续到登船

办理行李托运手续 在 1 层办理行李托运手续。将事先发放的行李单贴到需要托运的行李上,交给相关工作人员。如果之前没能拿到行李单,则可以凭借预约确认书领取行李单(手续开始办理的时间一般为 13:00,但一般可以提前 1~2 个小时办理)。

登船手续 在办理完行李托运手续之后就可以办理登船手续。登记处设在游轮旅客中转站内部或外部的特定区域。出示护照和预约确认书即可办理,如果旅行过程中需要使用信用卡的话就会得到海上通行证(ID 卡),全部手续就此完成。如果没有特别的变动事项,可以到之前预约好的客房休息。

通过安检和出入境管理局 在办理完登船手续之后需要接受简单的安全检查,方可登上游轮。釜山巡游中转站内部设有出入境管理局,可以快捷地完成这一过程。

搭乘游船 在备有简单的饮料和茶水的登记台稍事休息后,便可以登上游轮。在登船的过程中会有乘船纪念照的拍摄。照片可以到照片展厅取回,不同大小的照片有价格上的差异,大体上在 10~15 美元。

前往客房 在登上游轮之后,可以在船内游览或前往客房休息。如果客房有问题的话,可以向咨询台提出并得到妥善的处理。

▶▶ 安全指导

参加巡游旅行的所有旅客都要在指定时间接受安全指导。狂想曲号会在 17:00-17:20 开展 20 分钟的安全指导,地点在甲板上。旅客参加时需要穿上客房配备的救生衣,主要内容为了解紧急情况发生时应该聚集的场所、紧急出口的位置、救生衣的使用方法和求救的方法等。

▶▶ 申请自费游览

如果是长期巡游日程的话,需要提前 3~4 天完成停靠港的自费游览申请。但乘坐从釜山出发并重新返回釜山的游船有可能出现没能选到自己喜欢的自费游览项目的情况。如果需要旅行套餐的相关信息,就可以到自费游览申请处咨询,或通过客房中的电视机,在自费游览申请书上标记自己喜欢的路线。在登记时必须用海上通行证结算,最终再确认最后一天送到客房的账单。如果实际消费与账单内容不符的话,可以到咨询台确认并修正错误的内容。

▶▶ 主要日程与活动

狂想曲号每天都会举行数十种活动。因此要事先参考每天更新的游轮报纸——《游轮大本营》，找出自己喜欢的活动。这些信息是根据狂想曲号的东南亚路线为标准收录的，每家游轮公司所提供的晚餐服务等重要相关事项都会在前一天下午统一印刷，因此或多或少会有差异。

15:00, 16:00 参观狂想曲号。在乘务员的引导下，分两次进行为期1个小时的参观，游览游船上的主要设施。

17:00-17:20 接受安全指导。

21:00-22:00 欣赏演出。虽然日程不确定，但一般来说都会进行演出。

用餐

12:00-16:00 **午餐** ▶▶ 登船之后，可以到除主餐厅之外的自助餐厅或快餐店享用午餐。

18:00 19:45 或 20:30 21:15 **晚餐** ▶▶ 狂想曲号的上餐厅（官方名称为"雪绒花餐厅"）不能同时为所有旅客提供服务，因此会分为主餐和副餐提供晚餐服务。所有旅客应该在自己所对应的时间段用餐。如果觉得麻烦，就可以在方便的时间到自助餐厅用餐。

▶▶ 旅行信息

想要尽情游览釜山的话，选择单独行动的自由观光更加合适。

观光

自费观光 ▶▶ Ancient Silla of Capital Gyeongju & Busan City **推荐**（千年古都庆州佛国寺 & 釜山城）

在游览了经联合国教科文组织认定的人类文化遗产地区——千年古都庆州佛国寺和古代帝王沉睡的王陵之后，前往釜山的旅游套餐（成人109美元，儿童79美元 / 需要7个小时45分钟）。

Busan City & Cultural Show （釜山 & 文化旅游）登上能够看到釜山全景的龙头山公园高塔，眺望扎噶其市场和釜山文化园等景点的路线（成人60美元，儿童45美元 / 需要3个小时45分钟）。

自由观光 ▶▶ 若想要游览自己喜欢的地方，可在釜山逗留2天左右，观光周边的名胜。

▶▶ 旅行名胜

海云台　釜山最大的一片海滩，能够看到沙滩和高层建筑组成的美景。

太宗台　陡峭的岩壁与大海交汇的地方坐落着灯塔，浪漫的鹅卵石地面以及和恋人或家人一同漫步的步行街都能让大城市在相比之下黯然失色。

广岸里海水浴场　浪漫釜山最魅力四射的地方。无论何时这里都很美丽，在夕阳西下之后，路灯照在雪白的沙滩上，就会迎来最美妙的时刻。

扎嘎其市场　最适合体验当地人生活气息的跳蚤市场。

松亭海水浴场与龙宫寺　喜欢欣赏日落、在海边度过悠闲时光的人的最佳选择。

2day

FOLIO: 43026569
STATEROOM: 6350

KT #: 0000001O

KT #: 0000001O

NSB1

NV

韩国济州岛

07:00 济州岛入港 ••••▶   **16:00** 济州岛离港 ••••▶

　　如果是语言和驾车都没问题的旅客，在济州岛则更适合选择单独行动的自由观光。济州岛和上海有1个小时的时差，因此要注意调整时间。

2day

▶▶ 主要日程与活动

05:30-06:00 最好早早起床,欣赏济州岛的海上日出。

07:30-15:30 走下游船参加自由观光或自费游览。想要休息或参加船上活动的旅客可以留在游船上。

15:30-15:45 返回游船。

16:00-18:00 旅客可以在游泳池游泳或休息。

21:00-23:00 参考《游轮大本营》,选择自己喜欢的活动。

用餐

06:00-07:00 早餐 ▶▶ 在自助餐厅享用早餐,之后准备下船。

12:00-13:00 午餐 ▶▶ 参加自费游览和自由观光的旅客可以在当地的餐厅用餐,留在游船上的旅客可以到自己喜欢的船内餐厅用餐。

18:00-19:45 或 20:30-21:15 晚餐 ▶▶ 主餐厅会在指定时间和坐席为旅客提供服务,与自助餐厅不同的就是需要注意服装要求。

※ 服装要求分为 Formal,Informal 和 Casual 三类。每天的着装要求是通过对路线和日程的综合考虑而定的,一般会是 Informal 和 Casual,但如果是船长主持的晚餐(晚宴)的话,就都要 Formal——即穿着正装。狂想曲号的主餐厅会为旅客提供极致的服务,享受美味的正餐。

▶▶ 旅行信息

如果之前多次到访过济州岛,就最好选择一两个地方慢慢游览。想要游览多个景点时最好租一辆车,提前预约能够以低廉的价格租到好车,但千万不要忘记:随身携带国际驾照。

观光

自费观光 ▶▶ Hallim Park & Spirited Garden (翰林公园 & 盆栽艺术苑)游览济州岛翰林公园、盆栽艺术苑、挟才、双龙洞等景点的旅游套餐,适合初次到访济州岛的旅客(成人 60 美元,儿童 40 美元 / 需要 6 个小时)。

推荐 Jeju Island & South Explorer (济州岛 – 南部游)以西归浦、中门为中心,参观中门丽美地植物园和天地渊瀑布、溪谷、悬崖、传统济州岛庭院等景点的路线(成人 89 美元,儿童 65 美元 / 需要 6 个小时)。

Spirited Garden & Osulluc Tea Museum (盆栽艺术苑 & 一雪绿茶博物馆)参观盆栽艺术苑及一雪绿茶博物馆的旅游套餐,适合那些对盆栽和茶艺感兴趣的人们(成人 60 美元,儿童 40 美元 / 需要 3 个小时 45 分钟)。

▶▶ **旅行名胜**

汉拿山　济州岛最知名的旅游胜地。作为巡游旅行的旅客想要攀登汉拿山有些劳累，所以可搭乘汽车游览周边的风光。

城山日出峰与牛岛　代表济州岛东北地区的名胜，能够亲身体验济州岛的神秘色彩和闲情逸致。虽然不能在城山日出峰欣赏到日出，但登上这座山也是不错的回忆。而牛岛仿佛浓缩了济州岛的所有事物。

涉地可支　很容易游览的地方，从这里遥望油菜花丛与城山日出峰、烛台岩所在的海岸，就能体验到济州岛是个多么美丽而浪漫的空间。

城邑与漂船　能够了解传统济州岛居民生活的地方，如果错过这里，肯定会感到后悔。

3day

FOLIO: 43026569
STATEROOM: 6350

KT #: 00000010

NSB1

NV

KT #: 00000010

中国上海

10:00 上海入港 ▸▸▸   **23:00** 上海离港 ▸▸▸

　　地球上最具活力的城市之一——上海，虽然是一座国际化的大都市，但主要景观点都聚集在市中心。如果加快脚步就能游览到很多景点。若是想更全面地游玩，最好在上午参加自费游项目参观主要名胜，下午自由地游览城市中各个独特的角落。

3day

▶▶ 主要日程与活动

08:00-09:40 在甲板上欣赏上海和周边的风光。

09:40-10:00 准备登陆停靠港。

10:00-22:00 停靠港观光或留在游船上休息，参加各种活动。

22:00-22:30 返回游船。

23:00-00:00 在甲板上欣赏上海的夜景，或者在赌场和酒吧消遣。

用餐

07:00-08:00 **早餐** ▶▶ 在自助餐厅用完早餐之后准备参加停靠港观光。

12:00-14:00 **午餐** ▶▶ 参加停靠港观光的旅客可以在当地的餐馆用餐，留在游船上的旅客，可以在自己方便的时间段到船内任何餐厅用餐。我推荐的当地餐厅就是泰康路田子坊的餐厅。

18:00-19:45 或 20:30-21:15 **晚餐** ▶▶ 留在游船上的旅客可以在主餐厅或自助餐厅用餐，参加自由观光的旅客可以到"新天地百货"品尝传统中国菜。

▶▶ 旅行信息

上海虽然非常大，但乘坐地铁的话10~15分钟左右就能到达南京路、外滩、浦东、新天地等主要景点。所以事先要制定一个最优化的游览路线。

观光

自费观光 ▶▶ Suzhou Full Day（苏州一日游）前往苏州的拙政园和留园体验中国庭院的建筑美感（成人109美元，儿童69美元 / 需要10个小时）。

Shanghai Classic Tour（旧上海观光）到被誉为"旧上海华尔街"的外滩地区与旧城区的中心——豫园游览和购物的旅游套餐（成人70美元，儿童37美元 / 需要5个小时30分钟）。

自由观光 ▶▶ 以南京路为中心游览外滩、浦东地区则最有效率。

10:00-11:00 从港口搭乘出租车前往黄陂南路地区的"新天地百货"。

11:00-13:00 游览个性十足的作坊和商店，在中国特色十足的餐馆享用午餐。

13:00-14:30 参观韩国临时政府旧址。

14:30-15:00 乘坐出租车或地铁前往南京路。

15:00-19:30 游览被誉为中国最大商业街的南京路与外滩，享用晚餐。

19:30-20:00 在黄浦江上乘坐小游船欣赏上海的华丽夜景。

20:00-22:00 体验人气颇高的南京路夜景，之后前往港口。

▶▶ 旅行名胜

浦东新区 能够感受上海新面貌和活力的地方,拥有城市的标志性建筑——东方明珠电视塔和最高的建筑——金茂大厦。南京路是上海最繁华的街区,坐落着各种百货商场、高级购物商场、商店等。

外滩 欣赏沿着黄浦江两岸排列的独特建筑,以及从江边望去的浦东夜景。乘坐小型游船在黄浦江上游览。

"新天地百货" 是享用美味佳肴与特产的地区,因上海的新名胜而备受瞩目。

泰康路田子坊 田子坊位于泰康路和振国西路之间,在那里能够品尝到商业城市大上海的精致特色菜。

过去与未来共存的
上海

作为亚洲最大的商业中心,上海的发展如日中天,并正以惊人的速度向世界顶级城市迈进。这座城市仿佛一夜之间就有了崭新的面貌,让人们看到了中国经济的迅速腾飞。

曾经游览过北京的旅客,可能会觉得上海的文化底蕴不如前者。如果不考虑历史因素,那么上海,尤其是浦东地区,无疑更具有现代都市的气息。

游览浦东地区的方式非常多样,但想要将整座城市尽收眼底的话,最好是登上东方明珠电视塔或金茂大厦顶层的观景台。

东方明珠电视塔高 468 米,只要是与上海有关的宣传报纸、杂志上必然会看到它的身影。在游览完浦东和上海全景之后,可以看看上海市历史博物馆,这样就能非常直观地了解上海。

著名的运河城市——苏州，沿着河边排列的苏州古宅和来来往往的小游船。

金茂大厦是上海最高的观景台，俨然是旅客的最爱，在那里可以将上海城区、远处黄浦江沿岸的村庄和黄海尽收眼底。但如果运气不佳赶上恶劣天气的话，就只能看到城区的景色了，所以最好提前确认一下天气状况。

如果说浦东地区展现的是未来的国际都市，那么南京路就展现了当代上海的风采。南京路是最能够让旅客们感受到上海市民生活氛围的地方。南京路分为东西两条，主要的看点都集中在东南京路的步行街。

想要游览上海最繁华的地段——南京路，必须要集中注意力。穿梭于各式各样的中英文标牌与精致的建筑物之间，看着陈列在橱窗里五花八门的商品，有时你会被莫名其妙的情愫所吸引。耀眼华丽的商品汇聚在百货商场展台，各具特色的咖啡馆和餐馆聚集的南京路能够让人亲身感受到活力十足的上海。

数十年前南京路还是条古老的街道，但现在俨然成为了无与伦比的浪漫街区，其中最具代表性的就是街上的年轻人双手拎着各种购物袋、坐在咖啡馆里喝茶聊天的景象。男男女女打扮得别具一格、走在大街上的景象，仿佛会让你觉得这里是伦敦或巴黎的某个地方。

与东南京路相连的外滩可以说见证了历史的演变。1840年中国与英国之间的鸦片战争让上海人，甚至全中国人都受到了极大的屈辱。鸦片战争失败后，中方被迫签订了《南京条约》，从此开放了上海的港口，西方列强分割占领了外滩地区。外滩虽然是中国的领土，但却

1. 到了晚上就会焕发活力的南京路。　　　　　　　　　　　　2. 苏州的梦幻夜景。

是中国政府无法行使主权的租界区。

站在这个曾被西方人占领了近一个世纪的外滩，仿佛来到了 19 世纪的欧洲，沿着黄浦江边排列的风格迥异的建筑物暗示了这里曾经是西方列强们的领地。虽然不像浦东地区那样拥有林立的高楼大厦，也不像南京路那样拥有繁华的商场，但外滩却是上海的象征。

从文化底蕴来讲，上海远比不上北京、巴黎或伦敦。不过精致的商店和餐厅密集的"新天地百货"以及年轻艺术家们发挥无限创意的泰康路，都能留住旅客们的心。这里的很多建筑都是在 1890 年 –1930 年建造的典雅 2 层小楼。

"新天地百货"与高楼大厦密集的浦东新区或是车水马龙的南京路不同，它有着自己独特的魅力。陈列着精美工艺品、时尚日用品、珍贵纪念品的商店与餐厅和咖啡馆完美地组合起来，对于那些渴望从容逛街购物或在安逸的氛围下享受浪漫的人来说，这里是再合适不过的地方。

另外，距"新天地百货"300~400 米远的地方坐落着抗日独立运动时期的韩国临时政府大厅。现在的临时政府大厅配有一间放映室，播放着当时的纪录影像，并且开放了金九先生的办公室和当时的一些文献。（注：金九，1876 年 7 月 11 日 –1949 年 6 月 26 日，号白凡，本贯安东金氏，是朝鲜半岛历史上的一个传奇人物，著名的民族独立运动家。）

近年来在国际艺术界冉冉升起的新星，就是中国的画家们。走在世界前沿的中国艺术基

沿着黄浦江边排列的建筑物和外滩的浪漫景色。

地之一，就是距韩国临时政府大厅旧址 2 公里外的泰康路田子坊。只容行人和自行车通过的狭窄小巷里，坐落着画家们的工作室、画廊、只能容纳一个人的小型工作室、售卖独特饰品与当地特产的商店、咖啡馆、小餐馆等等。

通过西方的舆论和媒体宣传，如今的泰康路田子坊早已闻名于世，被看作是上海艺术的象征，但仅在数年前，这里还只是贫穷的年轻艺术家们聚在一起交流创意的地方。数百个工作室、画廊、商店、咖啡馆密集的田子坊，与首尔市的仁寺洞看似相似，但却更加的自由、从容。泰康路田子坊的最大特点就是人们能够亲眼观看有名或无名艺术家们进行现场创作，并能当场买下自己喜欢的作品。当然，这里现在已经是全世界众所周知的艺术胜地，作品的价格也要比五六年前高得多。

如果对艺术品或画作没有兴趣的话，可以坐在露天咖啡馆里享受香浓的咖啡和余香绕齿的中国茶，悠闲地看着街上来往的人群，或者逛逛售卖各种精美纪念品的商店。

4day

FOLIO: 43026569
STATEROOM: 6350

KT #: 0000010
KT #: 0000010

NSB1

全天海上航行

全天海上航行是体验巡游旅行精髓的绝佳机会。想要更充实地度过全天海上航行的话，一定要事先查看每天送往客房的《游轮大本营》，制定1天的日程安排。上海和福冈之间有1个小时的时差，因此要在睡觉前将手表调快1个小时。

4day

▶▶ 主要日程与活动

10:00-11:00 篮球、乒乓球、日光浴、游泳等都能让你感受全天航行的惬意。

11:00-12:00 可以在船上玩游戏或购物。

14:00-16:00 挑战攀岩。

16:00-17:30 休息或者享受水疗服务。

17:30-18:00 拍纪念照。在参加晚宴之前穿着正装,留下巡游旅行的美好回忆,拍纪念照。尽可能在多个地方取背景,最后可以只选择取回中意的照片。

20:00-21:00,22:00-23:00 参观表演。虽然不能称得上是百老汇的水平,但到剧场一览水平颇高的表演,也是巡游旅行中难以忘怀的回忆。

20:30-21:00 欣赏日落。不同航班的日出与日落时间都不同,但登上甲板欣赏美丽的日落的确是只有在巡游旅行中才体验得到的浪漫经历。

22:00-00:00 参加各种活动。疲倦的旅客可以在客房中休息,想要体验夜间生活的旅客可以到酒吧或夜总会享受余兴。

用餐

08:30-09:30 早餐 ▶▶ 在享用早餐前最好走到室外散散步,帮助胃口大开。

12:00-14:00 午餐 ▶▶ 最好到从未去过的船内餐厅尝试一番。

18:00-19:45 或 20:30-21:15 晚餐(晚宴)▶▶ 船长主持的晚宴,要求所有的参加者都按照 Formal 的服装要求穿戴。男性需要穿正装打领带,女性也要穿正装或晚礼服。晚宴是巡游旅行的高潮之一,所以如果没有特别的事情,一定要去感受一下。

5day

FOLIO: 43026569
STATEROOM: 6350

KT #: 0000010

KT #: 0000010

NSB1

NY

日本福冈

08:00 福冈入港 ••••▶   22:00 福冈离港 ••••▶

　　福冈市位于日本西南部，是九州地区的门户，同时也是该区域最大的城市。从让人流连忘返的景点到悠闲的购物环境，福冈有很多吸引旅客的看点。所以要事先仔细想好，是要泡在温泉里好好休息，还是去看一场浪漫的、充满异国风情的电影，或者是到世界顶级名品汇聚的地方一饱眼福。

5day

▶▶ **主要日程与活动**

08:00-08:10　准备在停靠港观光。

08:10-21:30　停靠港观光。

22:00-22:30　从城中心返回港口。

20:30-20:40　搭乘游船。

21:00-22:00　整理行李。

22:00-00:00　参加各种活动，享受夜间生活，或者休息。

用餐

07:00-07:40 **早餐** ▶▶ 可以在自助餐定用餐之后准备参加停靠港的观光。

12:00-14:00　**午餐** ▶▶ 参加停靠港观光的旅客可以在当地解决午餐，留在游船上的旅客可以到船内餐厅从容地享用午餐。

18:00-19:45 或 20:30-21:15 **晚餐** ▶▶ 参加停靠港观光的旅客可以在城区参观用餐，留在游船上的旅客可以在主餐厅享受最后的晚餐。服装要求虽然待定，但 Casual 的可能性比较大，穿着舒适服装即可。

▶▶ **旅行信息**

　　如果之前有到访福冈的经历，就可以事先定下一两个景点着重游览，如果是第一次到访，最好上午参加自费游览，游览城市的主要名胜，下午再自行前往感兴趣的景点进行游览。

观光

自费观光 ▶▶ Fukuoka Half-day **推荐**（福冈半日游）游览九州地区主要政府机关地区与寺庙、历史遗迹、购物商场的旅游套餐，可以在短时间内了解福冈（成人 85 美元，儿童 50 美元 / 需要 5 个小时）。

Panoramic Fukuoka & Shopping（福冈全景游 & 购物）游览福冈塔、福冈旧城、圆顶棒球场和市内，享受购物乐趣的路线，适合对福冈城区感兴趣的旅客（成人 85 美元，儿童 50 美元 / 需要 4 个小时）。

自费观光 ▶▶ 游览福冈城区的购物商场和神社、官公署固然不错，但上午搭乘福冈电车前往花费45分钟路程便可到达的浪漫运河城市——柳川，下午游览福冈城区的美术馆、购物街的话，旅行效率会更高。

08:00-10:00 从福冈港口出发，前往电车站坐上开往柳川的电车。

10:00-13:30 沿着电影和小说的舞台散步，从容地享受午餐，返回电车站。

13:30-14:30 从柳川站前往福冈河畔城。

14:30-16:30 游览顶级购物地区河畔城购物街之后前往运河城。

16:40-18:40 参观运河城。

18:40-19:30 前往福冈港口，返回游船。

▶▶ 旅行名胜

博多河畔城 以世界知名品牌商店为中心，能够品尝美味料理的餐厅和休息空间密布的地方。适合那些渴望享受悠闲的购物和休息的旅客。

博多运河城 以人工运河为中心组成的大型复合文化空间。从电影、音乐、美术观赏到购物，应有尽有。

栉田神社与博多町家乡土馆 栉田神社拥有代表福冈庆典的"祇园山笠"中所使用到的各种用品，在博多町家乡土馆中则能够体验代表福冈的传统文化。

柳川 位于福冈郊区的运河城市，能够让旅客们感受浪漫和悠闲的氛围。

▶▶ 在釜山登陆所需的主要信息

1. 确认在游船上的所有消费记录

在游船到达终点的前一天，服务人员会把详细的账单送到客房，主要内容包括自费游览、购物、各种小费等花费项目。如果发现实际消费和账单上的内容不一致的话，可以到咨询台确认并修改错误的部分。如果没有问题，保管好账单即可。

2. 支付小费

需要对巡游旅行中提供帮助的服务人员表达谢意——支付小费。小费要按照指定的金额支付，如果想额外表达谢意，可以适当多给。最好将现金装入送到客房中的信封，以表谢意。

3 申请地面服务

完成巡游旅行的旅客大部分都会参加自费游览,或者去往下一个目的地。如果想在停靠港进行简单的观光的话,可以事先查阅自费游览内容,再向游轮方面递交申请。

4 整理行李

先整理好行李,将配送到每间客房的行李单附着在自己的行李上,放到客房外的通道上。放在通道中的行李可以在第二天到釜山游轮专用港口的行李寄存点取回。整理行李时最好将第二天能用到的护照、贵重物品、牙刷、牙膏等物品单独拿出来,随身携带。如果第二天早上需要搭乘飞机或火车的话,尽量不要将行李放到客房通道上,等游船停泊时,随身携带下船,以便节省时间。

1. 能够安逸地欣赏美术品的运河城梦想美术馆。
2. 福冈的城区公园。

3. 位于福冈车站附近的综合文化空间——博多河畔城。

华丽的购物街与浪漫的风光相融合的
福冈

　　九州的门户，同时也是日本五大城市之一的福冈拥有很多看点，如最高端的购物商场、演出大厅、优雅氛围浓厚的小酒馆等等，足以让旅客们尽情游览。在福冈，旅客可乘坐电车或火车，用不了多长时间就能到达海滩、古风貌完好的山村以及周边大大小小的温泉村。

　　尽管每个人的爱好和目的地都不同，但只要是到访福冈的旅客，一定会去的地方就是博多运河城和博多河畔城。位于城市中心的运河城以运河为中心，坐落着一百七十多处个性十足的专业购物商场、宾馆、剧场、美术馆，可以称得上是一个复合型购物空间和文化空间。

　　这里有许多多姿多彩的文化场所，如音乐剧专用剧场——福冈都市剧院等。喷泉广场随时都会举行音乐演奏会或歌手的演唱会。梦想美术馆展示着日本现代美术作品和雕塑，最适

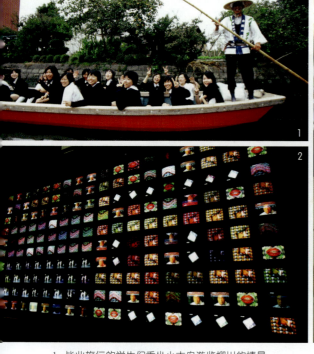

1. 毕业旅行的学生们乘坐小木舟游览柳川的情景。
2. 运河城室内的超大型影像艺术。
3. 用各式各样的艺术品装饰的广阔空间——运河城。

合艺术爱好者游览。运河城中的购物商场有很多小商店,那里销售的商品比名牌商品更具个性。从年轻人喜爱的最新潮服饰到颇负盛名的专业奢侈品,每一件商品都具有独特的风情,需要花上半天的时间才能一一看遍。

坐落在福冈车站附近的河畔城同样是文化与购物共存的地方。从小小的首饰和纪念品到世界顶级名牌商品都汇聚于此,显然会比运河城高级得多。除了购物商场之外,还有像植物园一样的巨大休息场所和能够品尝各国美味的高级餐厅、咖啡馆。位于7~8层的福冈亚洲美术馆也绝对不容错过,亚洲各国的稀有名画展示在展厅的各个角落,只看一遍就能留下深刻的回忆。

位于福冈城中心的名胜中,有个地方是要特别一提的,那就是栉田神社。在福冈最大的典礼——博多祇园山笠节上,栉田神社拥有祭奠中使用的巨大人偶推车(山笠)和其他用品,是了解九州地区居民文化、生活的最佳选择。

栉田神社旁边就是"博多町家"乡土文化馆。这是一家展示福冈地区乡土文化以及相关资料的展馆,周边还有很多制造和售卖当地特产的商店。游客们在这里可以亲眼观看和体验特产制作过程。

百货商场首饰店的各种商品。

　　从福冈出发，乘坐 45 分钟的电车，就能到达被誉为"日本威尼斯"的浪漫港口城市——柳川。这里的精致与美丽确实无愧其美名。走出典雅的车站，越过路桥，就能看到沿着水路和运河两岸排列的商店和住宅，这里仿佛是威尼斯的完美投影。

　　柳川被称为浪漫的运河城市和电影的舞台，如果想要深入了解柳川，乘坐小型游船游览是个不错的选择。秀气娇小的木舟与威武庞大的游轮形成鲜明的对比，身处其中能够让你体会到电影《东京日和》中男女主角的心境。

　　现实中的柳川风景其实比电影中的更美丽。夹在柳树枝间的狭窄水路、精致典雅的住宅、各种树木与花朵完美搭配而成的街景，与一个个和睦的家庭仿佛形成了一幅美妙的水彩画。

　　在梦幻般的风景和温馨氛围中享受一个多小时的划船乐趣之后，一定要到旧柳川港口瞧一瞧。与矮矮的防浪堤并排铺开的潮滩、海水特有的味道以及与巨型货船和游轮形成鲜明对比的小木船——这些都让人不禁怀疑这里到底是不是科技发达的日本。

6day

FOLIO: 43026569
STATEROOM: 6350

KT #: 0000010

NSB1

NV

KT #: 0000010

韩国釜山登陆

09:00 釜山游轮专用港口登陆 ▸▸▸

　　到达最终目的地釜山的时间会受季节和航班的影响。为了以防万一，最好事先确认《游轮大本营》上的具体停靠港服务内容。当轮船到达港口之后，按照服务人员或广播的引导顺序下船即可。登陆的顺序是根据前一天送到客房的行李单颜色而定。

▶▶ 早餐

到达最终目的地的时间会影响早餐的供应。釜山一般会在 9:00 登陆,因此可以像平时一样,在 7:00-8:00 的时间段从容地享用早餐,之后准备下船。

▶▶ 下船步骤

按照行李单的颜色下船。如果需要搭乘早班的飞机和火车的话,最好下船时随身携带行李。

▶▶ 通过出入境管理局与海关

进入韩国的所有旅客都需要接受检查。入境时必须携带护照,免税物品范围应在 400 美金以内。植物或药草最好在下船之前处理掉,避免多余的麻烦。

▶▶ 取回行李

到游轮行李寄存点找回前一天晚上放到客房通道中的行李。一般来说,旅客在出入境管理局需要耽搁一定时间,因此行李会早于旅客到达。就算行李晚到,也不会有丢失危险,旅客大可以放心。

▶▶ 从港口出发前往下一个目的地

原则上,旅客需要自己选择下一个目的地。从港口到机场或住处时,要考虑距离的远近再决定要乘坐的交通工具。